# 民事判例 28

## 2023年後期

現代民事判例研究会編

JN017119

日本評論社

# ●本号の対象裁判例について

『民事判例28　2023年後期』のうち、最新裁判例を紹介・検討する第1部、第2部、第3部では、基本的に、2023年7月〜12月に公刊された裁判例登載誌に掲載された裁判例を対象としている。

◆「第1部最新民事裁判例の動向」で対象とした裁判例登載誌は以下のとおりである(括弧内は略語表記)。それ以降(若しくはそれ以前)の号についても対象としていることがある。なお、前号までの当欄ですでに紹介された裁判例については省略している。また、環境、医事、労働、知財に関する裁判例については、原則として第2部の叙述に譲るものとしている。

| | |
|---|---|
| 最高裁判所民事判例集(民集) | 76巻7号〜77巻4号 |
| 判例時報(判時) | 2554号〜2572号 |
| 判例タイムズ(判タ) | 1508号〜1513号 |
| 金融法務事情(金法) | 2213号〜2224号 |
| 金融・商事判例(金判) | 1669号〜1680号 |
| 家庭の法と裁判(家判) | 45号〜47号(「家族裁判例の動向」のみ) |

◆「第2部最新専門領域裁判例の動向」では、第1部で対象とした上掲の裁判例登載誌を基本としつつ、各専門領域の特性に応じて、裁判例登載誌等の対象が若干変わっている。

「環境裁判例の動向」→上掲の民集、判時、判タのほか、判例地方自治(判例自治)499号〜504号を付加。2023年7月〜12月に裁判所HPに掲載されたものも含める。
「医事裁判例の動向」→上掲の民集、判時、判タ、金法、金判のほか、2023年7月から12月が判決の言い渡し日かつ2023年12月末日までにHPに掲載された裁判所HPに掲載されたものも含める。
「労働裁判例の動向」→上掲の民集、判時、判タのほか、労働判例(労判)1286号〜1296号、労働経済判例速報(労経速)2516号〜2532号を付加。
「知財裁判例の動向」→言渡日が2023年7月〜12月であって、2023年12月末時点で裁判所HPに掲載されたもの、また、行政裁判例(審決取消訴訟の裁判例)も含める。

◆裁判例登載誌の表記は、本文では紙幅の都合により原則として1誌のみを表示し、「今期の裁判例索引」において可能な限り複数誌を表示することとした。

◆「第3部注目裁判例研究」では、第1部、第2部の「動向」で対象としたもののうち、とくに注目すべき裁判例をとりあげ、検討を加えている。なお、「動向」欄では前号までに紹介済みとして省略した裁判例であっても、今期対象とした裁判例登載誌等にも登場したものについては、第3部で検討する対象に含めている。

---

**本書の略号**

| | |
|---|---|
| 民集：最高裁判所民事判例集 | 金判：金融・商事判例 |
| 集民：最高裁判所裁判集民事 | 家判：家庭の法と裁判 |
| 裁時：裁判所時報 | 判例自治：判例地方自治 |
| 訟月：訟務月報 | 労判：労働判例 |
| 判時：判例時報 | 労経速：労働経済判例速報 |
| 判タ：判例タイムズ | ほか、雑誌名は通常の略記法に従う |
| 金法：金融法務事情 | |

# 取引裁判例の動向

酒巻修也　青山学院大学准教授

現代民事判例研究会財産法部会取引パート

## はじめに

今期の取引に関する最高裁判例としては、前期に評釈で取り上げられた家賃債務等の保証及び保証委託に関する契約書中に存する原契約たる建物賃貸借契約の無催告解除条項及び明渡擬制条項の消費者契約法10条該当性を肯定し適格消費者団体による差止請求を認めたもの（[32]）のほか、破産管財人による別除権に係る担保権の被担保債権についての債務の承認が時効の中断効（平成29年民法改正前）を生じさせるとしたもの（[10]）、統合失調症により任意入院した者に対する無断離院の防止策に関する説明義務違反を否定したもの（[24]）の3件がある。

下級審裁判例に目を転ずると、今期の特徴や注目すべき裁判例として次の3点が挙げられる。第一に、説明義務違反を争う事例が多い。そのなかには、契約締結過程における勧誘手法等の不当さを争うもの（[12]～[15]）だけでなく、契約の履行上の説明義務を問題とするものもあり（[22][23]）、それぞれの性質等の相違に留意した分析を要しよう。第二に、近時議論が盛んになされている、パブリシティ権の譲渡に関する契約条項の有効性（[8]）や、利用契約等に基づきデジタルプラットフォーム事業者の責任（[31]）を争う事例が、第三に、平成29年の債権法改正により大きく改正された債権者代位権に関する事例が現れており（[19]）、注目に値しよう。

以下、順次概要を紹介する。

## 1　信義則

[1] 静岡地判令5・4・28判時2564号27頁（確定）では、交通事故の加害者が締結していた自動車保険契約の保険会社Yが被害者Xと示談交渉をした後、加害者による初回保険料の払込みがなされなかったとして、Yが不払特約により保険金の支払義務を負わないとする主張が信義則に反するといえるか等が問題となり、信義則違反の有無につき原審と判断が分かれた。事案は次のとおりである。令和元年9月25日、Xは、Aが所有しその従業員Bが運転していた自動車との交通事故により、物損の被害を受けた。Aは、令和元年8月にYとの間で自動車保険契約を締結しており、本件契約によると、Yは、被保険者が対物事故にかかわる損害賠償の請求を受け、かつ、被保険者がYと解決条件について合意している場合、Yが被保険者に対して支払責任を負う限度において、被保険者の同意を得て被保険者のために示談等を行う旨が規定されていた（普通保険約款対物責任条項7条）。また、対物事故によって被保険者の負担する法律上の損害賠償責任が発生した場合には、損害賠償請求権者は、Yが被保険者に対して支払責任を負う限度において、Yに対して損害賠償額の支払を請求することができる旨規定されていた（普通保険約款対物責任条項8条〔直接請求権〕）。さらに、保険金を支払わない場面につき、保険契約者が初回保険料の支払期日の属する月の翌月末日までに、又は保険契約者が初回保険料の払込みを怠ったことについて故意及び重過失がなかったときには初回保険料の払込期日の属する日の翌々月末日までに、初回保険料の払込みを怠った場合には、Yは保険の始期日から初回保険料領収までの間に発生した事故による損害に対して保険金を支払わない旨規定されていた（初回保険料口座振替特約3条〔不払特約〕）。Xは、Yの担当者と示談交渉を行い、令和元年11月11日に示談の内容について電話でやり取りがなされ、同月13日には示談の内容をYからハガ

キで通知された。しかし、Aは、Yに対して、本件保険契約の初回保険料の払込期日の属する月の翌々月末日である令和元年11月末日までに初回保険料の払込みをしなかった。Xは、Yに対して、主位的に、①本件保険契約における直接請求権に基づき物的損害等の賠償請求を、予備的に、②XA間における示談成立に伴う賠償金請求、③平成29年改正前民法117条1項（又は類推適用）に基づく損害賠償請求をした。

原審（清水簡判令4・7・5判時2564号31頁）は、本件不払特約により特段の事情のない限りYには保険金支払義務がないとしたものの、本件においては、Yが示談の連絡をXにした時点ではYが保険料未払の事実の調査を容易にできたこと、損害賠償に関して専門的な知識を有する損害保険会社YがXに対して積極的に示談の話をもちかけ口頭での示談の合意をしハガキを送付している一方で、Aの保険料の支払の有無について知る由もなく知識のないXにおいて保険金が支払われ損害の填補がなされるとの強い期待をもったとしても無理はないことから、Yによる本件不払特約の主張を信義則に反するとし、Xの請求を認容した。

それに対して、本判決は、Yは本件不払特約により保険金の支払責任を負わず、本件不払特約の主張が信義則に反するともいえないとした。すなわち、本件不払特約によれば、Yは初回保険料の振込期日の属する月の翌々月末日まではAから初回保険料の払込みがなされて保険金の支払責任を負うことを前提に示談交渉等を代行せざるを得ず、また、初回保険料が損害賠償額や保険金に比べて極めて低額でAが初回保険料を払い込むことで損害賠償の負担を相当程度軽減できることからするとAが初回保険料を払い込まずに保険金を支払わないことになるという事態を想定することが非常に困難であったといえる。他方で、本件保険契約の普通保険約款対物責任条項7条に基づきYがXA間の示談交渉を代行したことによりXがYから本件事故の損害賠償金の支払を受けられると期待したとしても、それは本件保険契約の存在を前提とする事実上のものにとどまるといわざるを得ない。また、YがXに対して、Aの初回保険料の払込みに関する不確定な事実関係を説明すべき義務があるとはいえない。これらの事情を挙げ、Yの本件不払特約の主張を信義則に反しないとした。なお、Xの予備的請求②③について、本判決は、

Yの代行によりXAを当事者とする示談が成立していること（②③）や、Yへの直接請求権が行使されていることを前提とした示談交渉をしていたと直ちに認めるに足りる証拠がないこと（②）から、いずれも認められないとした。

## 2 契約の成立

[2] 大阪高判令4・6・30判時2570号19頁（確定）は、いわゆる保証否認に関するものであり、事案は次のとおりである。A社は、B信用金庫から1000万円を借り入れるにあたり、信用保証協会Yに保証委託をした。本件保証委託契約では、YがBに代位弁済したときは、A社はYに対しその弁済額等を償還する義務を負い、保証人はA社のYに対する上記求償金等債務を連帯保証するとされていた。そして、本件保証委託契約の契約書（本件契約書）の連帯保証人欄には、X名義の署名（本件署名）とXの実印による印影（本件印影）があった。Xは、A社の取引先であるC社の代表取締役Dの娘である。本件署名は、A社の事務員が記載したものであり、また、本件印影に関しては、DがA社に対してXの印鑑登録証明証等を交付しており、Xの実印を貸し渡したこともあった。Yが代位弁済したため、Xに対し、A社を主債務者とする求償金等債務に係るXの保証債務の残高を知らせる通知をしたところ、Xは債務不存在の確認を求めた（本判決につき本誌本号の担保動向[4]も参照）。

原審（大阪地判令3・12・14判時2570号24頁）は、本件契約書の連帯保証人欄にはX実印による印影が存在するため、反証のない限り、同印影はXの意思に基づいて顕出されたものと事実上推定されることになる結果、本件契約書は民訴法228条4項の「本人又はその代理人の署名又は押印があるとき」との要件を満たし、本件契約書が真正に成立したものと推定され、特段の事情のない限り、Xが本件保証契約を締結したものと認められることになるとした。そして、①A社はC社の主要な取引先でありDにはA社に協力する動機や必要性があったこと、②Dは実印等を貸し渡す際にXの実印がXを保証人とする本件契約書の作成に用いられることを認識していたものと推認されること、③Xは実印が重要なものであること自体を認識していたからXが実印を管理していたというべきであり、これを前提とすれば、D

からX実印を貸すよう求められればその使途を確認するものと考えられ、Dから本件契約の説明を受けていたと推測されること、④Xは保証債務の回収業務の委託を受けた株式会社（サービサー）の職員からYのサービサーであることを告げられて書面を交付されたのに、その後Yらに対して何らの確認もしなかったというのは、Xがその意思に基づいて保証人となっていることをうかがわせるものであるといえること等の事情を挙げ、本件契約書中の連帯保証人部分について、Xの意思に基づいて真正に成立したものと認められるとした。

それに対して、本判決は、次の①ないし⑤を挙げ、本件ではXの意思に基づいて当該印影が顕出されたとの事実上の推定を妨げる特段の事情があるとし、本件契約書の連帯保証人欄のX作成部分は真正な成立が認められないとした。すなわち、①保証意思の最も確実かつ直截的な確認方法は本人に自署を求めることであるが、本件では本人の自署でなく、面識さえないA社の従業員に代筆を委ねることは通常では考えられない。②Xが何も関わりのないA社のために本件保証契約を締結すべき理由があったとは到底考えられず、Dが取引先Aの資金繰りを支援したい程度の動機がありえたとしても娘Xがさらされるリスクと見合わない。③X実印はX自身が管理しているか両親に管理してもらっているかの区別さえ明確に意識されていない管理状況であり、「注意深く管理されているはずの実印が使用されている以上、本人の意思に基づくものであることが強く推認される」という真正な成立の事実上の推定が働く根拠が本件では妥当しない。④Xに関係する公的書類がYに提出されるに至った経緯はA社の代表取締役が法律知識の乏しいDに対して、Dに万が一のことがあった場合にC社のA社に対する売掛金債権を引き継げるようにする旨の話を持ち掛けたためであり、その提出はXの保証意思を根拠づけるものでない。⑤XがYからの督促書面を複数回受け取りながら特段の対応をしなかったことにつき、現実にはこのような対応をとる者が一定数いるであろうため当該対応が一概に不自然・不合理とはいえず、保証意思があったと推認する推認力は限定的なものにすぎない。

## 3　法律行為の解釈

法律行為の解釈に関連する裁判例として、まず、組合規約の内容の不明確さや遡及的適用が問題となった [3] 東京高判令4・5・18判タ1511号153頁（確定）が挙げられる。本件では、Yが労働組合Xに対して、X主導のもとで解決されたYの勤務先Aに対する地位確認訴訟の解決金の一部を賦課金として支払う義務があるか否かが問題となったところ、当該訴訟の前の組合規約では賦課金に関する規定の内容が不明確であり、当該訴訟の後に組合規約が改定され賦課金の規定が具体化されていた。本判決は、まず、新規約の適用可否につき、労働組合の組合規約は労働組合という団体の自治的法規範又は労働組合と全組合員との契約と解され、全組合員に対して一律に同内容の規約が適用されるものであるところ、本件に新規約が遡って適用されることはないとした。そして、旧規約については、納付義務の具体的な内容が特定されていないこと等から、旧規約に基づきYが賦課金を支払う義務を負うとはいえないとした。

マンションの区分所有者の配偶者Xが管理規約に基づき管理組合の理事長Yに対して通帳等の閲覧を求めた [4] 札幌地判令4・5・26判タ1508号235頁（確定）では、会計帳簿等の閲覧請求権につき本件管理規約69条が「組合員又は利害関係人」にそれを認めていたところ、利害関係人の意義が問題となった。本判決は、本件管理規約69条における閲覧請求制度の趣旨を会計業務の透明性を確保し管理組合の健全な運営を実現することにあるとし、その請求権者を「組合員又は利害関係人」に限定しているのは個人情報等が上記目的を達成するのに必要な範囲外の者に取得されることを防止するためと解されるとして、このような趣旨に照らせば、同条の「利害関係人」とは本件マンションの管理について区分所有者たる組合員に準ずる管理規約上の地位を有する者であって、その地位に基づき管理組合に対して会計帳簿等の閲覧を請求する法律上の利害関係を有する者をいい、単にその閲覧につき事実上の利害関係を有するにすぎない者を含まないとした。そして、本件においては、本件管理規約により、総会での意見陳述を認めるなど正当な権原を有する占有者や区分所有者の同居者に一定の地位を与えるととも

に、区分所有者に準ずる義務を課し、また、管理組合の役員として組合の運営に主体的に参画する地位を与えていることから、区分所有者の配偶者であり本件マンションに居住するXは本件マンションの管理について区分所有者たる組合員に準ずる地位を管理規約によって与えられている者といえ、閲覧請求によって不適切な点が発見されれば会計業務の是正を求める地位にあるから、Xによる会計帳簿の閲覧請求は法律上の利害関係に基づくものといえるとした。

そのほか、法律行為の解釈に関する事案としては、保険契約、共済契約に関する約款の解釈が問題となった [5] ないし [7] がある。

[5] 神戸地判令5・1・12金判1669号46頁(確定)は、自動車保険に関する共済契約の規約36条で共済金の支払請求のために必要であると定められていた所定の書類を提出していなくとも共済金の請求が可能か否か等が問題となった事案である。本件共済規約によれば、この手続を完了した日の翌日以後30日以内に、共済組合Yが共済金を支払うために必要な確認を終え、共済金を支払う旨が約定されていた(37条)。本判決は、本件共済規約36条、37条の規定の趣旨はYに共済金を支払うために必要な調査期間として30日を確保させるところにあると解されるとし、遅くとも、本件において本件事故の調査を具体的に開始した日から30日を経過した日には、車両共済金の支払期限が到来していたというべきであるとした(なお、本判決では本件事故が偶然の事故といえるか否かも争われたところ〔共済契約者等の故意又は重過失によって生じた損害に対しては共済金を支払わない旨の約定があった(本件共済規約94条)〕、本判決は、本件事故による生命身体に対する侵襲のリスクと車両共済金を受領することによるメリットとの間には著しい不均衡があると認められ、本件事故がXの故意により惹起されたことについて否定的に評価されること、本件車両の購入価格と共済価額との差額が生じたことから直ちに本件事故がXの故意によって惹起されたと推認できないことから、Xの故意又は重過失により本件事故が生じたとはいえず、本件事故の偶然性も否定できないとした)。

[6] 東京地判令5・3・14金判1676号51頁(確定)は、被保険者が胃GISTと診断されたところ、これが保険約款上のがんに該当するか否かが争われた事案である。保険会社Yの約款によれば、がんの定

義につき、本件契約締結時のICDの基準であったICD-10とICD-O2を適用し、後にこれらが改定されても遡及適用しないこととなっていた。本判決は、胃GISTという用語、概念がICD-10及びICD-O2に記載されていないものの、GISTをこれらに記載のある胃の非上皮性腫瘍に含めて考えうるとし、その検討にあたっては、WHOがICDやICD-Oの作成に当たりブルーブックを参照していることが認められるからICD-10やICD-O2の記載内容の解釈に当たってはブルーブックの記載内容を参照すべきであるとした。そして、本件GISTについては、ブルーブックの基準に照らしても悪性であるとは認め難いとして、Xの請求を棄却した。

[7] 東京高判令4・3・24金判1678号18頁(確定)では、オークションにて係争自動車の所有権を取得し、係争自動車が所有権取得時に保管されていたそれぞれの場所から保税ヤードに移動させ(本件移動)他の車両とともに保管していたとき、本件移動時から保険期間が開始しているか否かが、すなわち、保険期間の開始時期につき「保険契約で指定された地の倉庫又は保管場所において、保険の対象となる輸送の開始のために輸送車両又はその他の輸送用具に保険の目的物を直ちに積み込む目的で、保険の目的物が最初に動かされた時に開始し、通常の輸送過程にある間継続」すると定めた本件期間条項の解釈が問題となった。

原審(東京地判令3・10・7金判1678号23頁)及び本判決は、本件移動の開始時点をもって本件契約の保険期間が開始したとは認められないとし保険契約者Xによる保険金支払請求を棄却した。本判決によれば、本件期間条項からすると、「外航貨物海上保険契約である本件契約に係る保険期間は、仕出地である日本国内の倉庫又は保管場所において、日本からスリランカへの船舶による輸送とこれに接続する輸送手段による運送(本件契約上保険の対象となる輸送)、すなわち客観的にみて当該船舶による輸送と連続性のある輸送手段による運送(本件契約上保険の対象となる輸送)の開始のために、輸送用具に直ちに積み込む目的で、保険の目的物が最初に動かされた時に開始し、仕向地であるスリランカの港又は地点への通常の輸送過程にある間継続すると解するのが相当である」とし、本件移動はXがオークションで取得した係争自動車を引き取って自己が確保した保管場所に移す国内陸上運送とみるのが相当

であるから、客観的にみて、本件移動をスリランカへの船舶による輸送と連続性のある輸送手段による運送と評価することは困難であるとして、Xの請求を棄却した。

## 4　公序良俗

[8] 東京地判令4・12・8判タ1510号229頁(控訴)は、芸能人Yとマネジメント会社Xとの間の専属契約に置かれていた、契約期間中及び契約終了後において芸名使用を禁止する旨の条項(本件契約書10条)や、芸名に係るパブリシティ権が制限なく原始的にXに帰属する旨を定める条項(本件契約書8条)の有効性等が問題となった事案である。本判決は、本件契約が終了したことを認め、それぞれの契約条項の有効性につき次のように判示した。

まず、本件芸名に係るパブリシティ権の帰属先等について、本判決は、芸能人等がその活動で使用する芸名等の名称についてもパブリシティ権が認められるとしたうえで、パブリシティ権の人格権的性格を重視するか否かにかかわらず、本件契約書8条は公序良俗に反し無効であるとした。すなわち、一方で、「パブリシティ権が人格権に由来する権利であることを重視して、人格権の一身専属性がパブリシティ権についてもそのまま当てはまると考えれば、芸能人等の芸能活動等によって発生したパブリシティ権が(譲渡等により)その芸能人等以外の者に帰属することは認められないから、本件契約書8条のうちパブリシティ権の帰属を定める部分は当然に無効になる」。他方で、「仮に、パブリシティ権の譲渡性を否定しないとしても、本件契約書8条のパブリシティ権に係る部分が、〔1〕それによってXの利益を保護する必要性の程度、〔2〕それによってもたらされるYの不利益の程度及び〔3〕代償措置の有無といった事情を考慮して、合理的な範囲を超えて、Yの利益を制約するものであると認められる場合には、上記部分は、社会的相当性を欠き、公序良俗に反するものとして無効になる」と考えられ、本件では、本件契約書8条のパブリシティ権に係る部分は、Xによる投下資本の回収という目的があることを考慮しても、適切な代償措置もなく、合理的な範囲を超えて、Yの利益を制約するものであるというべきであるから、社会的相当性を欠き、公序良俗に反するとした。

次に、本件契約書10条の有効性について、本判決は、本件芸名に係るパブリシティ権がYに帰属し、本件契約が既に終了しているにもかかわらず、Xが本件契約書10条により、無期限にYによる本件芸名の使用の諾否の権限を持つというのは本件契約書8条のパブリシティ権に係る部分の効力を実質的に認めることに他ならず、本件契約書10条による制約をYに課すことに対する代償措置が講じられていないことから、投下資本の回収という目的が、Yに対する何の代償措置もないままパブリシティ権の帰属主体でないXに本件契約の終了後も無期限にYによる本件芸名の使用についての諾否の権限を持たせることまでを正当化しないため、本件契約書10条のうち少なくとも本件契約の終了後も無期限にXに本件芸名の使用の諾否の権限を認めている部分は、社会的相当性を欠き、公序良俗に反し無効であるとした。

パブリシティ権の譲渡可能性について、下級審裁判例にはそれが人格権に基づく権利であることから否定するものがあるが(知財高判令4・12・26LEX/DB25572538)、本判決は、傍論ではあるもののパブリシティ権の譲渡可能性を認め、譲受人の利益の要保護性、譲渡を認めた場合に生ずるパブリシティ権の主体への不利益、代償措置の有無といった事情を考慮し、合理的な範囲を超えている場合には社会的相当性を欠き公序良俗に反するとした。この判断について、学説には、パブリシティ権の客体や限定の方法等によって譲渡の影響の大きさは様々であることから穏当であると評価するものがある(長谷川遼・民事判例26号120頁以下)。

## 5　錯誤

[9] 東京地判令4・3・29判時2565号61頁(確定)は、購入したマンション1戸につき、本件マンションで建築基準法等違反の疑義がある免震オイルダンパーが設置されていたこと等を理由とする錯誤無効(平成29年民法改正前)等が問題となった事案であり、その判示内容は、改正前の錯誤無効と瑕疵担保責任との関係(さらには改正後の錯誤取消しと契約不適合責任との関係)をどう解すべきかなど多くの検討すべき課題を提供しよう。詳細は、本誌本号「注目裁判例研究・取引1」、不動産動向[5]に委ねる。

## 6 時効

破産管財人による別除権に係る担保権の被担保債権についての債務の承認が時効の中断効（平成29年民法改正前）を生じさせるかにつき、[10] 最三決令5・2・1民集77巻2号183頁は、「破産管財人が、別除権の目的である不動産の受戻しについて上記別除権を有する者との間で交渉し、又は、上記不動産につき権利の放棄をする前後に上記の者に対してその旨を通知するに際し、上記の者に対して破産者を債務者とする上記別除権に係る担保権の被担保債権についての債務の承認をしたときは、その承認は上記被担保債権の消滅時効を中断する効力を有すると解するのが相当である」とした。詳細は、本誌本号「注目裁判例研究・取引2」、不動産動向[3]に委ねる。

## 7 債務不履行

### (1) 損害額の算定

[11] 名古屋地判令2・8・26金判1675号50頁（控訴）は、最低購入量の購入義務の有無や逸失利益の算定が問題となった事案である。Xは、Yとの間で、Xの立体駐車場システムの重要部品について販売店基本契約（本件契約）を締結した。本件契約には、XはYに対して中国国内でA社に対し本件契約が定める条件による重要部品の独占的販売権を授与すること（3条1項）、XとYは本件契約に基づき個別の売買契約を締結すること（4条1項）、YとAは本件契約の有効期間内において最低でも520台分の重要部品を購入することに同意すること（5条1項）が約定されていた。本件契約の有効期間内において、Yは40台分の重要部品しか購入しなかった。Xは、Yに対して、本件契約を債務不履行を理由に解除し更新しない旨と、本件契約5条1項所定の最低購入量の購入に対応するよう求める旨を通知した。Yがこれに応じなかったため、Xは、Yに対して、最低購入量の購入義務違反を理由に重要部品480台の売却による逸失利益の賠償を求めた。

本判決は、本件契約の内容や交渉過程に照らして、Yが本件契約5条1項所定の最低購入量を購入する義務を負うことは明らかであるとし、当該義務違反を認めた。そして、逸失利益の算定にあたっては重要部品の売却における粗利益率によるとのXの主張につき、Xの主張する粗利益率は重要部品に特定して算出されたものであり、部品の購入代金や社内加工の組立に係る労務費及び工場経費が計上され、人件費等の経費を反映させるための配賦経費も計上されているのであって、不合理な点があるとは認められないとし、Xの主張する粗利益率により算定された逸失利益の賠償を認めた。

逸失利益の算定にあたりいかなる経費を控除すべきかにつき、会計学的な観点も取り入れた議論の必要性が指摘されている（匿名コメント・金判1675号54頁）。

### (2) 適合性原則違反、説明義務違反等

金融商品の取引における勧誘手法等の不当さを争う裁判例が多い。

[12] 東京地判令5・5・29金判1678号26頁（確定）は、同一当事者間における時期の異なる2種類の仕組債の販売につき、1つ目（仕組債1）については適合性原則違反や説明義務違反等をいずれも否定し、2つ目（仕組債2）については仕組債2の勧誘時の資産状況等を考慮して適合性原則違反を肯定したものである。すなわち、本判決は、まず、仕組債1（ブラジルレアル−円為替の値動きに応じて利金額や償還の時期、償還額が変動する公募の為替連動債）について、①その仕組み自体は複雑なものでなく、顧客X（為替変動リスクが関係する投資経験を有する専業主婦）の投資経験や理解能力によるとXにはその仕組みを理解しうる能力があったこと、②Xの金融資産（合計約3000万円の預金及び合計約700万円相当の投資信託）からすれば仕組債1の買付金額2000万円は保有資産の約54％を占めるもののリスクが現実化した場合の損失額が買付金額に為替の下落率を乗じた額に留まり過大な危険を引き受けたとはいえないこと、③Xが収益性を追求しリスクの高い商品に投資するとの投資目的を有しており、仕組債1はXの運用予定額や興味のある取引に一致し投資目的にも合致していることから、Y社の従業員の勧誘は適合性原則に著しく逸脱したものではなかったとした。また、Yの従業員は、仕組債1の基本的な仕組みやリスクを具体的に理解できるように必要な情報を提供し、これを説明する信義則上の義務を尽くしていたとした。次に、仕組債2（複数の株価の値動きに応じて利金額、償還の時期及び償還商品が変動する私募の他社株償還可能債）につき、①一般

に株価が変動することの理解があったとしても、その仕組みは参照指標が複数存在するうえ局面ごとに参照指標のいずれか一方を参照するか両方を参照するかが異なり、仕組みやリスクの程度を容易に理解することが難しく私募債であるためリスクも相応に大きいこと、②Xには仕組債2と同程度のリスクや複雑さの金融商品への投資経験がなくその仕組みを理解していたか疑わしいこと、③仕組債2の買付注文（額面2500万円）によって自身の保有する老後の生活資金すべてを元本毀損のリスクにさらす一方で今後年金以外に収入が期待できないことに鑑みると資産に余裕がある顧客を対象とする商品である仕組債2にXが適していなかったこと、④Xが元本が毀損されないことに対する期待を有するとうかがわれこれをYの従業員Cが認識していたと認められること、⑤仕組債2のような私募の仕組債を勧誘する際のY内部の基準に照らすとYにおける預かり資産額が1億円以上であることが求められているところ、CはXに保有金融資産を確認することなく1億円以上5億円未満の金融資産があると記録しており、このような行為は適合性原則を具体化したYの内部基準を形骸化する悪質な行為であること等の事情を総合考慮すれば、仕組債2の勧誘は適合性の原則から著しく逸脱したものであり、不法行為法上違法となるとした。そして、適合性原則の趣旨に反して取引を行わされた顧客の過失については、当該顧客が積極的に虚偽の陳述をしたなどの特段の事情がない限り、これを斟酌することは許されないというべきであるとし、本件では過失相殺をすることは相当でないとした。

他社株償還可能債（3つの参照銘柄の値動きに応じて利金額や償還の時期、償還商品が変動するEB債）の販売に関する[13]東京地判令4・3・31金法2213号48頁では、適合性原則違反は否定され、説明義務違反のみが認められた。適合性原則違反については、顧客X（国内・外国株式、円建国内・外貨建外国投資信託等の豊富な投資経験があり、本件EB債と同様の仕組みをもつEB債の取引経験を有していた高齢の男性）が証券会社Yの担当者から十分かつ丁寧な説明を受ければ自己責任で取引することができる十分な投資経験を有していたこと、Xが投資金額の範囲内で一定のリスクを負ったうえで相応のリターンを得る投資意向を有していたこと、本件EB債の損失が投資金額（額面金額20万ドルで購入）の

範囲に限定されていたことを踏まえるとXの財産状態（約2158万円の評価額の有価証券、合計約3877万円から3977万円の預貯金）に照らして過大な危険を引き受けさせるものであったとはいえないことから、本件勧誘は適合性原則に著しく違反するものではなかったとした。それに対し、説明義務違反については、次のようにしてそれを認めた。すなわち、本件EB債の商品特性に鑑みると、Yは、Xに対して本件EB債の購入を勧誘するにあたり、本件EB債の基本的仕組みやリスクとして、利払いの内容及び利率の決定条件、期限前償還の条件及び内容等のほか、特に、本件EB債には価格変動リスク、元本毀損リスク、流動性リスク等があることを説明する義務を負っていたというべきであり、その説明の程度としては、Xが、本件EB債購入時に相当に高齢でかつ本件EB債の仕組みやリスクを自ら調査することが困難であったといえること、投資経験はあるものの比較的仕組みが単純なものが中心であったこと、本件EB債の購入額がXの投資用資産の約半分にあたることに照らすと、このような属性のXに対して、本件EB債のリスクを適切に理解し、自己責任をもって投資することができる程度に説明する義務を負っていたというべきであるとした。そして、本件では、Yの担当者による株価変動リスクや元本毀損リスクの説明は表面的かつ形式的なものにとどまり、高率の利息を受け取ることができることを強調する一方でノックインの発生可能性やそのリスクを過少に見積もる説明しており、上記の属性を有するXが本件EB債のリスクを適切に理解し、自己責任をもって投資することができる程度に説明を尽くしたとは評価できないとして、Yの従業員らによる説明義務違反を認めた。ただし、Xが本件EB債により高率の利息を受け取ることができると認識しており相応のリスクがあることも容易に想像できたといえること、Xの理解度を確認する本件EB債確認書に漫然とチェックし購入に至ったこと等から、6割の過失相殺がなされた。

[14]名古屋高判令4・2・24判時2558号42頁（確定）は、Xの父である亡A（亡AはXの金融商品取引に関してもその取引代理人として選任されていた）及びXが、証券会社Y₁の従業員であったY₂から勧誘されて金融商品取引を行ったことに関し、X（亡Aの訴訟承継人でもある）が、Yらに対して、①適合性原則違反、②説明義務違反、③過当取引、④

実質的一任売買、⑤指導・助言義務違反等を理由に、Y₁については使用者責任又は債務不履行に基づき、Y₂については不法行為又は債務不履行に基づき、損害賠償請求をした事案である。原審（名古屋地岡崎支判令2・12・23判時2558号60頁）が、亡Aには長期間にわたる多種多様な取引経験があり現物取引に関する十分な理解を有していた等としてXの請求をいずれも棄却したのに対し、本判決は、Xの主張のうち②④⑤を認め、Xの請求を一部認容した。すなわち、本判決は、②につき、亡Aが長期間にわたる多種多様な投資経験があるものの実際には証券取引について習熟しておらず知識や理解力・判断力が不十分であり、個々の取引の損益状況や保有している商品、その価格、取引全体の損益状況を把握しておらず、個々の取引や取引全体の損益状況はY₂からの情報に依存していたところ、Y₂が従前の取引とは異なり短期的な売買を提案し、かつ投資判断に必要な情報を得ることが困難な新興市場株式の短期・頻回売買や外国株式の取引を提案し、その結果、取引規模が拡大するとともに取引内容が複雑化・高度化して、個々の取引状況や損益状況について理解困難な状況になっており、このような状況が亡Aの理解力・判断力を超えていることはY₂も十分認識できていたといえることから、Y₂には、亡Aに対して、自らが提案する個々の取引に関して亡Aが自律的に判断できるように、提案する個々の取引についてのリスクやデメリット、個々の取引の損益状況、取引全体の損益状況について情報を提供する信義則上の義務があったにもかかわらず、メリットばかりを強調し誤解を招く説明をしたり虚偽の事実を述べて勧誘したりしていたこともあった等として、Y₂には説明義務違反があり、その程度は社会的相当性を逸脱するものといえるから、本件各取引の勧誘行為は全体として不法行為法上違法というべきであるとした。そして、④についても、本判決は、本件各取引には合理性の乏しいものが散見されることに加えて、亡Aが短時間の電話での説明だけでは取引の内容等を理解して投資判断できるほど十分な投資に関する知識・理解力・判断力を有していなかったことからすれば、亡Aが自律的な判断に基づいて取引を行うことができていたとは推認し難く、Y₂の提案に無批判的に従っていたことから、Y₂の亡Aに対する勧誘は実質的一任売買にあたり、亡Aに関する上記事情やY₂がそれを認識しながら取引を続け

ていたことを総合考慮すれば、Y₂の勧誘は社会的相当性を逸脱するもので、不法行為法上違法なものであるとした（また、⑤についても、上記②④としての違法性として既に判断したとしそれを認めている）。これらのことからXによる不法行為に基づく損害賠償を一部認容した（ただし、亡Aが投資者として当然行うべきリスク管理を行わなかったといえることや本件各取引が現物取引であること等から、7割の過失相殺）。

上記[12]～[14]では個別具体的な顧客に対する勧誘等の不当性が問題となっていたといえようが、不特定多数の者へのそれを問題とし不法行為責任を認めた**[15] 新潟地判令5・4・27金判1680号26頁（確定）**も現れている（本判決の争点は裁量トレードを行わない義務の有無など多岐にわたるが、ここでは説明義務に関する箇所のみを紹介する。詳細は本誌本号の不法行為動向[7]を参照）。すなわち、本判決は、外国為替証拠金取引に係る自動売買プログラム（顧客が証券会社に開設した口座と連動し、その金銭を用いて自動でFX取引を行うプログラム）のソフトウェア（本件商品）の販売を行うY₁社には、不特定多数の者に対し、広く本件商品につき売買の勧誘を行うにあたり、信義則上、本件商品の仕組みやリスクを的確に把握し、購入を検討している者にこれらの情報を説明すべき不法行為法上の注意義務を負うとし、本件商品のパンフレットの記載内容やセミナーでの説明内容によればこのような説明義務に違反しているとして、Xらのうち、Y₁の開催する本件各セミナーでその代表取締役Y₂から直接説明を受けて本件商品を購入した者との関係でのみ同義務違反を認めた。

説明義務に関しては、契約締結過程におけるそれではなく、契約の履行上の説明義務が問題となっている事案もある。それらについては、後掲[22]、[23]で取り上げる。

### (3) 安全配慮義務

**[16] 東京高判令4・6・29判タ1510号177頁（確定）**の事案は次のとおりである。Xは、Yの経営する本件店舗において調理担当として勤務していたところ、本件店舗が入居する本件ビルに設置された、雨に濡れていた屋外階段を使用して3階店舗から本件店舗に移動しようとした際、転倒して負傷した（本件事故）。そこで、Xは、Yには本件階段が雨で

濡れた際も従業員が安全に使用できるように配慮すべき義務があったのにこれを怠りXが負傷したとして、債務不履行に基づく損害賠償を請求した。

原審（横浜地判令3・11・26LEX/DB25593362）は、Yの安全配慮義務違反の有無を判断するには利用者である従業員が一定の注意を払うことを前提とし、本件事故の直接の原因はX自身の不注意にある等として、Yに安全配慮義務違反があったとはいえないとした。

それに対し、本判決は、本件事故時において、従業員が降雨の影響によって滑りやすくなった本件階段を裏面が摩耗したサンダルを履いて降りる場合には、本件階段は安全に使用することができる性状を客観的に欠いた状態にあったというべきであり、Yはこの場合において転倒などの危険が生ずる可能性を客観的に予見しえたにもかかわらず、Xを含む従業員が本件階段を安全に使用することができるよう配慮する措置を講ずることが十分可能であったのにそれをしなかったとして、Yの安全配慮義務違反を認め、これによりXが負傷したとした（ただし、本件階段が雨に濡れた状態であることにXが注意を払わず漫然と階段を降りたこと等の事情を考慮し過失割合を4割とした）。

[17] 東京地判令4・1・24判タ1508号240頁（確定）は、業務委託を行った企業が委託先の従業員に対して安全配慮義務を負うか否か等が問題となった事案である。Yは、放送受信契約（放送法64条1項に規定するYの放送の受信契約）の締結業務及び放送受信料の収納業務（再開業務）を法人Aらに委託した。Aらに所属していたXらは、Yとの間に直接の契約関係はないものの、Yと特別な社会的接触の関係に入っていたというべきであり、YがXらに対し違法な業務に従事させないという安全配慮義務を負うにもかかわらず、同義務に反して弁護士法72条又は放送法64条2項に反する違法な業務に従事させられ、退職することを余儀なくされたと主張して、Yに対し、債務不履行（安全配慮義務違反）、不法行為又は使用者責任による損害賠償請求権に基づき、逸失利益等の支払を求めた。本判決は、安全配慮義務違反及び使用者責任の有無について、安全配慮義務はある法律関係に基づいて特別な社会的接触の関係に入った当事者間において信義則上負う当該法律関係の付随義務であるところ（最三判昭50・2・25民集29巻2号143頁等）、本件では、YがXらを

具体的に指揮管理したり、物的人的側面から支配したりしたとは認められないため、YがXらと特別な社会的接触関係に入っていたと評価することはできず、Xらに対して安全配慮義務を負っていたとはいえないとした。また、再開業務が弁護士法72条の「その他一般の法律事件」に関する業務に当たるか否かにつき、再開業務は、訪問員が長期未収者に対し未払受信料を支払うように求めるとともに、支払に応じる意思があるか否かを確認し必要な手続を教示するものにすぎず、支払に関する意向の対立があるときにその調整を行うことは予定されていないといえるため、法的紛議の発生が不可避であるとはいえず、弁護士法72条の「その他一般の法律事件」に関する業務には当たらないとした。

そのほか、職場の環境構築義務が問題となった[18] 新潟地判令4・11・24判時2571号79頁（確定）がある。これについては労働動向[35]を参照。

## 8 債権者代位権

[19] 大阪地判令5・1・19判タ1512号173頁（控訴）の前提となる事実関係は次のとおりである。Aは、Bから土地を賃借し、有料老人ホームの建設工事をCに請け負わせ、数次にわたる下請がなされた。下請人Dらが建設工事に着手し、基礎工事等を施工した後に鉄骨工事に着手したところで、請負代金の一部が支払われなかったため、これを完成させる前に中断した。本判決は複数の事件が併合されたものであり、争点も多岐にわたる。特に留置権との関係については本誌本号「注目裁判例研究・担保」で詳細に扱われるため、ここでは債権者代位権に関する判示内容を取り上げる。

債権者代位権との関係では、Aが、本件土地を権原なく占有しているDらに対して、Bの所有権に基づく返還請求権の代位行使として工作物等を除去し土地を明け渡すよう求めた後、本件土地の所有者Bが、独立当事者参加（民訴法47条1項後段）により、Dらに対して、所有権に基づく返還請求権として本件土地の明渡し等を求めたため、その参加申出の適法性等が問題となった。本判決は、Bの所有権に基づく返還請求権とAが代位行使するBの所有権に基づく返還請求権をいずれも口頭弁論終結時に発生する権利であるとし、非両立の関係には立たない（民法423条の5）から、Bの上記申出は民訴法47条

1項後段の要件を満たさないものの、BはAが代位行使する権利について民訴法115条1項2号に該当する者であるから、その参加申出を同法52条1項に基づく申出（共同訴訟参加）と解することができるとした。そして、債権者代位権は債務者が自らその権利を行使している場合には行使できない（最一判昭28・12・14民集7巻12号1386頁）から、本件において口頭弁論終結時に発生する物権的請求権について、所有者兼賃貸人であるBが行使している以上、賃借人であるAが債権者代位権を行使することはできず、AのDらに対する明渡請求は債権者代位の要件を欠く不適法な訴えとして却下された。

[19]が扱った、平成29年改正後の民法のもとでの債権者代位訴訟における債務者の参加の取扱い、参加による代位訴訟の帰趨については、学説でも様々な議論がなされているところであるが（下記学説の議論状況につき、潮見佳男『新債権総論I』〔信山社、2017年〕700頁以下、中田裕康『債権総論〔第4版〕』〔岩波書店、2020年〕260頁以下）、本判決が代位原因につき争いのない事案で、かつ、物権的請求権が被代位権利であった点に留意する必要があろう。前者について、本判決は共同訴訟参加になるとしたが、代位原因につき争いのある場合には債務者の参加の形態を独立当事者参加（民訴法47条）とする見解が多い。本判決の説示は代位原因についての争いの有無による区別を前提としているか不明であること等から、独立当事者参加における非両立の意義との関連等についての議論が必要であると指摘されている（匿名コメント・金判1674号42頁）。後者については、本判決は債権者の代位訴訟に係る訴えを却下したが、学説には、債権者代位権の実効性等を理由に当事者適格を失わないとして請求認容判決の主文をどうすべきかを検討するものがある。金銭債権回収の場面では債権者の代位請求と債務者の請求のいずれも認容するとの見解が妥当であると考えられうるとしても、本件は転用型であり、物権的請求権について複数の権利主体が行使することを許容する必要がなかった事案であった（匿名コメント・判タ1512号174頁）。

## 9　詐害行為取消権

[20] 東京地判令3・9・8判時2567号68頁（確定）は、受益者が平成29年改正前の民法424条の解釈においても改正後の民法424条の3の規定を参照すべきであると主張したのに対して、本件根抵当権設定契約の締結は改正後の民法423条の3の規定の施行日前であり直ちに改正後の民法の規定を参照すべきものとはいえないこと、担保提供行為は債務者の義務ではない以上、これを弁済と同視することもできず、債務者と受益者の間の通謀や害意まで必要とされると解することはできない等として、根抵当権設定契約締結の詐害行為該当性（平成29年改正前民法424条）を肯定したものである。本誌24号の取引動向[10]、担保動向[1]で既出であり、詳細はこれらを参照。

## 10　委任契約、準委任契約

[21] 仙台地判令4・8・22判時2561＝2562号54頁（控訴、後棄却〔仙台高判令5・1・31LEX/DB25594346〕）は、指定管理者の指定取消しに関して委任契約ないし準委任契約に基づく報酬請求の可否が問題となり、これを否定した。事案は次のとおりである。Xは、Yから、診療所の指定管理者の指定を受け、XY間で指定管理者の管理業務に関する細目的事項等を定めた基本協定が締結された。本件基本協定によると、指定取消しに関する定めとして、39条（Xに帰責事由がある場合）、40条（Yに帰責事由がある場合）、42条（不可抗力の場合）があった。Yは財政難の影響もありXに対して診療所の経理状況の詳細な報告を求め、診療所の医療体制や指定管理料の額の協議を行おうとしたものの、Xは求められた資料を提出せず、折り合いがつかずに両者の関係が悪化した。Xは本件基本協定42条に基づき指定の取消しを申し出たところ、Yは同協定39条に基づき指定取消しを行った。そこで、Xは、Yに対し、主位的に、基本協定42条に基づき金員の支払を、予備的に、①委任契約ないし準委任契約に基づく報酬請求や、②民法650条3項、③651条2項（平成29年改正前）、及び④国家賠償法1条1項に基づき、その損害賠償等の請求をした。

本判決は、主位的請求について、基本協定42条が定める「不可抗力の発生により、業務の継続が困難と判断した場合」とは外部から生じた事象により業務の継続が困難と判断される場合であるところ、本件はそれに当たらないと判断した。そして、予備的請求につき、まず④から判断し、Xの主張する、

誠実に交渉し不当な要求を行わないという注意義務違反がYにはなかったとした。そして、本件基本協定は、行政処分である指定（地方自治法244条の2第3項）の附款の性質と行政上の契約の性質を併せ持っていると解する余地があるとし、①ないし③について次のように判示した。①について、本件基本協定によれば、XがYの施設を無償で利用して診療の提供を含む管理業務を行い利用者から利用料を収受し、Yが指定管理料等を支払うものとされ、それらのほかに報酬を支払う旨の記載がなく、また、本件基本協定が定める指定管理料は、その性質上、直ちに管理業務の受託に対する報酬であると解することはできないうえ、その支払義務は年度協定において額を定めることによって具体的に発生するものと解されるから、年度協定で定めていない平成31年度以降の業務管理に対する相当額の報酬債権を有するということはできないとした。②③について、本件基本協定39条3項が、同条1項により指定が取り消された場合には、Xに損害等が生じたとしてもYがその賠償の責めを負わないことを規定しているから、本件基本協定が有償の委任契約ないし準委任契約の性質を有するとしても民法650条3項、651条2項に基づく損害賠償を求めることはできないとした。

[22] 宮崎地判令4・3・22判時2557号35頁（控訴）は、事業用定期借地権設定契約の仲介に関する本件契約においては、委任者が第三者から土地を購入することが前提とされており、事業用定期借地権設定契約に基づく地代により購入費用を回収し収益をあげる投資スキームが予定されていたから、土地購入費用の返済原資となる地代の支払開始日は当該契約の締結にあたり特に重要な要素であったといえ、仲介業者には準委任契約である仲介契約に基づく善管注意義務の一環として地代支払開始日について正確な情報を提供すべき義務があり、本件ではそれに違反して誤った情報を提供したとして、債務不履行に基づく逸失利益等（賃借人の探索の遅延による6か月分の地代相当額の逸失利益、仲介業者の誤情報により締結した事業用借地権設定契約の覚書の解消に要した費用）の賠償を認めた（より詳細な内容は本誌本号の不動産動向[6]を参照）。

[23] 東京地判令5・4・17金判1673号42頁（確定）でも仲介契約における仲介業者の説明義務が問題となったが、その違反を理由に不法行為に基づく損害賠償が認められている。M＆A・事業承継の仲介業務等を行っているYは、車の販売等を業とするXに対して、B社が自動車メーカーAのショップであることを前提にB社の全株式を対象とした株式譲渡契約の締結及びYによる当該契約の仲介を提案し、その実現に向けてXY間で仲介契約が締結された。B社は、C社との間で、平成18年にA販売店取引基本契約を、その後、平成25年にAショップ取引基本契約を締結し、屋号を「Aショップ a」としてAグループが製造する自動車の販売等を行う会社であり、Dが代表取締役を務め、B社株式の全てを保有していた。本件株式譲渡契約締結前に、Yは、Dに対して、A販売店取引基本契約に基づきB社の代表者等の異動に関するC社への事前通知をするように指示し、DはC社に役員等の変更に関する書面を交付した。YはDの報告を受け、DがC社から承諾を得たものと理解し、承諾が得られた旨をXに伝えた。XB間で本件株式譲渡契約が締結され、XがYに対して成功報酬を支払った後、C社は、B社に対して、本件Aショップ基本契約を更新しないとして取引終了の合意書を求めた。そこで、Xは、B社に対して、本件株式譲渡契約の錯誤取消しを主張しそれを確認する合意書を締結し、Yに対して、成功報酬や本件株式譲渡契約に要した費用を支払うよう求めた。Yがそれらを支払わないため、Xは、主位的に、承諾が得られたとの誤情報を伝えたとして、成功報酬や本件株式譲渡契約に要した費用、弁護士費用等を損害とし不法行為に基づく損害賠償請求をした。また、予備的に、上記損害金から弁護士費用を除いた額に関する債務不履行に基づく損害賠償請求、又は不当利得に基づく成功報酬の返還請求をした。なお、本件仲介契約には、Yの業務内容として、XによるB社全株式取得に必要な情報の収集・調査及び資料の作成が挙げられ（3条1項）、それにあたっては正確かつ適切な情報提供を心がける一方でその情報の真実性、正確性、妥当性、網羅性についていずれも保証されないこと（17条2項）、契約違反による損害賠償については、Yが故意又は重過失であった場合を除いて免責され、Yの故意又は重過失によって損害賠償責任を負う場合には、いかなる請求原因であってもその額は成功報酬として受領した額を限度とすること（17条5項）が定められていた。

本判決は、まず、本件仲介契約17条5項の有効

性につき、最二判平15・2・28集民209号143頁（宿泊約款中の、宿泊客がホテルのフロントに預けず、また、ホテル側にその種類及び価額の申告をしなかった物品等が滅失毀損した場合におけるホテル側の賠償限度額を一定額に制限する旨の条項につき、故意又は重過失の場合における責任制限は著しく衡平を害するものであり当事者の通常の意思に合致しないとして、当該条項はホテル側に故意又は重過失がある場合には適用されないとした）とは事案が異なることや、Ｍ＆Ａ関連の仲介契約において同様の条項を置く例があり他の同種の契約事例に比して取り立ててＸに不利な条件を課すものではないこと、Ｘが同条のうちＹが責任を負う場合や責任範囲を限定する部分の撤廃を求めたもののＹが他の顧客との平等の観点から変更できないと回答し、ＸＹ間で当該部分が撤廃されないまま本件仲介契約が締結されており、Ｙが、契約締結の自由を排しＸの意思に反してＸに17条5項の内容を含む本件仲介契約の締結を甘受させたといった事情がないことから、公序良俗に反し無効とはいえないとした。次に、Ｙの行為が重過失による不法行為に該当するか否かにつき、Ｘが本件株式を譲り受けるにあたってＢ社がＡショップであることを評価しており、Ｘの意向に沿って本件株式譲渡を実現するにはあらかじめＣ社から本件承諾を得ておく必要があることをＹが十分に認識でき、本件仲介契約3条1項及び17条2項所定の義務をＹは負っているのであるから、Ｙは、Ｘに対して、本件承諾の有無に関し正確かつ適切な情報提供をする義務を負うとした。そして、本件では、ＹがＣ社に確認等をすれば本件承諾に関する誤情報を伝えることを容易に回避できたにもかかわらず、Ｘに対して本件承諾が得られた旨の誤情報を伝えたとして、Ｙは上記注意義務に著しく違反し重過失があったとした。最後に、損害額については、本件仲介契約17条5項により成功報酬として支払った額に限られるとし、本件株式譲渡契約に要した費用や弁護士費用についてＹは損害賠償責任を負わないとした。なお、主位的請求のほうが遅延損害金の起算日が早いため、予備的請求については判断することを要しないとされた。

[23] は契約上負っていた説明義務に反して誤情報を伝えた仲介業者Ｙの重過失による不法行為責任を認めたものであるが、損害額を本件仲介契約17条5項をもとに判断するなど、契約責任と不法行為責任との関係に関する興味深い判決であるといえよう。Ｙの行為を不法行為と捉えることの是非については評価がわかれようが、本件事案の特徴として、本件仲介契約17条5項がＹに故意又は重過失があった場合に関するものであり、かつ請求原因を問わないとしていることから、本件のような場面の調整を想定した規律であると解される点を指摘しておきたい。

本項目の最後に、診療契約における説明義務違反の有無が争われた [24] 最二判令5・1・27判時2578号5頁を取り上げる。なお、診療契約に関しては医療過誤の事案が多数ある（たとえば医師の手技上の過失を認めた [25] 大阪地判令4・9・13判時2560号61頁〔控訴〕）。医事裁判例については本誌本号の医事動向を参照。

統合失調症であるＡは、その治療のため、Ｙ県の設置する病院（本件病院）に、精神保健福祉法22条の4第2項（平成25年改正前）にいう任意入院者として入院（本件入院）した。Ａは、本件入院に際して、主治医から、本件入院中の処置につき、原則として、本人の求めに応じ夜間を除いて病院の出入りが自由に可能な処遇（開放処遇）となる旨等が記載された書面を交付された。なお、精神科病院に入院中の者の処遇について定めた厚生省告示によれば、任意入院者は原則として開放処遇を受けるものとされていた。本件病院の精神科においては、任意入院者は、原則として、入院後しばらくの間外出を禁止されるが、その後、症状が安定し主治医が自傷他害のおそれがないと判断したときは、本件病院の敷地内にかぎり単独での外出（院内外出）を許可されていた。そして、病棟の出入口は常時施錠され、単独での院内外出を許可されている任意入院者が院内外出をするときは看護師にその旨を告げ看護師が出入口を開錠するなどしていた。本件病院の門扉は平日の日中は解放されており、その付近に守衛や警備員はおらず、監視カメラ等も設置されていなかった。当時、Ａは、単独での院内外出を許可される一方で敷地外への外出を許可されていなかったものの、看護師に対して本件病院の敷地内の散歩を希望する旨を告げて病棟から外出し、そのまま本件病院の敷地外に出た後、本件病院の付近の建物から飛び降りて自殺した。そこで、Ａの相続人であるＸは、Ａが入院中に無断離院をして自殺したことについて、Ｙには、診療契約に基づき、本件病院では無断

離院の防止策が十分に講じられていないことをAに対して説明する義務があったにもかかわらずこれを怠った等として、債務不履行に基づく損害賠償を請求した。本件入院当時、精神科病院のなかには、離院の可能性が高い患者に対しては移動時に付添いをつけたり徘徊センサーを装着するといった対策を講ずる病院もあったが、多くの精神科病院では、これらの対策は講じられておらず、本件入院当時の医療水準において、無断離院の防止策としてこれらの措置を講ずる必要があるとされてはいなかった。

　原審（高松高判令3・3・12LEX/DB25569475）は、統合失調症の治療のため任意入院をしている患者は一般に無断離院をして自殺する危険性が高く、Aも本件入院に際して自傷他害に及ぶおそれがあると自認し本件病院に入院することで適切に自己の症状が管理されると期待していたと推認されること等に照らせば、本件診療契約においては本件病院における無断離院の防止策の有無やその内容が契約上の重大な関心事項であったといえるから、Yには、他の病院と比較し病院を選択する機会を保障するために、本件病院では無断離院の対策が講じられておらず無断離院による自殺の危険性があることを説明する義務があり、それを怠ったとして、Xによる損害賠償請求を一部認容した。

　それに対し、本判決は、次のように判示して破棄自判した。「〔本件入院当時の医療水準に鑑みると、〕本件病院において、任意入院者に対して開放処遇が行われ、無断離院の防止策として上記措置〔徘徊センサーの装着等〕が講じられていなかったからといって、本件病院の任意入院者に対する処遇や対応が医療水準にかなうものではなかったということはできない。また、本件入院当時、多くの精神科病院で上記措置が講じられていたというわけではなく、本件病院においては、任意入院者につき、医師がその病状を把握した上で、単独での院内外出を許可するかどうかを判断し、これにより、任意入院者が無断離院をして自殺することの防止が図られていたものである。これらの事情によれば、任意入院者が無断離院をして自殺する危険性が特に本件病院において高いという状況はなかったということができる。さらに、Aは、本件入院に際して、本件入院中の処遇が原則として開放処遇となる旨の説明を受けていたものであるが、具体的にどのような無断離院の防止策が講じられているかによって入院する病院を選択する意向を有し、そのような意向を本件病院の医師に伝えていたといった事情はうかがわれない。／以上によれば、Yが、Aに対し、本件病院と他の病院の無断離院の防止策を比較した上で入院する病院を選択する機会を保障すべきであったということはできず」（引用者注：「／」は改行を意味する）、Yに説明義務違反があったとはいえない。

　[24]が説明義務違反を否定すべき事情の1つとして本件病院の無断離院防止策に関して患者が関心を示していなかった点を挙げていることや、本件で問題とされているのは患者の有効な承諾を得るための説明義務でありその被侵害利益は患者の人格権としての自己決定権であるとの指摘（匿名コメント・判タ1511号124頁）は、乳がんに関する乳房温存療法の説明義務が問題となった最三判平13・11・27民集55巻6号1154頁を想起させる。もっとも、本件では、平成13年最判とは異なり、患者の自己決定の機会を保障するための説明義務が生命維持を目指した決定の保護にかかわっており、このような場面では医療水準上確立した治療法と未確立の治療法との間での選択が医師に委ねられる余地はより広く、患者の関心の有無が説明義務を基礎づけうるとすることについて検討を要するとも説かれている（林誠司・新・判例解説Watch33号86頁）。

## 11　業務委託契約

　[26] 東京地判令4・1・27判タ1509号173頁（確定）は、子の自立支援サービスに関する業務委託契約が母と施設との間で締結されたところ、子の意思に反して施設に入れられたとして母や施設の従業員らによる子に対する共同不法行為責任を肯定した（詳細は、本誌本号の不法行為動向[8]を参照）。

　[27] 大阪高判令4・5・27判タ1508号54頁（確定）は、両替機管理運営委託契約が信託契約か否か、同契約における両替準備金の金銭所有者は誰かが問題となった事案である。Xらは、破産手続開始決定前のA（破産会社）との間で、両替機管理運営委託契約（本件各契約）を締結し、破産会社に対して同社が設置する両替機内の日本円及び外貨（本件金員）の装填、金員管理及び回収を委託し、破産会社に両替準備資金を振込送金していた。なお、本件各契約上の破産会社の受託業務である金銭運搬等業務及び両替機管理業務は、B社に再委託されていた。そこ

で、Xが、破産会社の破産管財人Yに対し、上記契約が信託契約であり、破産会社に交付した本件金員は信託財産であり破産法62条の取戻権の対象となるとして、その不当利得返還請求等をした。

　原審（大阪地判令3・10・28LEX/DB25596130）は、信託契約の成立には契約当事者間に分別管理義務の設定について明示的な合意があるか、少なくとも受託者が託された財産を確保する上で必要な特定性及び独立性をもった管理、保管を行う義務を負うことを基礎づける事実について当事者間に合意があるなど、同義務の設定が契約上予定されていることを要するとし、本件両替機内の本件金員については、破産会社の一般財産から分別され管理されていたとはいえず、本件各契約において、破産会社に対し、本件金員を特定し分別して確保するための義務を設定することが予定されていたとは認められないため、本件保管金は信託財産に当たるとはいえないとした。

　Xは、控訴にあたり、警備業法2条1項3号の現金警備輸送業務が同項柱書で「他人の需要に応じて行う」とされていること等を理由にB社が現金警備輸送業務を行う現金の所有権はXらに帰属するとの主張を主位的なものとして追加し、信託財産であるとの主張を予備的なものとした。

　本判決は、Xの主位的請求につき、警備業法2条1項は警備輸送の目的物の所有権が受託者に帰属する場合があることを否定するものではなく、金銭は、特別の場合を除いて物としての個性を有せず単なる価値そのものと考えるべきであり、価値は金銭の所在に随伴するものであるから、金銭の所有権者は、特段の事情のないかぎり、その占有者と一致すると解すべきである（最二判昭39・1・24判タ160号66頁参照）とし、本件事案においては特段の事情は見当たらないとして、Xの請求を棄却した（Xの予備的請求についても、原審判決を相当とし棄却した）。

## 12　保険契約

[28] 大阪高判令5・4・14金法2223号64頁（確定）は、保険契約者を法人Y、被保険者をその役員や従業員とする傷害総合保険契約において従業員Xに生じた労災事故による受傷を理由にYが受け取った本件保険金につき、Xによる不当利得返還請求権が認められるか等が争われた事案である。原審（神戸地

社支判令4・10・11金法2223号69頁）及び本判決は、Xによる不当利得返還請求を認めた。本判決によれば、本件保険契約は、保険法8条にいう、被保険者が保険契約の当事者以外の者である損害保険契約に該当し、被保険者が民法537条所定の受益の意思表示をするまでもなく、当然に被保険者に保険契約の利益が帰属し、被保険者は、自己固有の権利として保険給付請求権を取得することになり、保険契約者には被保険利益がないとして、Yの保険金の受取行為は被保険者であるXからの委託に基づくものでなくとも同人のためにする事務管理に該当し、受け取った保険金は特段の事情がないかぎり被保険者に引き渡さなければならず、Yがこれをしない場合には不当利得になると判示した。また、付加説明として、本件保険契約には死亡保険金の保険金受取人を保険契約者である法人としていた場合に傷害に関する保険金も死亡保険金受取人に支払う旨の特約が付されていたとのYの主張に対して、そのような特約の存在が認められないとしたうえで、そのような特約があったとしても「保険法8条の規定に反する特約で被保険者であるXに不利なものとして、同法12条により無効であるというべきである」とした。

## 13　フランチャイズ契約

[29] 大阪地判令4・6・23判時2556号51頁（控訴）は、コンビニエンスストアのフランチャイズ契約に関する約定解除の有効性が争われた事案である。本判決は、フランチャイジーYの異常な接客対応やSNS上でのフランチャイザーXへの誹謗中傷が、Xが重視しているフレンドリーサービスを逸脱しておりXのブランドイメージを低下させるものである等として約定解除事由に該当するとしたうえで、本件契約期間が15年間であり、その後も更新や延長が予定されていること（本件基本契約42条）、本件基本契約の残存期間が約8年であり、本件店舗の開業時にYがXに対して開業時出資金や初期費用として約1000万円の負担をしていたとの事情に照らすと、本件基本契約46条に基づいて本件基本契約を解除できるのは、単にYが本件基本契約上の義務に違反しただけでは足らず、それが本件基本契約の趣旨、目的等に照らして、ＸＹ間の信頼関係を破壊したと評価できるやむを得ない事情があることが必要であるとした。そして、Xから接客対応の改善

を求められてもYが接客対応を改めなかったことや
SNSの内容に鑑みると、本件催告解除時点において、
ＸＹ間の信頼関係が破壊されていたとした（詳
細は本誌26号の取引動向 [26] を参照）。

## 14 預金契約

[30] 東京地判令5・9・6金法2222号73頁（確
定）は、消滅した預金債権につき、犯罪利用預金口
座等に係る資金による被害回復分配金の支払等に関
する法律（振り込め詐欺救済法）25条該当性等が争
われた事案である。ＸはＹ銀行にＸ名義の口座を保
有していたところ、令和２年３月25日にＡ名義で
Ｘ名義口座へなされた250万円の振込（本件振込）
についてＢ警察署に「架空請求詐欺（恐喝）」によ
る振込である旨の申出があり、Ｂ警察署から連絡を
受けたＹは、法３条１項に基づき本件口座の取引停
止措置を行い、その旨をＸに通知した。ＸがＹに対
して本件口座の強制解約の留保を要請し、Ｙは当面
留保することとしたが、Ｂ警察署から取引停止措置
の解除を要請する見込みはないとの説明を受け、普
通預金規定14条２項３号に基づき本件口座を解約
し、預金保険機構に対し、本件口座について法４条
１項に基づく債権消滅手続の開始に係る公告の求め
を行った。預金保険機構は、本件口座について、法
５条に基づき権利行使の届出等に係る公告を行っ
た。届出期間中に、Ｘの代理人弁護士が、Ｙの担当
者に対して本件口座に関する問い合わせをした際、
担当者は、今後、法に基づき本件口座の預金を被害
者の救済に充てるための手続が進んでいくこと、預
金保険機構に手続が移行する旨を説明したが、本件
口座について公告が行われていること等を伝えな
かった。Ｘは上記公告期間中に法５条１項５号の権
利行使の届出をせず、本件口座に係る預金債権は法
７条に基づき消滅した。そこで、Ｘは、本件は①法
25条１項の「犯罪利用預金口座等でないことにつ
いて相当な理由があると認められる場合」に該当す
る、②法25条２項の「対象犯罪行為による被害に
係る財産以外の財産をもって当該対象預金口座等へ
の振込みその他の方法による入金が行われていると
き」に該当するとして、Ｙに対し、消滅した預金残
高相当額の支払等を求めた。また、③全銀協のガイ
ドライン等を根拠に、預金契約上の付随義務として
Ｙには本件口座について法５条の公告が行われてい

る旨をＸに告知すべきであるのにそれを怠ったとし
て、消滅預金等債権相当額につき債務不履行に基づ
く損害賠償を請求した。

本判決は、①につき、振り込め詐欺救済法25条
１項の「〔金融機関に対して〕権利行使の届出を行
わなかったことについてのやむを得ない事情その他
の事情、当該対象預金口座等の利用の状況及び当該
対象預金口座等への主要な入金の原因について必要
な説明が行われたこと等」は犯罪利用預金口座等で
ないことについての相当な理由があると認められる
場合の例示であるとし、本件は上記例示のいずれに
も該当せず、他に本件口座が犯罪利用預金口座等で
ないことを裏付ける主張立証があるとも認められな
いため、法25条１項に基づくＸの請求は認められ
ないとした。②につき、法25条２項は振込利用犯
罪行為に利用された犯罪利用預金口座について対象
犯罪行為による被害に係る財産以外の財産による振
込についてはこれらを除外する趣旨で、消滅した預
金債権額から対象犯罪行為による被害にかかる財産
による振込額を控除した残額があれば預金名義人に
おいてこれを金融機関に請求することができること
を定めたものであって、同項を適用するためには、
本件口座への振込のうち、対象犯罪行為による被害
に係る財産による振込の合計額が、消滅した預金債
権額以下である必要があるとし、本件口座において、
振込名義人の属性、振込の原因が主張立証されてい
ない振込額の合計が上記消滅した預金債権額を上回
るため、法25条２項の要件を満たしていないとし
た。最後に、③につき、次のように判示してＹは告
知義務を負わないとした。当該義務をＹが負う法令
上の根拠又は約款等の記載は見当たらず、また、預
金契約上、一般に、銀行が口座開設者に不利益が生
じないように広く情報提供を行うべき義務を負うと
する根拠は見当たらないうえ、本件においては、Ｘ
はＹからの通知により本件口座に取引停止措置が行
われたことを認識し、かつ、Ｙから本件口座につい
て法に基づき今後被害者救済のための手続が進めら
れていくこと等の説明を受けていたことから、Ｘは
十分な情報提供を受けていたといえ、これに加えて
信義則の観点から法５条の公告が行われていること
を告知すべき義務を有していたとは認められない。
全銀協ガイドラインは、預金保険機構に公告手続を
求める前の金融機関における確認事項として、当該
預金口座の名義人に対するその旨の通知等を挙げる

が、「取引の停止等の措置を実施した際に確認等を行っている場合には、当該確認等を省略して差し支えない。」旨を規定し、さらに、上記確認事項の注釈において「警察からの情報提供にもとづき取引の停止等の措置を実施した預金口座等について、仮に、当該名義人から異議申し出があった場合には、その取扱いについて捜査機関と相談を行うなど、適宜対応を行う必要がある。」と記載しており、全銀協ガイドラインを根拠にした場合でも、本件ではXの意向を踏まえた対応等をYが行っており、法5条の公告が行われていることを改めて告知すべき義務を負っていたとはいえない。

### 15 デジタルプラットフォーム利用契約

[31] 東京地判令4・4・15判タ1510号241頁は、デジタルプラットフォーム（DPF）利用契約における信義則上の義務として消費者が安心、安全に取引できる欠陥のないシステムを構築、提供する義務をDPF事業者が負うか否か等が問題となった事案である。Xは、Yが運営するDPFにおいて、Aから充電式モバイルバッテリーを購入した。その後、当該バッテリーを出火原因とする火災事故が発生し、Xの居宅や家財が一部焼損した。Xは、火災保険による保険金やAとの和解による和解金の支払を受けたが、なお約200万円の損害が残ったとして、その損害の一部（30万円）につき、Yに対し、①第一次的に、YはDPF利用契約に基づく信義則上の義務として、消費者が安心、安全に取引できる欠陥のないシステムを構築、提供する義務を負うにもかかわらずそれを怠ったとして、債務不履行に基づく損害賠償を、②第二次的に、出品者が行う特定商取引に関する法律等に基づく表示に関して消費者が問合せ可能な適切な表示を維持・把握する体制を構築する義務（適切表示義務）に違反したとして、不法行為に基づく損害賠償を、③第三次的に、売買契約の時点で本件バッテリーの販売者はAではなくYであると誤認していたとして商法14条又は会社法9条の類推適用により出品者と連帯して債務不履行責任を負うとして損害賠償を請求した。

①に関して、Xは、より具体的な義務の内容として、Yには出店・出品審査義務、及び保険・補償制度構築義務があるとし、その根拠として消費者委員会内のオンラインプラットフォームにおける取引の

在り方に関する専門調査会が平成31年4月に作成した報告書（本件報告書）を挙げた。しかし、本判決は、本件報告書の作成が本件売買契約締結時から約2年10か月後であるうえ、その内容も「提言」にすぎず直ちに根拠とはならないとし、本件ではXがAと和解を成立させることができていることや、保険・補償制度の構築については提言に沿った保証制度をYが講じていること等から、Yがこれらの義務を負うとは認められないとした。②について、本判決は、適切表示義務違反の具体的内容が明らかでないことをおくとしても、出品者への連絡先として電話番号が記載され、それとは別に、連絡用フォームも用意されていて、現に、Xがそれを利用してAと連絡を取り本件和解を成立させていること等から、Yに適切表示義務違反はないとした。③については、Xが本件売買契約の時点で本件バッテリーの販売者をYと誤信していたことを認めるに足りる証拠がないとして、販売者の誤認を前提とする商法14条又は会社法9条の類推適用の主張を認めなかった。

近時、DPF事業者の利用者に対する責任が議論されており（経済産業省「電子商取引及び情報材取引等に関する準則（令和4年4月版）」など）、[31]はそのようななかで出された判決であるが、Xの主張するDPF事業者の義務内容やXを救済する必要性の乏しさ等から、先例的意義は必ずしも大きくないと指摘されている（大澤逸平・新・判例解説Watch33号74頁）ことに留意する必要があろう。

### 16 消費者契約

消費者契約に関しては、家賃債務等の保証及び保証委託に関する契約書中に存する原契約たる建物賃貸借契約の無催告解除条項及び明渡擬制条項の消費者契約法10条該当性を肯定し適格消費者団体による差止請求を認めた[32] 最一判令4・12・12民集76巻7号1696頁と、リフォーム工事で設置された上げ下げロール網戸のループを形成する操作コードが6歳の女児の首に絡まり死亡したところ、製造物責任法3条に基づく損害賠償やリフォーム請負契約のクーリングオフの可否が争われた[33] 大阪地判令4・11・17判時2569号59頁（控訴）がある。前者については本誌27号「注目裁判例・取引1」（山本豊・民事判例27号76頁）で、後者については同

号「注目裁判例・取引2」(平林美紀・民事判例27号80頁)や不法行為動向[36]で詳細に扱われており、それらを参照されたい。

なお、[32]では、一方で、原契約無催告解除条項につき、不当性を判断する前段階である契約条項の内容確定にあたり差止請求制度の趣旨等に鑑みて規範的観点からの限定解釈をすべきでないとし、他方で、明渡擬制条項の消費者契約法10条該当性を判断するにあたりその不明確さを考慮しており、法3条1項1号による契約条項の透明性の要請に関連する説示がみられる。評釈をみるならば、前者についてはそのような判断枠組みを法3条1項1号の要請等から個別訴訟でも認める余地があるとの指摘が(谷本圭子・私判リ67号29頁)、後者については差止請求であるからこそ当該事情が前面に出てきてい

る可能性があるとの指摘がなされている(山本・上記評釈79頁)。これらの指摘は、不当条項規制における契約条項の透明性の要請に関する事情の位置づけにつき一見すると異なる方向性を有するようにもみえよう(ただし、両者の指摘は相反するものではなく、論者により評価が分かれるように思われる)。今後、不当条項規制における契約条項の透明性の考慮のあり方と個別訴訟・差止訴訟との関係についての理論的な検討が必要となろう。

(さかまき・なおや)

# 担保裁判例の動向

田髙寛貴 慶應義塾大学教授

現代民事判例研究会財産法部会担保パート

今期も担保・保証に関する裁判例は僅少であった。留置権に関する [1] 大阪地判令5・1・19判タ1512号173頁、金判1674号38頁、及び、破産管財人による別除権の被担保債権についての債務承認が時効中断効を有することを判示した [2] 最三決令5・2・1民集77巻2号183頁、判タ1511号119頁、金法2219号71頁、金判1675号8頁、同1678号14頁、判時2573号51頁は、それぞれ「担保」「取引」の評釈で取り上げており、以下ではそれ以外のものを概観する。

## 1 保証

[3] 東京高判令4・12・8金判1670号36頁は、「破産者が悪意で加えた不法行為に基づく損害賠償請求権」については免責許可決定がされても破産者が責任を免れることができない旨を規定した破産法253条1項2号につき、これに該当する行為かが問題となったものである。事案の概要は次のとおり。

分譲マンション販売業者A社は、不動産業者Xから代金後払で購入したマンションの住戸をBに販売し、Bから手付金を受領したが、Aの代表者Yは、これを自己の個人資産の確保のために費消した。かねてより債務超過状態だったAは、Xへの代金支払ができずXに売買契約を解除され、それと前後してAとYにつき破産手続開始決定がされた。その後AB間の売買契約が解除され、Bは手付金に関する債務を保証していた保証会社Cから手付金相当額の支払を受けた。そして、同債務の連帯保証をしていたXは、Cに求償金を支払い、Aに対する求償債権を取得した。その後Yは免責許可決定を受けた。そこで、Xは、YがBから受領した手付金を費消し、Cに対する求償債務をXに負担させるに至らせたことが「破産者が悪意で加えた不法行為」にあたるとして、Yに対して損害賠償請求をした。

「悪意」の解釈をめぐっては、他人への積極的害意を要するとする害意説と、単なる故意で足りるとする故意説とがある。本判決は、害意説を採ることを明言した上で、本件について次のように判断した。A社が債務超過状態であることを認識しながら、売買が解除された場合に返還すべき手付金相当額につき、支払資金を確保する目途もないのに、本件手付金を分別管理するなどの方策を講じないまま、A社の運営資金に充てることなく、自己の個人資産を保全するために費消したというYの行為は、自己の利益を優先して不正にXを害する意欲を有して行ったものと認められ、「悪意」に該当する。

従前の裁判例では、破産者が自らの行為によって財産的損害を及ぼすであろうことを認識しながら、あえてこれを行った場合に「悪意」を認定してきたと分析されており（中島弘雅「判批」金判1670号12頁以下）、本判決も従前の例に従った判断がされたといえる。もっとも、Cに免責を促せた可能性がXにあることや、Yが手付金を保持していてもXへの効果は限定的であったこと等、本判決には疑問も呈されており（北村賢哲「判批」新・判例解説Watch倒産法74号4頁）、なお検討すべき課題は残る。

[4] 大阪高判令4・6・30判時2570号19頁は、契約書の連帯保証人の欄に名義人の実印が押されていた場合において、保証意思の不存在を認め、連帯保証契約の成立を否定したものである。本件の事実は、A社が信用保証協会Yに保証委託をした際の契約書の連帯保証人欄にXの署名と実印での押印がされていたが、これは実際にはAの事務員が上司の指示に従ってしたものであり、Xは、Aの大口取引先の会社の代表取締役Bの子で、署名代理をしたAの事務員とは一面識もなかった、というものである。

原判決・本判決とも、実印による印影が存在するときは、反証のない限り、同印影は本人の意思に基

づいて顕出されたものと事実上推定され、民訴法228条4項により文書は真正に成立したものと推定される、という二段の推定（最三判昭39・5・12民集18巻4号597頁参照）に依拠した判断を行っているが、結論は異なる。原判決は、推定を破る特段の事情を認めず、Xの債務不存在確認請求を棄却した。他方、本判決は、Xが面識もないAの事務員に代筆を委ねるのは異常であること、Aの債務の保証をする動機がXにあったとは考えられないこと、XがBに実印を委ねることに不自然さはないこと、法律知識の乏しいBが合理性の疑わしいA経営者の説明を信じたとしても不思議はないこと等の事実から、推定を妨げる特段の事情があるとして、契約の成立を否定し、Xの債務不存在確認請求を認容した。

判決紹介コメントにもあるように、一般人が保証人となる契約、とりわけ署名代理の事案については、二段の推定へ安易に寄りかかることなく、保証意思の存否が慎重に判断されるべきである。本件は、このことを示唆する重要な一事例と位置づけられる。

## 2　相殺

[5] 大阪地判令4・11・24金判1670号44頁は、再生債権者の相殺権を規定する民事再生法92条1項に関する裁判例である。事実の概要は以下のとおり。①X社はY信用組合に出資をし、脱退等の事実を停止条件とする出資金返戻請求権を取得した。Yの定款では、出資金の払戻しは、脱退の効力が生じる事業年度の終了日に組合財産が存在することが総代会で確認された後に実施される旨が規定されていた。②Xにつき再生手続開始決定がされたが、その債権届出期間の満了前に、Yは停止条件不成就の利益を放棄し、YのXに対する貸付金債権（再生債権）を自働債権とし、出資金返還請求権を受働債権として対当額で相殺する旨の意思表示をした。③その後、Xは、Yを脱退する旨の意思表示をし、Y総代会をもって出資金返還請求権の条件が成就したとして、Yに出資金の支払を請求した。

本件で問題となったのは、Yが停止条件不成就の利益を放棄して行った相殺の効力は認められるか、であり、次の2つの争点を含む。破産債権者の相殺権について、破産法67条2項後段では、破産債権者の負担する債務が条件付等であっても相殺ができる旨が規定されているのに対し、民事再生法92条1項では、これに相当する定めがない。それでも、民事再生法上、条件付債権を受働債権とする相殺は可能なのか、それが第1の争点である。そして、これが可能だとしても、受働債権の債務者が停止条件不成就の利益を放棄することによって債権届出期間満了前の相殺適状という要件を満たすことは許されるのか、それが第2の争点である。本判決は、次のように述べてYの相殺の効力を否定した。

第1の争点について。民事再生法92条1項は、再生債権者の相殺の担保的機能への期待と再生債務者の事業の再建との調整を図ったものと解される。同項により再生債権者がすることが許される相殺における受働債権に係る債務は、再生手続開始当時少なくとも現実化しているものである必要があり、将来の債権など当該時点で発生が未確定な債務は、特段の定めのない限り含まれない。

第2の争点について。そもそも民法上期限の利益を放棄できる期限付債務と異なり、停止条件付債務については、実体法上も債務者が一方的に債務を放棄することが認められているとはいえない。本件についていえば、組合たる債務者が一方的に条件を放棄することは、債権者である組合員の地位を一方的に奪うに等しく、実体法上認められるとはいえないし、債務者の事業の再生を目的とする再生手続を阻害するものとして認められない。

第1の争点について、学説では、停止条件付債務でも合理的相殺期待があれば相殺は許容されるとする肯定説もみられるものの、現在の多数説は、破産法の規定との相違等を理由にこれを否定する（伊藤眞『破産法・民事再生法〔第5版〕』〔有斐閣、2022年〕1004頁注31も、旧版の肯定説を改め否定説を採る）。もっとも、本件評釈には肯定説を採るものもあり（水元宏典「判批」新・判例解説Watch倒産法73号3頁）、議論が収束したわけではない。筆者としては、本判決も述べるように、破産法とは異なる民事再生手続の目的が、両法の規定の相違に体現されているとの理解から、否定説を支持したい。

肯定説・否定説のいずれを採ろうとも、第2の争点につき、脱退前に組合が停止条件不成就の利益を放棄することは、強行法規に反して出資なき組合員を認めることになるから許されず（水元・前掲4頁）、いずれにせよ、本件においてYの相殺の効力が認められる余地はないというべきだろう。

（ただか・ひろたか）

# 不動産裁判例の動向

**野澤正充**　立教大学教授

現代民事判例研究会財産法部会不動産パート

## 1　はじめに

　今期の不動産裁判例は 10 件であり、最高裁判決としては、破産管財人による債務の承認の効力（時効の更新）に関する最三決令 5・2・1 民集 77 巻 2 号 183 頁、および、遺言執行者の原告適格に関する最二判令 5・5・19 民集 77 巻 4 号 1007 頁がある。いずれも今後の指針となる重要な判決であるが、下級審裁判例も、他のパートと重複し、注目裁判例研究として取り上げられたものが多い。

## 2　不動産登記

　[1] 神戸地決令 4・7・28 判時 2572 号 86 頁〔確定〕は、補助参加（民訴 42 条）の可否に関する。すなわち、基本事件は、暴力団員による不当な行為の防止等に関する法律（暴力団対策法）3 条の規定により指定された暴力団である六代目山口組の二次団体である山健組の五代目組長である X が、四代目組長であった Y に対し、Y が組長を退任し X が組長に就任したことにより、Y が山健組の構成員全員の総有に属する不動産の登記名義人としての地位を喪失し、X が同地位を取得したとして、所有権移転登記手続を求めるものである。そして、本件は、別件で、本件不動産につき仮差押命令を得た Y の債権者である Z（暴力団対策法 31 条の 2 に基づく損害賠償債権〔約 1 億 5000 万円〕の債権者）が、本件不動産の帰属について利害関係を有するとして補助参加の申出をしたのに対し、Y が Z は法律上の利害関係を有しないとして異議を申し出たものである。神戸地裁は、Z が、「基本事件において Y が敗訴することによって、仮差押えをした債権者としての地位及び

利益を失うものであるから、基本事件の判決が Z の法的地位又は法的利益に影響を及ぼすおそれがあると認められ、訴訟の結果について法律上の利害関係を有するといえるから、民訴法 42 条に基づく補助参加を認めるべきである」とした。民訴法 42 条に関して、判例は、「第三者の補助参加が認められるのは、専ら訴訟の結果につき法律上の利害関係を有する場合に限られ、単に事実上の利害関係を有するに留まる場合は補助参加は許されない」としている（最一判昭 39・1・23 集民 71 号 271 頁）。そして、「法律上の利害関係を有する場合とは、当該訴訟の判決が参加人の私法上又は公法上の法的地位又は法的利益に影響を及ぼすおそれがある場合をいう」と解されている（最一決平 13・1・30 民集 55 巻 1 号 30 頁）。しかし、「訴訟の結果につき法律上の利害関係を有する」ことの判断については、見解が分かれている。すなわち、「訴訟物自体に関する判断の結果が直接参加申出人の法律的地位に利害関係を及ぼす場合であることを要する」との見解（福島地決昭 41・12・16 訟月 13 巻 1 号 3 頁）と、より広く、「自己の私法上又は公法上の地位に法律上何らかの影響を受ける地位にあればよい」との見解（三ヶ月章『民事訴訟法』〔弘文堂、第 3 版、1992 年〕235 頁）が存在する。本決定は、後の見解と「同様の考え方に立つ」と解されている（コメント・判時 2572 号 87 頁）。

## 3　相隣関係

　[2] 東京地判令 4・3・23 判時 2559 号 39 頁〔確定〕は、耐震性に深刻な問題がある建物の建替え工事について、位置指定道路における工事車両の通行および工事の支障となる電柱の撤去に関し、最一判平 9・12・18 民集 51 巻 10 号 4241 頁を参照して、

①「建築基準法42条1項5号の規定による位置の指定（道路位置指定）を受け現実に開設されている道路を通行することについて日常生活上不可欠の利益を有する者」は、②「同道路の通行をその敷地の所有者によって妨害され、又は妨害されるおそれがあるときは、敷地所有者が同通行を受忍することによって通行者の通行利益を上回る著しい損害を被るなどの特段の事情のない限り、敷地所有者に対して同妨害行為の排除及び将来の妨害行為の禁止を求める権利（人格権的権利）を有する」とした。そして、①当該建物の敷地が「いずれも公道に通じない袋地であって」、隣接する土地部分（以下「本件土地部分」という。）が「公道につながる唯一の道路」であり、当該建物の「建替え工事を遂行するためには、明らかに、工事車両及び工事関係者が本件土地部分を通行のために使用することが不可欠である」こと、および、②本件土地部分の所有者が、「工事車両及び工事関係者が本件土地部分を通行のために使用することを受忍することによって、上記使用による利益を上回る著しい損害を被るということはできない」ことから、当該建物の所有者は、本件土地部分の所有者に対し、「上記使用に対する妨害禁止を請求する人格的権利を有するものと認められる」とした。また、ガス管の設置についても、民法の相隣関係の規定は、「人工的排水や通水に限らず、上水道のための導管の設置や、また、ガスや電気など水以外の日常生活上不可欠なライフラインの導管の設置のために、他人所有の隣接地を利用する必要があれば、上記の当然の互譲として同利用を認める趣旨と解することができる」とし、「民法220条及び221条の趣旨の類推により、日常生活上不可欠なライフラインであるガスの導管設置のために、同設置場所を他人所有の隣地とすることも含め隣地使用をすることができる権利（導管設置権）が認められる」とした。今後は、新設された213条の2が適用されよう。この判決については、秋山靖浩教授による注目裁判例研究「不動産」を参照されたい。

## 4　不動産担保

[3] 最三決令5・2・1民集77巻2号183頁は、X所有の不動産について、Xの破産手続終了後に、Yを根抵当権者とする根抵当権の実行としての競売の開始決定がされたところ、Xが、上記根抵当権の被担保債権が時効によって消滅したことにより上記根抵当権は消滅したと主張して、Yに対し、上記競売手続の停止および上記根抵当権の実行禁止の仮処分命令の申立てをした事案である。争点となったのは、上記破産手続において、Xの破産管財人が、本件不動産について任意売却を検討し、Yとの間でその受戻しについて交渉をしたものの、任意売却の見込みが立たず、Yに対し、破産財団から放棄する予定である旨の通知をした上で、破産裁判所の許可を得て破産財団から放棄した旨の通知をしたが、これらのYに対する本件被担保債権が存在する旨の認識の表示が債務の承認（旧147条3号・現152条－時効の更新）として、その消滅時効を中断する効力を有するか否かである。原々審、原審は共に、破産管財人による上記認識の表示が債務の承認に当たり、本件被担保債権の消滅時効を中断する効力を有するから、本件被担保債権の消滅時効は完成していないとして、Xの申立てを却下すべきものとした。Xが抗告許可の申立てをし、原審が抗告を許可した。

最高裁は、次のように判示して、Xの抗告を棄却した。「時効の中断の効力を生ずべき債務の承認とは、時効の利益を受けるべき当事者がその相手方の権利の存在の認識を表示することをいうのであって、債務者以外の者がした債務の承認により時効の中断の効力が生ずるためには、その者が債務者の財産を処分する権限を有することを要するものではないが、これを管理する権限を有することを要するものと解される（民法156条参照）」。そして、「破産管財人は、その職務を遂行するに当たり、破産財団に属する財産に対する管理処分権限を有するところ（破産法78条1項）、その権限は破産財団に属する財産を引当てとする債務にも及び得るものである（同法44条参照）。破産管財人が、別除権の目的である不動産の受戻し（同法78条2項14号）について上記別除権を有する者との間で交渉したり、上記不動産につき権利の放棄（同項12号）をする前後に上記の者に対してその旨を通知したりすることは、いずれも破産管財人がその職務の遂行として行うものであり、これらに際し、破産管財人が上記の者に対して上記別除権に係る担保権の被担保債権についての債務の承認をすることは、上記職務の遂行上想定されるものであり、上記権限に基づく職務の遂行の範囲に属する行為ということができる」。そうすると、「破産管財人が、別除権の目的である不動産の

受戻しについて上記別除権を有する者との間で交渉し、又は、上記不動産につき権利の放棄をする前後に上記の者に対してその旨を通知するに際し、上記の者に対して破産者を債務者とする上記別除権に係る担保権の被担保債権についての債務の承認をしたときは、その承認は上記被担保債権の消滅時効を中断する効力を有すると解するのが相当である」。この決定は、債務者ではない破産管財人がした債務の承認について、破産管財人の職務の遂行との関連性を踏まえて消滅時効の中断効を有することを明らかにし、「破産管財人ノ権限ニ属セサル」債務の承認について時効の中断効を否定した大判昭3・10・19民集7巻11号801頁との違いを明確にしたものとして、重要な意義を有する。なお、詳しくは、高秀成教授による注目裁判例研究「取引2」を参照されたい。

[4]大阪地判令5・1・19判タ1512号173頁〔控訴〕は、まず、①「留置権の効力は目的物の留置に必要不可欠な他の物にも及ぶと解すべきであり、土地上に存在する建物に生じる留置権の効力は、建物の留置に必要な限りでその敷地の留置も認められる」とした。そして、②「留置権は担保物権であって、債権者以外の第三者に対しても主張できるのが原則であり、本件のように、建物新築工事について、注文者・元請、元請・下請と順次請負契約が締結された場合に、注文者が元請に代金を支払っていないために元請が下請に代金の支払ができないときには、元請がその請負代金債権を被担保債権として請負契約の目的物である建物及びその敷地を留置することができるのと同様に、下請もこれらを留置することで注文者に対して代金支払を間接的に強制することが許されるが、注文者が元請に代金を支払済みであるにもかかわらず元請が下請に代金を支払っていないときには、元請が注文者に留置権を行使できない以上、注文者との関係で元請の履行補助者的立場にある下請も同様に留置権を行使することができない」とした。なぜなら、「仮に後者の場合に下請に留置権を認めた場合、注文者が元請と下請に二重に代金を支払うことを間接的に強制され、元請の無資力のリスクを注文者が負担することになってしまうことになるが、このように下請の債権を注文者の犠牲の下で保護することは、当事者の公平を図るという留置権の上記趣旨を超えるもの」となるからである。①については、学説が分かれ、また、②については、「建

物建築工事を元請負人から一括下請負の形で請け負う下請契約は、その性質上元請契約の存在及び内容を前提とし、元請負人の債務を履行することを目的とするものであるから、下請負人は、注文者との関係では、元請負人のいわば履行補助者的立場に立つものにすぎず、注文者のためにする建物建築工事に関して、元請負人と異なる権利関係を主張し得る立場にはない」と判示した最三判平5・10・19民集47巻8号5061頁を踏襲する判断で興味深い。なお、本判決は、債権者代位権について、債権者は、「債務者が自らその権利を行使している場合には行使できない」から、物権的請求権について、不動産の所有者兼賃貸人が被代位権利である物権的請求権を行使している以上、賃借人が債権者代位権を行使することは」できないとして、賃借人による当該不動産の占有者(下請負人)に対する明渡請求が、「債権者代位の要件を欠く不適法な訴え」であり、「却下を免れない」とした。本判決については、田高寛貴教授による注目裁判例研究「担保」を参照されたい。

## 5　不動産売買

[5]東京地判令4・3・29判時2565号61頁〔確定〕は、東京都港区内に所在する高層マンション(以下「本件マンション」という。)に免震部材として設置されていた免震オイルダンパー(以下「本件ダンパー」という。)が建築基準法等に違反する疑いがあることが判明し、本件マンションの一室を代金7億5000万円で購入した(以下「本件売買契約」という。)Xが、本件売買契約の錯誤無効(平成29年改正前の事案)を主張し、売主であるYに対し、不当利得返還請求として、売買代金相当額の支払を求めた事案である。東京地裁は、Xの動機の錯誤を認めつつ、最三判平28・1・12民集70巻1号1頁を引用して、「動機は、たとえそれが表示されても、当事者の意思解釈上、それが法律行為の内容とされたものと認められない限り、表意者の意思表示に要素の錯誤はないと解するのが相当である」とした。そして、「本件マンションに用いられた部材等に法令適合性の疑義が判明した場合に、一律に本件売買契約の効力を否定することまでを共通の前提として、X及びYが同契約を締結したとはいえず、X及びYは、本件マンションに瑕疵担保責任やアフターサービスによって対応することが社会通念上著しく困難であると認

められる甚大な瑕疵が存在することが事後的に判明した場合に限って契約の効力を否定することを想定して本件売買契約を締結したものと解され」、本件ダンパーの瑕疵は「甚大な瑕疵」ではないとした。したがって、「本件ダンパーに建築基準法等の適合性につき疑義がないとの動機は、X及びYの合理的意思解釈上、本件売買契約の内容となっていたとは認められない」として、錯誤無効が認められないとした。本判決は、前掲最高裁平成28年判決に従い、契約当事者の合理的意思解釈から動機が契約の内容とはなっていないとして、要素の錯誤を否定したものである。詳しくは、野中貴弘教授による注目裁判例研究「取引1」を参照されたい。

[6] 宮崎地判令4・3・22判時2557号35頁〔控訴〕は、不動産売買の仲介を業とするX₁およびその代表者であるX₂から、土地を取得して事業用借地権を設定することにより収益を得るスキームを提案されたYが、X₂の仲介により、土地を購入する契約、および、Aを借地権者とする事業用借地権設定契約の覚書を締結したところ、X₂がYに対し、Aの地代の支払時期について誤った情報を提供したため、YがAとの間の覚書の解約を余儀なくされて損害を被ったとして、Xらに対して損害賠償を求めた事案である。宮崎地裁は、YとX₂との間の、Yが取得する本件土地のAに対する賃貸借を仲介する契約においては、「Yが第三者から本件土地を購入することが前提とされており、事業用定期借地権設定契約に基づく地代により購入費用を回収し収益を上げる投資スキームが予定されていた」とし、「同時期に締結された（YA間の）基本合意では、賃貸借期間が営業開始日から20年間とされていたことに照らしても、購入費用の返済原資となるAの地代の支払開始日（＝営業開始日）は、事業用定期借地権設定契約の締結にあたり、特に重要な要素であったということができる」とした。そして、「X₂には、準委任契約である仲介契約に基づく善管注意義務の一環として、Yに対しAの地代支払開始日について正確な情報を提供すべき義務があるものと認められる」とした。にもかかわらず、X₂は、この義務に違反して、「Yに対し、Aの地代支払開始日について、本件土地への立入から3か月程度という誤った情報を提供したものと認められ」、YがX₂の債務不履行により、1653万円余の損害を被ったことを認定した（Yの請求を認容）。本判決は、不動産売買の仲

介業者の説明義務違反に関する事例判断であり、「準委任契約である仲介契約に基づく善管注意義務の一環として」、地代支払開始日についての説明義務が認められたものである。

[7] 東京高判令4・12・8金判1670号36頁〔確定〕は、前期の「不動産裁判例の動向」で取り上げられた東京地判令4・7・20金判1659号8頁の控訴審判決である。事案は、簡略化すると次のようであった。不動産取引を行う株式会社であるXは、自社の建築した新築分譲マンションを、マンションの販売会社であるA（代表者Y）に売却し、Aの顧客への転売に先立ち、Aが顧客に対して負担する手付金等に係る債務につき、保証会社との間で保証契約を締結した。Aは、本件マンションのうちの5室をBに販売し、Bから手付金として3180万円を取得したが、その保全措置を講じることなく、これをY個人が費消し、その後にAおよびYが破産手続開始決定を受け、破産管財人がBとの売買契約を解除し、保証会社がBに対して保証を行い、Xが保証会社に対して求償債務の履行をした。Xは、Yの破産手続係属中に、破産管財人を被告として、上記の求償債務を負担したことによる損害の賠償を求めて訴訟を提起し、破産手続終結後はYが訴訟手続を受継した。この間、Yは、免責許可決定を受けた。争点となったのは、免責許可の決定が確定しても、「破産者が悪意で加えた不法行為に基づく損害賠償請求権」については免責されない（破産253条1項2号）ため、XのYに対する損害賠償請求権がこれに当たるか否かである。原判決はこれを肯定し、東京高裁も次のように判示して、Yの控訴を棄却した。すなわち、「上記不法行為が破産法253条1項2号にいう『悪意で加えた不法行為』に当たるか否かについては、この『悪意』は、不正に他人を害する意欲を指し、不法行為の要件としての故意とは異なると解されるものの、誠実な破産者に対する特典として責任を免除するという免責制度の趣旨に照らせば」、Yが、Aの代表取締役としてAが債務超過の状態であることを認識しながら、「具体的な収入の見通しや支払資金を確保する目途のない状態で、本件手付金を分別管理するなどの方策を講じないまま、そのうち2400万円を、Aの運営資金に充てることなく、Yの個人資産を保全するために費消した行為は、自己の利益を優先して不正にXを害する意欲を有して行ったものと認められ、『悪意』に該当するという

べきである」。

## 6　固定資産税

[8] 東京高判令4・4・13判時2565号42頁〔確定〕は、Xが所有する土地とそれに隣接するYらの所有する土地について、平成28年6月8日、東京法務局により筆界特定がされたところ、平成29年度分の固定資産税および都市計画税が、平成28年分と比較して、Xの土地については減額されたが、Yらの土地については増額されたため、XがYらに対して、平成19年度分から平成28年度分の固定資産税等が過大に賦課徴収されて損害を被り、Yらが過少に賦課徴収されたことによりXの損害分の利得をしたとして、不当利得の返還を求めた事案である。原審（東京地判令2・11・25判時2565号47頁）は、「Xの損失においてYらが利得を受けていたものとして、不当利得が成立する」とした。これに対して、東京高裁は、「仮に、東京都の固定資産税及び都市計画税の各課税処分が旧公図を前提としたために客観的な価値に照らしてYら土地に過少に課したとしても、直ちにXが法律上の原因なくして利益を受けたということは」できない。のみならず、「本件筆界特定がされた前後である平成28年度及び平成29年度において、X土地について固定資産税及び都市計画税が減額された一方、Yら土地についてこれらの税額が増額されたとしても、本件全証拠によっても、その原因が全て本件筆界特定であると認めることはできないし、本件筆界特定がその原因に含まれているとしても、その寄与した範囲を確定することもできない」とし、「X主張の損失と利得との間の因果関係を認めることもできない」とした（請求棄却）。この判決は、不当利得（703条）の要件のうち、（ア）法律上の原因がないこと、および、（イ）損失と利得の間の因果関係を否定したものである。

## 7　不動産の相続

[9] 水戸家審令4・7・13判時2567号85頁〔確定〕は、平成25年に死亡した被相続人の相続財産である土地の利用について、地方公共団体（市）である申立人が、被相続人と特別の縁故があったとして、令和3年改正前の民法958条の3（現958条の2）に基づき、申立人への相続財産の分与を求めた事案である。水戸家裁は、被相続人が、「本件各土地を長年にわたり地元の公共財産としてその用に供してきており、将来的にも現状が維持されることを望んでいたと認められる。そうすると、申立人は、被相続人の相続財産である本件各土地の維持・管理を通じて、生前、被相続人と密接な交流があり、本件各土地を申立人に分与することが被相続人の意思にも合致するというべきであって、申立人は、『その他被相続人と特別の縁故があった者』（民法958条の3第1項）に該当するものと認められる」とした。自然人のみならず、法人も特別縁故者（958条の2）となることができることを前提に、地方公共団体を特別縁故者と認めた審判例の1つである。

[10] 最二判令5・5・19民集77巻4号1007頁は、遺言執行者であるXが、遺言者の相続財産である土地（以下「本件土地」という。）について遺言の内容に反する登記がされているとして、本件土地の登記名義人であるYらに対し、遺言者の相続人からYらにされた所有権移転登記の抹消登記手続等を求めたものであり、Xの原告適格の有無が争われた。事案は、およそ次のようであった。Aとその妻Bとの間には、長男Cと長女Dがいて、Cには子E、Dには子Fがいる。平成20年6月、Aが死亡し、Dが相続を放棄したため、本件土地はBとCが各2分の1の割合で共同相続した。平成21年7月、Bは、その一切の財産を、（ア）Dに2分の1の割合で相続させる（遺言部分1）とともに、（イ）Fに3分の1の割合で遺贈し（遺言部分2）、（ウ）Eに6分の1の割合で遺贈する（遺言部分3）との公正証書遺言（以下「本件遺言」という。）をした。平成23年1月、Cは、BとCの間でCが本件土地を取得すること等を内容とする遺産分割協議が成立した旨の遺産分割協議書を利用して、本件土地につき、相続を原因とするCに対する所有権移転登記をした。しかし、上記遺産分割協議は、Bの意思に基づかずにされた無効なものであった。同年2月、Bが死亡し、Eは、本件遺言に係る遺贈（ウ）を放棄した。同年4月、Xが本件遺言の遺言執行者に選任され、同年6月、Cは、本件土地をYらに売却し、その旨の所有権移転登記がされた。

原審（東京高判令3・10・21民集77巻4号1034頁）は、Xが本件登記の抹消登記手続を求める訴えの原告適格を有するとした上で、本件土地の持分2分の1は、Bの相続財産であり、本件売買契約に係る上

記持分2分の1（以下「本件相続持分」という。）の処分行為は、平成30年改正前民法1013条により無効であるとして、本件登記のうち本件相続持分に関する部分の一部抹消（更正）登記手続を求める限度において、Xの抹消登記手続請求を認容し、その余を棄却した。Yらが上告受理申立て。

最高裁は、まず、一般論として、「遺言執行者は、遺言の執行に必要な一切の行為をする権利義務を有し、遺言の執行に必要な場合には、遺言の内容に反する不動産登記の抹消登記手続を求める訴えを提起することができる」（最二判昭51・7・19民集30巻7号706頁、最一判平11・12・16民集53巻9号1989頁参照）とする。そして、本件遺言部分1から3に従って、次の3つの判示をした。

(i) 相続分の指定——本件遺言部分1

「ア 本件遺言部分1は、Dの相続分を相続財産の2分の1と指定する旨の遺言であると解される。

イ 共同相続人は、相続開始の時から各自の相続分の割合で相続財産を共有し（民法896条、898条1項、899条）、相続財産に属する個々の財産の帰属は、遺産分割により確定されることになる。被相続人は、遺言で共同相続人の相続分を指定することができるが（同法902条1項）、相続分の指定がされたとしても、共同相続人が相続開始の時から各自の相続分の割合で相続財産を共有し、遺産分割により相続財産に属する個々の財産の帰属が確定されることになるという点に何ら変わりはない。また、相続分の指定を受けた共同相続人は、相続財産である不動産について、不動産登記法63条2項に基づき、単独で指定相続分に応じた持分の移転登記手続をすることができるし、改正法の施行日前に開始した相続については、上記共同相続人は、その指定相続分に応じた不動産持分の取得を登記なくして第三者に対抗することができるから（最二判平5・7・19集民169号243頁参照）、遺言執行者をして速やかに上記共同相続人に上記不動産持分の移転登記を取得させる必要があるともいえない。

以上によれば、改正法の施行日前に開始した相続に係る相続財産である不動産につき、遺言により相続分の指定を受けた共同相続人に対してその指定相続分に応じた持分の移転登記を取得させることは、遺言の執行に必要な行為とはいえず、遺言執行者の職務権限に属しないものと解される。したがって、共同相続人の相続分を指定する旨の遺言がされた場

合に、上記不動産につき上記遺言の内容に反する所有権移転登記がされたとしても、上記登記の抹消登記手続を求めることは遺言執行者の職務権限に属するものではないというべきである。そうすると、遺言執行者は、上記遺言を根拠として、上記不動産についてされた所有権移転登記の抹消登記手続を求める訴えの原告適格を有するものではないと解するのが相当である。

ウ したがって、Xは、本件遺言部分1を根拠として、本件登記の抹消登記手続を求める訴えの原告適格を有するものではない」。

(ii) 包括遺贈——本件遺言部分2

「ア 本件遺言部分2は、Bの相続財産の3分の1をFに包括遺贈する旨の遺言であると解される。

イ 不動産又はその持分を遺贈する旨の遺言がされた場合において、上記不動産につき、上記の遺贈が効力を生じてからその執行がされるまでの間に受遺者以外の者に対する所有権移転登記がされたときは、遺言執行者は、上記登記の抹消登記手続又は上記持分に関する部分の一部抹消（更正）登記手続を求める訴えの原告適格を有すると解される（前掲最二判昭51・7・19参照）。相続財産の全部又は一部を包括遺贈する旨の遺言がされた場合についても、これと同様に解することができる（最二判昭51・7・19集民118号315頁参照）。そして、以上のことは、審理の結果、遺言執行者が抹消登記手続を求める不動産が相続財産ではないと判断された場合であっても、異なるものではないというべきである。

そうすると、相続財産の全部又は一部を包括遺贈する旨の遺言がされた場合において、遺言執行者は、上記の包括遺贈が効力を生じてからその執行がされるまでの間に包括受遺者以外の者に対する所有権移転登記がされた不動産について、上記登記のうち上記不動産が相続財産であるとすれば包括受遺者が受けるべき持分に関する部分の抹消登記手続又は一部抹消（更正）登記手続を求める訴えの原告適格を有すると解するのが相当である。

ウ 以上によれば、Xは、Yらに対し、本件登記のうち本件土地がBの相続財産であるとすればFが受けるべき持分3分の1に関する部分の一部抹消（更正）登記手続を求める訴えの原告適格を有するということができる。

他方、前記事実関係の下において、本件遺言部分2の執行のために、本件登記のうち本件土地の上記

持分3分の1を除くその余の持分に関する部分の抹消を求める必要があると解すべき事情はうかがわれないから、Xが、本件遺言部分2を根拠として、本件登記の抹消登記手続請求のうち本件土地の上記持分3分の1を除くその余の持分に関する部分に係る訴えについて原告適格を有するとはいえない」。

(iii) 包括遺贈の放棄——本件遺言部分3

「ア　本件遺言部分3は、Bの相続財産の6分の1をEに包括遺贈する旨の遺言であるが、上記の包括遺贈は、Eの放棄によってその効力を失ったものと解される。したがって、上記包括遺贈について遺言執行の余地はなく、被上告人は、本件遺言部分3それ自体を根拠として、本件登記の抹消登記手続を求める訴えの原告適格を有するものではない。

イ　もっとも、Eが受けるべきであった本件土地の持分の全部又は一部が包括受遺者であるFに帰属すると解されるのであれば、Fへの当該持分の帰属については、直ちに遺言執行の余地がないとはいえない。

そこで、この点について検討すると、民法995条は、本文において、遺贈が、その効力を生じないとき、又は放棄によってその効力を失ったときは、受遺者が受けるべきであったものは、相続人に帰属すると定め、ただし書において、遺言者がその遺言に別段の意思を表示したときは、その意思に従うと定めている。そして、包括受遺者は、相続人と同一の権利義務を有する（同法990条）ものの、相続人ではない。同法995条本文は、上記の受遺者が受けるべきであったものが相続人と上記受遺者以外の包括受遺者とのいずれに帰属するかが問題となる場面において、これが『相続人』に帰属する旨を定めた規定であり、その文理に照らして、包括受遺者は同条の『相続人』には含まれないと解される。そうすると、複数の包括遺贈のうちの一つがその効力を生ぜず、又は放棄によってその効力を失った場合、遺言者がその遺言に別段の意思を表示したときを除き、その効力を有しない包括遺贈につき包括受遺者が受けるべきであったものは、他の包括受遺者には帰属せず、相続人に帰属すると解するのが相当である。

ウ　これを本件についてみると、本件遺言部分3に係る包括遺贈は、Eの放棄によってその効力を失ったものであり、Bがその遺言に別段の意思を表示したことはうかがわれないから、Eが受けるべきであった本件土地の持分は、他の包括受遺者であるFには帰属せず、Bの相続人に帰属することとなったというべきである。したがって、Xが、Fへの上記持分の帰属を根拠として、本件登記の抹消登記手続を求める訴えの原告適格を有するとはいえない」。

最高裁は、以上の判断を踏まえて、次のように結論した。すなわち、「Xは、本件登記の抹消登記手続請求のうち、本件土地がBの相続財産であるとすればFが受けるべき持分3分の1に関する部分に係る訴えについては原告適格を有するが、本件土地の上記持分3分の1を除くその余の持分に関する部分に係る訴えについては原告適格を有しない」。そして、「本件土地のうちBの相続財産に属するのは持分2分の1（本件相続持分）に限られるから、Fが受けるべき本件土地の持分は6分の1となるところ、Bの相続人であるCは、改正法による改正前の民法1013条の規定に違反して、Yらとの間で本件売買契約を締結して上記持分6分の1をYらに譲渡し、本件登記の登記手続をしたものであるから、上記持分6分の1の処分行為は無効であり（最一判昭62・4・23民集41巻3号474頁参照）、Xの本件登記の抹消登記手続請求のうち上記持分6分の1に関する部分は理由がある」とした。

この判決は、本件遺言部分の2および3をそれぞれ、相続財産の3分の1をFに、また、相続財産の6分の1をEに与える、割合的な包括遺贈であると解した。そして、本件遺言部分1については、「相続分の指定」（902条）であるとした。これは、特定の不動産ではなく、相続財産を一定の割合で相続人に「相続させる」旨の遺言であって、他の部分と合わせた割合の合計が1となるものは、「相続分の指定」であるとの一般的な理解に基づく（コメント・判時2572号53頁）。そして、最高裁は、「遺言により相続分の指定を受けた共同相続人に対してその指定相続分に応じた持分の移転登記を取得させることは、遺言の執行に必要な行為とはいえず、遺言執行者の職務権限に属しない」とした。その理由の1つとして、「共同相続人は、その指定相続分に応じた不動産持分の取得を登記なくして第三者に対抗することができる」ことが挙げられている。しかし、平成30年の相続法改正によって、889条の2第1項が新設され、現在では対抗要件主義が採られている。それゆえ、本判決も指摘するように、この部分の判断は、「改正法の施行日前に開始した相続」についての事案に関するものであって、施行日後の相続の

事案については、必ずしも妥当しない。

　これに対して、本件遺言部分2については、「相続財産の全部又は一部を包括遺贈する旨の遺言がされた場合において、遺言執行者は、上記の包括遺贈が効力を生じてからその執行がされるまでの間に包括受遺者以外の者に対する所有権移転登記がされた不動産について、上記登記のうち上記不動産が相続財産であるとすれば包括受遺者が受けるべき持分に関する部分の抹消登記手続又は一部抹消（更正）登記手続を求める訴えの原告適格を有する」とした。もっとも、この点に関しても、平成30年の相続法改正によって1013条2項が追加され、同改正法の施行日後の事案については、本件土地の持分2分の1の売買の無効は、「これをもって善意の第三者に対抗することができない」ため、Yらの主張も異なるものとなろう。

　また、本件遺言部分3については、Eが包括遺贈を放棄したため、「遺言執行の余地は」ない。しかし、放棄によって効力を失った包括受遺の分（＝失効受遺分）が誰に帰属するかが問題となり、最高裁は、995条本文を参照しつつ、「他の包括受遺者には帰属せず、相続人に帰属すると解するのが相当である」とした。この点も、最高裁の新しい判断である。

　　　　　　　　　　　　（のざわ・まさみち）

# 不法行為裁判例の動向

田岡絵理子　　立教大学准教授

現代民事判例研究会財産法部会不法行為パート

## はじめに

　今期の不法行為関連裁判例は42件であり、最高裁判決は[13][16][19][21][26]の5件ある。中でも、[13]はマイナンバー制度による特定個人情報の管理等がプライバシー侵害にあたるかにつき、最高裁として初めて判断したものとして注目される。[16]も、Twitter上に掲載されたツイートにつき、いわゆる忘れられる権利の侵害が問題となり、削除請求が認められた事案であるところ、検索サイト事業者に対する削除請求を認めた最三決平29・1・31民集71巻1号63頁の判断基準とは異なる基準で判断した点が注目される。また、[19]は、発信者情報開示請求の開示対象に電話番号も含むと改正された省令の遡及適用いかんについて、従来、下級審で判断が分かれていたところに、遡及適用を認める形で決着をつけたものである。[21]は、本号「第3部　注目裁判例研究──不法行為1（杉山真一）」に譲る。[26]は、市庁舎広場での集会を不許可とした市長の判断が表現の自由の侵害となるかについて、国賠請求訴訟の中で問題とされており、憲法上の問題として興味深い。

　下級審裁判例では、社会的に耳目を集めた事案に関するものが、多く公刊されている（[1]（私立医大による入試判定の得点調整に関する訴訟）、[6]（旧優生保護法関連訴訟）、[10]（元アイススケーターで大学のアイススケート部の監督となった者のハラスメント騒動）、[11]（地下鉄サリン事件で逮捕されたものの無罪となった者に関する有罪を思わせる記事についての名誉毀損いかん）、[12]（市議会議員の人種差別発言に端を発する訴訟）、[17]（国会議員のTwitter上の行為が名誉毀損に問われた事案）、[27]（森友学園への国有地売却問題に関連する訴訟）、[30]（市職員による記者への性的暴行に端を発する訴訟）、[32]（海上自衛隊輸送船おおすみと一般漁船の衝突事故）、[42]（鬼怒川決壊に端を発する訴訟）。その中で、法律論として注目されるのは、[6]である。第一審が、旧民法723条後段を適用し、原告の主張を棄却したのに対し、本件の東京高裁が同条後段の適用を排斥して原告の主張を容れるも、同種の事案における判決とは異なる法律論を展開している。上告受理申立てがなされており、最高裁の判断が待たれる。

　現代的な訴訟という点では、インターネット上の表現行為が個人の名誉・プライバシー権等との関係で問題とされた訴訟のうち（後記4(3)収録裁判例）、[17]は、Twitter上のツイートに「いいね」のクリックをする行為が名誉感情の侵害となるかが問題とされており、事例判断であるが、インターネット上の表現行為の多様性を反映した事案として興味深い。[18]もまた、請求内容は肖像権や著作権侵害等、別にあるものの、Youtube上での動画公開を通じて当事者が互いを批判しあう行為が背景にある事案であり、現代的なインターネット上の紛争の現れ方の一つといえる。

　国賠法関連訴訟は、多岐に渡るところ、入国管理関係（後記9(4)収録裁判例）の3件中、[38]は、日本人と同性婚の関係にある外国国籍の原告が在留資格申請を不許可とされたことが問題とされ、原告の請求は棄却されるも、判決は、在留資格を認めない運用は平等原則の趣旨に照らし問題がある旨、述べており（その後の控訴審でも同様に判示）、社会的にも、また、憲法上も意義のある裁判例である。また、[39][40]は、共に、入管施設に収容された外国人の取扱いに問題があった事案である。入管行政については、2019年に、収容中の外国人男性がハンガー

ストライキの結果餓死したことが大きく報道され、また、2021 年に通常国会に提出された入管法の一部改正案が国内外からの批判を受けて廃案となるなど（2023 年に一部修正をした法案が可決されている）、近年、社会問題として取り上げられることが増えてきている。[39][40] は、かような問題の一部を垣間見ることができるものである。

医療過誤訴訟については、医事裁判例の動向に譲る。また、安全配慮義務違反に関する裁判例は、取引裁判例の動向に譲る。他にも、適合性原則違反や、金融商品販売その他の法的文脈で情報提供義務違反が争われた裁判例についても、後掲 [7] を除き、不法行為責任構成で争われたものも含めて、取引裁判例の動向に譲る。[7] は、金融商品の販売に関連しての説明義務違反等が争われた事案であるものの、販売業者である会社及びその代表取締役らに共同不法行為の成立を認めた点に特色があるため、共同不法行為の項で紹介する。

## 1　不法行為一般

### (1)　権利侵害・法律上保護される利益の侵害

[1] 東京地判令 4・9・9 判タ 1513 号 220 頁は、Y 私立医科大学が、平成 18 年から平成 30 年度の間、入学試験において女性に対し不利益となる得点調整をしていた事実を公表しないままに X らに受験させたことで、X らの受験校を選択する自由が侵害されたとして、X らが、Y 受験のために費やした費用（入学検定料・交通費・宿泊費相当額）、慰謝料等を請求した事案である。判決は、まず、性別を入学者選抜の基準にしたことは、性別による不合理な差別的取り扱いを禁止した教育基本法 4 条 1 項及び憲法 14 条 1 項の趣旨に反し、公正かつ妥当な方法による入学者選抜とはいえないとする。その上で、得点調整の事実を公表しなかったことが、X らの受験校を選択する自由を侵害したとして、不法行為の成立を認める。そして、調整の事実を知っていれば、X らは同大学を受験しなかったであろうとして、入学検定料、受験に要した交通費・宿泊費相当を損害として賠償を認める。慰謝料請求も認める。本件の特徴は、原告らが 40 名近くになるところ、その中に、(a) 得点調整がなかったら合格と判定されるべきであった者（繰上げ合格者の最低順位よりも上位であった者）、(b) 合格していた可能性がある者（繰上げ合格

者の順位より上位になる可能性があった者）、(c) 不合格であったろう者がいる点にある。(a)(b) に属する原告らは、選択した進路に応じて、1 年浪人して他大学の医学部に入学した者は、追加で要した予備校費用、及び、実際よりも 1 年早く医学部に入学して卒業し医師として稼動することが可能であったとして、1 年分の医師収入に相当する逸失利益を損害として請求し、他大学の医学部に進学した者は、進学先医学部の進学・在籍に要する費用と Y 大学医学部の進学・在籍費用との差額なども請求している。しかし、これらの請求はいずれも、Y 大学医学部の入学試験を受験していたことを前提に、不合格となったことに起因して生じた損害であることから、そもそも「Y の選抜方法がわかっていれば Y を受験しなかった」との原告らの主張と相容れないとして、排斥されている。もっとも、(a)(b) に属する原告らについては、受験校選択の自由の侵害に加えて、得点調整による不利益な取り扱いを受けて不合格とされた、あるいは、その可能性がある者であるとして、(c) に属する原告らに認められた慰謝料（各人 20 万円）に加えて、増額慰謝料が認められている（(a) につき各人 150 万円、(b) につき 100 万円）。本件に関連しては、同時期に他大学の入学試験でも同様の得点調整の事実が発覚したことを受けて、類似の裁判例がある。①東京地判令 3・9・17 判例秘書、及び②東京地判令 2・3・6 判時 2520 号 39 頁は、適格消費者団体が原告である。本件と同様に、受験者が原告となった裁判例には、③東京地判令 4・5・19 判例秘書がある。これらの裁判例でも、得点調整の事実を知っていれば、その大学を受験しなかったという意味で、受験者らの受験校選択の意思決定が侵害されたとし、因果関係のある損害としては、入学検定料・受験に要した旅費・宿泊費が認められている（もっとも、①②は、適格消費者団体からの請求であり、旅費・宿泊費については個々の消費者の事情に立ち入って判断する必要があり、簡易確定手続きにおける判断は困難との理由で請求が認められず、入学検定料の支払い請求のみ認められている）。この点、本件と同様に受験者が原告となった③では、(c) に相当する者のみが原告となっているため、他大学の受験機会の喪失という法律構成に馴染むものの、本件のように (a)(b) に属する原告らとの関係では、Y への入学機会の喪失を損害として主張する可能性もあったといえる。実際、控訴審である東京高判令 5・5・

30 判例秘書では、(a)(b) に属する原告らとの関係では、Yへの入学資格の侵害が主張され、性別による不合理な差別として不法行為を構成すると認定されている。その結果、追加で要した予備校費用も損害として認められている。しかし、進学先との授業料等の差額及び1年分の医師収入の逸失利益については否定され、これらの事情は、不合格慰謝料の算定の事情として考慮すべきとして、慰謝料の増額が認められている。理由は、前者については、実際に進学した大学との授業料等がY大学よりも高額であっても、それは、当該進学先大学のカリキュラムや施設等の違いによるなど、必ずしも差額が損害とはいえないこと、後者については、仮にYに1年早く入学できていても医師国家試験に不合格になる可能性もあるなど、1年分の医師収入を逸失利益とする蓋然性は認められないことにある。

[2] 東京地判令5・4・10 金判 1676 号 22 頁は、Xが、自身の勤務先 $Y_1$ 社でのハラスメントにかかる訴訟提起の準備のため、$Y_1$ 社の執行役員に対し、住所を問い合わせるメールを送ったところ、$Y_1$ 社の人事部長 $Y_2$ が、Xに対し、訴訟提起は服務規律違反となる可能性を指摘しつつ、訴訟内容の詳細を報告するよう重ねて求めた行為について、当該行為が不法行為を構成すると判断された事案である。Xからのハラスメントの主張は、全て不法行為の成立が否定されている。しかし、$Y_2$ の問い合わせ行為については、人事担当者が勤務中の事柄に関わる訴訟についての情報収集を図ること自体は相当な行為であるものの、Xが回答を拒んだのに対し、服務規律違反となる可能性を指摘して重ねて回答を命じることは、人事担当者としての権限を逸脱し、Xの裁判を受ける権利を心理的に制約したとして、$Y_2$ の不法行為の成立が認められている（$Y_1$ 社には使用者責任が認められている）。

[3] 福岡地久留米支判令4・10・7 判時 2565 号 76 頁では、中度の知的障害を有するX（20歳）が、自身が通う就労移行支援事業所 $Y_1$ に勤務する生活支援員 $Y_2$ から受けたわいせつ行為について、不法行為にあたるかが問題とされた。本件わいせつ行為に至る以前に、Xから $Y_2$ に対し性的関心に基づく言動があったものの、Xは性的な言動の持つ意味を十分に理解できておらず、同意能力を十分に有していなかったとして、本件わいせつ行為の違法性が認められ、$Y_2$ につき不法行為責任、$Y_1$ には使用者責

任が認められている。

[4] 横浜地小田原支判令4・4・26 判時 2569 号 44 頁は、Y（女性）が、Xの妻Aと、XAの婚姻継続中に、性交類似行為を行ったことが、夫Xに対する不法行為を構成するとされた事案である（婚姻共同生活の平穏を害する行為として慰謝料請求を認容）。

**(2) 損害**

[5] 大阪地判令5・2・27 判時 2572 号 71 頁では、自動車交通事故で死亡した被害者の相続人から加害者への損害賠償請求訴訟において、被害者A（当時11歳）に先天性の難聴があったため、死亡損害の算定にかかる基礎収入をいかに定めるかが争われた。判決は、Aの学力や思考力などに鑑みれば、Aには、将来様々な就労可能性があったといえるものの、Aの聴力障害が労働能力を制限しうることも否定できないとして、全労働者平均賃金を基礎収入とすることは否定する。しかし、将来的に、法整備の進展、聴覚障害者の学力水準の向上や、聴覚障害者の就労環境にかかわるテクノロジーの発達（音声認識アプリの普及など）の可能性が高いことから、Aが就労していたであろう頃には、聴覚障害者の平均収入は現在よりも高くなっていることが予測できるとし、全労働者平均賃金の 85％に相当する金額を基礎収入として、死亡による逸失利益を算定する。事例判断ではあるが、交通事故の損害算定にあたり、共生社会の実現に向けた動きを反映させる判断として意義があろう。

**2 期間制限**

[6] 東京高判令4・3・11 判時 2554 号 12 頁は、旧優生保護法（平成8年法律第 105 号による改正前のもの）下で、昭和 32 年に強制不妊手術を受けさせられたXが、Y（国）に対してなした損害賠償請求（国賠法1条1項）について、旧民法 724 条後段の適用の有無が問題となった事例である。原審（東京地判令2・6・30 判時 2554 号 35 頁）が、同条後段を適用してXの主張を排斥したのに対して、本判決は、①被害者が受けた差別と被害の重大性、②被害者が情報入手できる制度を整備することをYが怠ってきたために被害者が不法行為を認識できないまま 20 年が経過していること、また、③公務員の憲法擁護義務に鑑みれば、私人が国から受ける救済につき、

憲法の下位規範である民法を適用して私人の憲法上保障された権利を実質的に損なうことには慎重であるべきことなどに鑑みれば、期間の経過で救済が否定されるのは、著しく正義・公平の理念に反する特段の事情があるとして、被害者が、自己の受けた被害がYによる不法行為であると客観的に認識し得た時から相当期間が経過するまでは、除斥期間の効果は生じないとする。そして、相当期間については、被害者救済のために平成31年に制定された一時金支給法5条3項が、請求に5年間の猶予期間を与えていることから、一時金支給法施行日から5年が経過するまでと捉え、それまでは除斥期間の効果は生じないと判示する。旧優生保護法下での強制不妊手術をめぐる国賠請求に関しては、すでに複数の裁判例があり、いずれも除斥期間の適用の有無が問題とされてきた。地裁レベルでは除斥期間が適用されてきたところ、①大阪高判令4・2・22判時2528号5頁が、本件に先立ち、除斥期間の適用を否定した最初の裁判例である。もっとも、その論旨は、本件のそれとは大きく異なる。①では、まず、問題とされる不法行為は優生手術だけではなく、法により「不良」との認定を受けたことで個人の尊厳が害された点にもあるとして、後者の不法行為は旧優生保護法の改正まで継続した継続的不法行為と捉え、除斥期間の起算点を平成8年の同法改正時まで遅らせている。そして、それでも20年を超えて訴訟の提起に至った原告らとの関係では、時効停止の法意に照らして、不法行為があったことを客観的に認識し得た時（訴訟提起の前提となる情報をもとに相談する機会を得た時）から6ヶ月は除斥期間が完成しないと判示している。この論旨と比べると、本件の判断は、継続的不法行為であるとの原告らの主張は排斥するも、不法行為を客観的に認識し得た時点を一時金支給法制定時に求め、かつ、その時点からの相当期間として、（時効停止の法意に依拠することなく）同法の5年の猶予期間とすることで、除斥期間により国賠請求が排斥される余地を大きく削減している点が特徴である。他にも、②大阪高判令5・3・23判例秘書も、除斥期間の適用を排しているところ、ここでは、国が優生条項を憲法違反であると認めた時、または優生条項が憲法規定に反するとの最高裁判決が確定したときのいずれか早い時期から6ヶ月経過するまでは除斥期間経過による効果は発生しないと判断しており、除斥期間の適用を排した裁判例の間

でも、論旨は異なっている。本件も、国が上告受理申立てをしており、最高裁の判断が待たれる。

## 3　共同不法行為

**[7]** 新潟地判令5・4・27金判1680号26頁は、FX取引を自動で行うソフトウェアの販売に際して、販売者による虚偽の説明や断定的判断の提供も問題となっており、取引裁判例の動向で紹介することも可能な事案である。しかし、冒頭で指摘した通り、本件は、販売した被告会社だけでなく、その取締役ら個人にも共同不法行為責任が認められた点に特徴がある。Xらは、$Y_1$社からFX取引を自動で行うソフトウェアを購入するも、①購入時の説明における説明義務違反、また、②自動売買プログラムとの説明に反して人間の判断による取引（裁量トレード）が行われたことにより損害を被ったとして、$Y_1$社、$Y_1$社の代表取締役$Y_2$、及び元代表取締役$Y_3$に対し、不法行為に基づく損害賠償請求をした。併せて、本件ソフトウェアを開発して$Y_1$社に販売し、後に、実際に裁量トレードを行った$Y_4$社及びその代表取締役$Y_5$に対しても、③裁量トレードを行ったことにつき、不法行為責任が追及されている。①につき判決は、本件ソフトウェア販売にあたり、顧客が取引の仕組みやリスクを的確に把握できるような説明をしていなかったとして、$Y_1$社及び、本件ソフトウェアによる取引についてのセミナーを開催して、そこで実際に説明をした$Y_2$に、説明義務違反の不法行為責任を認める。②について、判決は、$Y_1$社が、本件ソフトウェア販売後も、本件ソフトウェアを通じてXらがなした取引にかかる手数料の配分を受けていたことから、$Y_1$社は、裁量トレードを行わない義務を不法行為上の義務として負うと認める。その上で、$Y_4$社が裁量トレードを行っていたことを認識しながら、やめるよう求めなかった点を捉えて、$Y_4$社と$Y_1$社の共同不法行為の成立を認める。そして、$Y_2$も、裁量トレードを認識しつつもそれを中止するよう$Y_4$社に働きかけなかったとして、共同不法行為の成立が認められている。$Y_3$もまた、裁量トレードが行われた当時は代表取締役ではなかったが、本件ソフトウェアの開発者と称して、本件ソフトウェアによる取引について解説・宣伝する動画をインターネットにアップロードし、また、本件ソフトウェアによる取引について、LINE

上にサポートラインを開設してXらの問い合わせに応じるなど、積極的に本件ソフトウェアによる取引に関わりつつも、裁量トレードを認識しながら$Y_4$社にやめるよう働きかけをしなかったとして、共同不法行為責任を負うべき旨、判示されている。そして、$Y_4$社及び$Y_5$は、実際に裁量トレードを行っていることから、$Y_1$らと連帯して不法行為責任を負うとされた。本判決については、$Y_2$及び$Y_3$の共同不法行為が成立するとした点の根拠が薄弱との指摘もある（金判1680号30頁）。この点、まず、$Y_1$社と$Y_4$社の関係をみると、$Y_4$社が本件ソフトウェアをOEM生産で$Y_1$社に売却し、$Y_1$社が、自身のブランド力でXらに販売し、Xらが本件ソフトウェアを通じてなす取引の手数料報酬を$Y_4$社と共に一定割合で受け取る仕組みを構築することで、本件ソフトウェアの販売により、共同で利益を上げる関係となっている。とすれば、本件ソフトウェアが自動売買をうたう以上、$Y_1$社は、$Y_4$社と並び、裁量トレードを行わない仕組みにしておくべき義務を負っていたといえよう。その上で、おそらく$Y_1$社は、事実上、$Y_2$・$Y_3$の2名ですべてを取り仕切っていたのではないかと推察されるため、$Y_1$社が負うのと同様の義務を両名共に負っていたということは、不合理とはいえないのではなかろうか。確かに、$Y_3$は、$Y_2$の前任の代表取締役であり、裁量トレードがなされた当時、代表取締役であったわけではない。この点、被用者の立場にあったのかは訴訟記録からは不明瞭であるものの、$Y_3$は、代表取締役を交代した後も、LINE上でXらの問い合わせに応じつつ、本件ソフトウェアの製作者と称して、本件ソフトウェアを使用した取引についての動画をインターネットに投稿するなど、本件ソフトウェアによる取引に深く関与していたことは、判決が認めるところである。また、裁量トレードを実際に行ったのは$Y_4$社であるところ、$Y_4$社もまた、唯一の代表取締役である$Y_5$が事実上すべてを取り仕切っていたように窺われる。事実関係が仮に上記のものであるとすれば、$Y_2$・$Y_3$・$Y_5$が緊密に連絡をとりながら本件ソフトウェア販売を通じて、手数料利益を得ていたのではないかと窺われるのであり、そうであれば、$Y_2$・$Y_3$は、$Y_4$社（ないし$Y_5$）が裁量トレードを行っていることを認識したのであれば中止するよう求めるなど対処も可能であり、また、すべきであったともいいうるのではなかろうか。本件の判断は確定しており、あく

まで事例判断ではあるものの、共同不法行為構成での責任追及がありうることを認めた興味深い事案である。

次の2件は、事案固有の特殊事情によって共同不法行為が認められており、事例判断として参考になる。**[8]** 東京地判令4・1・27判タ1509号173頁は、引きこもり状態にあるXの母$Y_4$が、自立支援サービスを提供する事業者$Y_1$との間で、$Y_1$が運営する施設へXを入所させることの説得及び施設内での支援サービスを行う業務委託契約を締結し、当該契約に基づき、$Y_1$の従業員$Y_2$、$Y_3$が、$Y_4$の自宅に同居するXの説得を試みるも、Xの真摯な同意が得られないまま施設に入所させた事案である。Xに対する$Y_2$、$Y_3$の行為は、意思に反する連れ出し・監禁という不法行為を構成するとされ、$Y_1$についての使用者責任も認められている。そして、$Y_4$は、本件契約締結時から、施設への入所はXの意に反するであろうことを認識しており、かつ、実際にXから承諾が得られなかったところ、それでもXを入所させて欲しい旨、$Y_2$らに求めた点に、共謀があったとして、共同不法行為の成立が認められている（慰謝料50万円）。

**[9]** 大阪地判令4・3・30判タ1508号146頁は、$Y_1$ゼネコンが、100％子会社である$Y_2$に業務を委託し、$Y_2$は、本件業務を$Y_3$に再委託し、$Y_3$の従業員Xが業務にあたっていたところ、かような業務形態の実態が、職業安定法4条が規制する労働者供給にあたるとされ、同条違反行為は、不法行為法上違法な行為となるとして、$Y_1$、$Y_2$、$Y_3$に共同不法行為が成立するとされた事案である。もっとも、Xは自ら進んで労働者供給となる仕方で業務に従事し、労働局からの通知を受けてYらが違法状態を是正しようと努めたのに対して、Xはそれを承諾しなかったこと、違法状態の継続も2ヶ月間にとどまることなどに鑑み、補填しなければならない程度の精神的損害はないとして、Xからの慰謝料請求は否定されている。

## 4　名誉・プライバシー・個人情報保護

### (1)　名誉毀損

**[10]** 大阪地判令5・3・2判タ1509号148頁は、大学のアイススケート部の監督Xが、同部のコーチYのモラルハラスメント行為について不法行為に基

づく損害賠償請求をしたのに対し、Yが反訴で、X
がブログやインタビューなどでYのハラスメント行
為についてなした発言が、Yの名誉を毀損するとし
て、損害賠償請求をした事案である。本訴請求は、
不法行為にあたらないとして棄却され、反訴請求の
みが認められている。

[11] 東京高判令4・10・25判タ1512号87頁は、
地下鉄サリン事件で指名手配を受け逮捕されるも、
後に無罪判決を受けたW教の元信者であるXが、逮
捕に関連して、Y新聞社がXについて掲載した記事
につき、名誉毀損に基づく損害賠償請求をするも、
棄却された事案である。真実相当性抗弁が認められ
るかにつき、原審と本判決で判断が分かれている点
が興味深い。

[12] 大阪地決令4・9・26判時2560号74頁（本
誌27号23頁[15]事件）は、Y市議会において人種
差別的な発言をしたことで、同市議会がX市議会議
員に謝罪及び反省を求める決議をし、当該決議が、
Y市が発行する市民向け広報誌に掲載予定となった
ことから、XがYに対し、記事の掲載はXの名誉毀
損となるとして、掲載の差止めを求めた事案である。
判決は、本件決議がなされたとの事実の掲載は、公
共の利害にかかる事柄を公益目的で公表するもので
あり、違法な名誉侵害とならないとする。

### (2) プライバシー侵害

[13] 最一判令5・3・9民集77巻3号627頁は、
いわゆるマイナンバー制度による個人情報管理がプ
ライバシー侵害にあたるかについて、最高裁とし
て初めて判断したものである。判決の判断枠組み
は、住民基本台帳ネットワークシステムによる本人
確認情報の収集・管理・利用が問題とされた最一判
平20・3・6民集62巻3号665頁を踏襲しており、
マイナンバー制度の設計を考察の上、特定個人情報
の漏洩や目的外利用等がされる危険性が極めて低く
なるよう制度設計されており、正当な行政目的の範
囲を逸脱して第三者に開示または公表される具体的
な危険が生じているとはいえないと判断する。

[14] 東京高判令3・11・18判時2569号25頁
は、本号「第3部　注目裁判例研究――不法行為2
（岩川隆嗣）」参照。また、個人情報保護法28条1
項及び2項による開示請求が認められるかが問題と
なるも否定された事例として、[15] 東京高判令4・
12・14金判1673号16頁もある。

### (3) インターネット上の名誉・プライバシー・肖像権侵害

[16] 最二判令4・6・24民集76巻5号1170頁
（本誌27号23頁[14]事件）は、8年前に旅館の女性
用浴場に侵入したとして逮捕・罰金刑に処されたXが
が、Twitter上でXの氏名を検索すると、当該事件
の事実を適示するツイートが表示されることから、
Y（Twitter）に対し、当該ツイートの削除を求め
た事案である。判決は、Twitterが、利用者に対し、
情報発信の場や情報を入手する手段を提供するなど
していることを踏まえると、プライバシー侵害を理
由にツイートの削除請求が認められるかは、問題と
される事実の性質及び内容、本件各ツイートにより
当該事実が伝達される範囲と原告が被る具体的な被
害の程度、原告の社会的地位や影響力、本件各ツイー
トの目的や意義、本件各ツイートがされた時の社会
的状況とその後の変化など、本件事実を公表されな
いという原告の法的利益と本件各ツイートを一般の
閲覧に供し続ける理由に関する諸事情を比較衡量し
て、前者が後者に優越する場合には削除を求めるこ
とができるとし、本件では、Xのプライバシーが優
越するとして、削除請求を認める。原審（東京高判
令2・6・29民集76巻5号1198頁〔本誌22号34頁[17]
事件、本誌27号23頁[14]事件〕）が、検索サイト事
業者に対する削除請求を認めた最三決平29・1・
31民集71巻1号63頁の判断基準に依拠して、X
の本件事実を公表されない利益が優越することが明
らかな場合に限られるとした点について、Twitter
の利用者に提供しているサービス内容や利用実態等
を考慮しても、検索サイトの場合と同様に解するこ
とはできないとした点に特徴がある。また、本判決
には草野耕一裁判官の補足意見があり、実名報道の
効用とその価値という視点から、詳細な検討がなさ
れている。

[17] 東京高判令4・10・20判タ1511号138頁は、
Twitter上でXを侮辱する内容のツイート25件に
対し、Yが「いいね」ボタンをクリックした行為が、
Xの名誉感情を侵害する行為として、不法行為を構
成するとされた事案である。原審（東京地判令4・3・
25判例秘書）では、「いいね」をクリックする行為
は、投稿内容のどの部分に好意的であるか不明であ
るし、投稿した者を応援する意味や、読んだことを
伝えるために押すこともあるなど、必ずしも投稿内
容に賛同する意味とも限らないことなどから、特段

の事情がある場合を除き、社会通念上許される限度を超える違法な行為と評価することはできないとしたのに対して、本判決は、クリックの多義性を認めつつ、それゆえに本件クリックの意味を確定する必要があるとして、対象ツイートの記載内容や、クリックをした者と対象ツイートで取り上げられた者との関係、クリックがされるまでの経緯なども検討し、侮辱行為にあたると認めている。

[18] 東京地判令4・10・28判時2555号15頁は、Yが、Xが逮捕される現場を撮影し、それを面白おかしく編集した動画（動画1）を作成し、Youtubeに投稿したことが、Xの肖像権、名誉権を侵害するとして、不法行為の成立が認められた事案である。公的領域において撮影された情報を公表する場合の肖像権については、①当該情報が社会通念上受忍すべき限度を超えて被撮影者を侮辱する、あるいは、②被撮影者の平穏に日常生活を送る利益が、社会通念上受忍すべき限度を超えて害される恐れがあるときなど、被撮影者の被る精神的苦痛が、社会通念上受忍すべき限度を超える場合に、違法な侵害と認められるとの一般基準に従い、本件では、②にあたるとする。本件に関連しては、Xは、Yが投稿した動画1に対抗すべく、動画1の自身の顔等にモザイク処理をした上で、YによりXを嘲笑するために制作されたビデオであると言及しつつ、動画1の削除申立ての内容や進捗状況を報告するテロップをつけた動画を新たに作成してYoutubeに投稿し（動画2）、その後、Yが作成・投稿した別の動画の一部を使用して、Yを批判する動画（動画3）を作成・投稿している。そこで、Yは、反訴にて、動画2及び動画3の投稿につき、Yの著作権侵害を主張し、損害賠償を請求している。しかし、両動画とも、Yの動画である旨の言及があり、引用の抗弁が認められている。反訴に関連して、判決は「他人の動画を利用するに当たりお互い配慮が足りなかった側面も否定し難いものの、Youtubeその他の動画共有プラットフォームにおける表現活動等を保護する重要性に照らしても…著作権を侵害しないものと解するのが相当」と述べている。

### (4) 発信者情報開示

[19] 最二判令5・1・30民集77巻1号86頁は、インターネットの電子掲示板に名誉毀損にあたる

投稿をされたXが、経由プロバイダYに対し、プロバイダ責任制限法（令和3年法律第27号による改正前のもの）4条1項に基づき、発信者情報の開示を求めた事案である。本件訴訟が開始された当時は、総務省令（特定電気通信役務提供者の損害賠償責任の制限及び発信者情報の開示に関する法律4条1項の発信者情報を定める省令〔平成14年総務省令第57号〕）が、発信者情報に該当する具体的な情報として、氏名・住所等があたると規定していたところ、令和2年総務省令第82号により、発信者情報に、発信者の電話番号も含まれると規定されるに至った。そこで、Xは、発信者の電話番号の開示を追加する訴えの変更をしたため、改正省令が、施行前に起きた情報流通を発端とする発信者情報の開示請求にも適用されるか、改正後省令には経過措置等の明文規定が置かれておらず、問題となった。原審（東京高判令3・9・24民集77巻1号133頁）は、発信者情報の開示請求を認めることは、発信者の通信の秘密や表現の自由といった重大な権利・利益を侵害するものであることを理由に、遡及適用を認める明文がない以上、認められないと判示する。これに対し、本判決は、法4条1項が具体的な開示情報の内容を省令に委ねた趣旨は、技術進歩や社会環境の変化により発信者の特定に資する情報の内容や範囲が変わりうるため、それに機動的に対応することにあるとし、この趣旨に従いなされた本改正省令も、電話番号を追加するにとどまるのであるから、施行後の情報の流通に関しての開示請求にのみ適用されると解すべきではないと判示する。本件改正省令には経過措置規定がないことから、改正後省令の規定が遡及的に適用されるのかにつき、従来下級審で判断が分かれていたところ（東京高判令3・7・28判例秘書など）、最高裁として決着をつけたものである。

[20] 大阪地判令4・8・31判時2564号24頁（本誌26号[23]事件）は、「A」という名称のアバターを使用してYouTubeに動画を投稿していたX（いわゆるバーチャルYouTuber）が、インターネット上の無料電子掲示板に投稿されたAについての内容が、Xの名誉感情を侵害するとして、掲示板の管理者Yに対し、発信者情報の開示を求めた事案である。本件投稿は、Aに向けられているが、具体的な内容はAの名称で活動する者についてであり、名誉感情を侵害されたのはXであるとして、開示請求が認められている。

## 5 著作権・商標権関係

[21] 最一判令4・10・24民集76巻6号1348頁は、本号「第3部　注目裁判例研究——不法行為1（杉山真一）」を参照。

[22] 大阪地判令4・9・12判時2563号46頁は、葬儀場を経営するXが、葬儀場と消費者をつなげる検索・マッチングウェブサイトを経営するYに対して、Xの商標権侵害を理由に、Yのウェブサイトにより顧客が他に流れて売り上げが減少したことを損害として、不法行為に基づく損害賠償請求をした事案である。Xにかかる情報を掲載するYのウェブページ上には、Xの商標と併せてYの商標も掲載されていたため、Xは、本件ウェブページがXYいずれのものであるか誤認・混同させるなどと主張するが、Yは、Xと同一または類似の業務を行っておらず、また、本件ウェブページも誤認を招くものではないとして、商標権侵害は否定されている。業者と消費者を繋ぐマッチングサイトは多様な場面で展開され、それにより潜在的顧客を失っていると感じる業者もいると思われ、法律構成の是非は別として、その点が訴訟として現れた興味深い事案である。なお、判決では、仮にYのサービスによりXが潜在的顧客を失ったとしても、自由競争の範囲内とも述べられている。

## 6 専門家責任

[23] 東京地判令4・3・25判時2554号81頁は、弁護士が顧客に対してなした助言が、不法行為を構成すると判断された事案である。Xは、Y₃との離婚に伴い、両者の子A、Bの単独親権者となったが、Y₃がABを連れ出し、Y₃の母Y₄の家で同居を開始した。本件連れ去りは、その後にY₃から提起された親権者指定事件で、Y₃の代理人を務めた弁護士Y₁、Y₂の助言に基づくものであった（この申立ては却下され、子の引渡しを命じる判決が出ている）。本件において判決は、Y₃の連れ去り行為が、Xが親権の一部として有する「子らとその意に反して不法に引き離されることがないという利益」の侵害にあたり、不法行為を構成すると判断すると共に、連れ去りを肯定する助言をしたY₁、Y₂もまた共同不法行為責任を負うとする。非親権者が親権者のもとから実力行使で子を引き離す行為は、親権者のもとに子を残すことが明らかに子の福祉に反する特段の事情が存しない限り、不法行為法上違法となると解されているところ、Y₁、Y₂らは、かような事情がある旨Y₃から聴取をしていたわけでもなく、具体的な検討をした上で本件助言に及んだわけではないことから、妥当な判断であろう。

## 7 交通事故

[24] 東京高判令4・3・23判時2567号45頁では、自動車同士の追突事故で、事故の一方当事者であるXが、相手方運転手に損害賠償請求をするも、X自身が故意に引き起こした事故であるとして請求が棄却されている。

## 8 製造物責任法

[25] 大阪地判令4・11・17判時2569号59頁（本誌27号30頁[36]事件）は、Xらの自宅に設置された上げ下げロール網戸の操作コードにXらの子供が首を絡ませ死亡したことから、Xらが、本件網戸の製造者Y₁に対し、製造物責任法3条に基づく損害賠償請求、併せて、本件網戸を設置したリフォーム業社Y₂に対して不法行為責任を追求した事案である。Y₁については、本件網戸は通常有すべき安全性を欠いていたとはいえないとして製造物責任が否定され、Y₂についても、Y₂の担当者は、リフォーム完了時、本件網戸の操作コードの危険性と共に安全対策の方法も説明しており、注意義務違反はないとして不法行為責任が否定されている。

## 9 国家賠償法

### (1) 行政一般

[26] 最三判令5・2・21民集77巻2号273頁は、Y（金沢市）が管理する市庁舎前広場で集会を開催すべく、Yに許可申請をしたXが、不許可処分を受けたため、本件不許可処分は、Xの集会の自由を侵害するとして、Yに対し損害賠償請求をした事案である（国賠法1条1項）。本件不許可の根拠である金沢市庁舎等管理規則5条は、公用財産を利用しての示威行為を禁止し、同6条は許可権限をYに与えるところ、その目的は、行政の政治的中立性に対する

住民の信頼を保ち公務の円滑な遂行を確保すること
にあり、合理的な目的であること、また、同規則は、
公用財産たる市庁舎等での禁止にとどまり、他の公
の施設の利用は妨げられないのであるから、集会の
自由に対する必要かつ合理的な制限にとどまるとし
て、国賠法上の違法性を否定されている。本判決に
は、宇賀克也裁判官の反対意見がある。

[27] 大阪地判令4・11・25 判時 2570 号 81 頁は、
国有地売却に関する決裁文書等の改ざんを指示され
た公務員Aが、うつ病を発症し自殺したことにつき、
Aの妻Xが、改ざんを指示した公務員（当時の財務
省理財局長）Y個人に対し、709 条に基づく損害賠
償請求をした事案である。国に対する国賠法1条1
項の責任については、国が認諾しており、争点は、
国の責任とは別に、Y個人が 709 条に基づく責任
を負うかである。国賠法が適用される場合に、不法
行為をした公務員個人が責任を負うかにつき、最高
裁は一貫して消極に解してきたのであり（最二判昭
53・10・20 民集 32 巻 7 号 1367 頁等）、本判決もそれ
に倣い、Xの請求を棄却する。

[28] 東京高判令4・2・21 判タ 1508 号 102 頁
は、国会議員による臨時会の招集決定要求（憲法 53
条後段）に対し、内閣が、約 90 日間に渡り臨時会
招集決定をしなかった不作為について、招集要求を
した一人である参議院議員Xが、主位的に、20 日
以内に臨時会を招集できるよう招集決定する義務が
内閣にあることの確認、予備的に、20 日以内に臨
時会の招集を受けられる地位をXが有することの確
認、及び、国Yに対する国賠法1条1項に基づく損
害賠償（慰謝料）を求めた事案である。地位確認請
求については、国会議員という国の機関としての権
限が問題とされており、個人の主観的な権利救済が
目的ではないため、法律上の争訟（裁判所法3条1項）
に該当せず、却下されている。国賠請求についても、
国会議員としての権限（臨時会で行使できたはずの
質問権など）の侵害が問題とされており、国賠法上
保護される主観的利益の侵害はないとして棄却され
ている。

[29] 大阪地判令5・2・21 判タ 1510 号 214 頁は、
内閣官房内閣総務官（内閣総務官）に対し、行政機
関の保有する情報の公開に関する法律（情報公開法）
に基づき、行政文書の開示請求をしたXが、開示決
定の期限を 30 日延長する旨の通知を受けたことに
ついて、国賠法1条1項の適用上違法な行為である

として、Y（国）に対し慰謝料請求をした事案であ
る。情報公開法 10 条2項は、「事務処理上の困難そ
の他正当な理由」があるときは、開示決定の期限を
30 日まで延長できるとしており、本件の延長につ
き、かような正当理由があったかが問題とされた。
判決は、開示請求の対象となる情報の量・内容・性
質、また、内閣総務官での開示請求に関する対応事
務を仔細に検討し、延長に正当理由ありとして、X
の請求を棄却している。

[30] 長崎地判令4・5・30 判時 2570 号 59 頁は、
記者Xが、Y₁市への取材の際に、①市職員 Y₂ から
性的暴行を受け、また②別の市職員が本件暴行につ
き虚偽の風説を流布した結果、マスコミ等から二次
被害を受けたことについて、それぞれを防止する義
務を怠ったとして、Y₁市に対して損害賠償請求を
し、認容された事案である（国賠法1条1項）。なお、
Xは、謝罪文の交付及び謝罪広告の掲載も求めてい
るが、マスコミ等の記事は、市職員の発言だけでな
く他の取材にも基づき書かれており、Y₁市ないし
Y₁市職員が記事を通してXの名誉を侵害している
わけではないことから、否定されている。

[31] 大阪地判令4・3・24 判時 2567 号5頁は、
児童虐待の可能性を疑った児童相談所の所長が、児
童福祉法 33 条1項に基づき児童Aの保護を開始し、
その後、保護を継続したことについて、本件相談所
を管轄する地方自治体Yに、国賠法1条1項に基づ
く損害賠償責任が認められた事案である。本件では、
保護開始の判断は正当であったと判断されるも、そ
の後、家裁審判が、Aの受傷原因を再度調査しつつ、
家庭引き取りに向けた準備期間として、保護の継続
を承認していたにもかかわらず、再調査もしないま
まに保護が継続され、センター所長はAの乳児院入
所を決定している。そのため、仮にセンターが家裁
審判後、速やかに再調査をしていれば、1ヶ月程度
で、Aの保護の必要性はないと判断し保護解除の手
続きも履践できていたはずであるとして、家裁承認
審判日から1ヶ月以降の保護の継続は、国賠法上違
法となると判示されている（慰謝料）。

[32] 広島高判令3・12・22 判時 2563 号 17 頁は、
海上自衛隊の輸送艦「おおすみ」とプレジャーボー
トが衝突した事故を受けて、受傷したボートの乗員
及び死亡した乗員の相続人Xらが、国（Y）に対し、
損害賠償請求をした事案である（国賠法1条1項）。
争点は、事故についての輸送艦艦長らの過失の有無

であるところ、過失は認められず、損害賠償請求は否定されている。

[33] 高松地判令4・8・30判タ1513号192頁は、香川県（Y）が、県民をインターネット・コンピューターゲーム依存症から守るための対策として、ネット・ゲーム依存症対策条例を定めたところ、Xら（親子）が、スマートフォンの利用制限は表現の自由の制約となり憲法21条に反する、あるいは、家庭におけるスマートフォンの利用を自由に決めることができる権利の侵害（憲法13条）にあたるなどとして、損害賠償請求（慰謝料）をした事案である（国賠法1条1項）。本件条例は、スマートフォン等の使用方法について家庭内での話し合いや、利用時間制限を推奨するなど注意喚起にとどまるものであり、Xらの請求はいずれも否定されている。

### (2) 刑事施設関係

[34] さいたま地判令5・6・16判時2571号89頁は、Y（埼玉県）の警察署に勾留されていたXが、勾留中にビタミンB1の欠乏した食事が提供されていたため、勾留中に脚気に罹患したとして、Yに対し損害賠償を請求した事案である（国賠法1条1項）。ビタミンB1の欠乏が脚気の原因となることは一般に広く知られており、支給する食事でビタミンB1不足とならないよう注意すべき義務があったとして、Yの損害賠償責任が認められている。

[35] 名古屋高判令4・2・15判時2559号27頁は、Y（愛知県）の警察署に勾留中の外国籍の被疑者Aの国選弁護人であったXが、Aに、Xとの接見記録等を記すためのノートを差し入れていたところ、留置担当者が、①本件ノートの内容を複数回に渡り確認したこと、②Aに対し英語でメモすることを禁じたこと、③英語での書き込みを、Aにローマ字表記に転記させた上、英語による書き込み部分を黒塗りにするか破棄するよう求めたことが、Xの接見交通権を侵害するとして、Yに対し損害賠償請求をした事案である（国賠法1条1項）。①②③全てにつき、接見交通権侵害が認められている（慰謝料）。

[36] 仙台高判令4・8・31判時2569号31頁は、無期懲役刑を受刑中のXが、刑務作業として印刷作業に従事していた際に起きた受傷事故について、刑務所職員らの安全指導義務違反を主張し、国賠法1条1項に基づき、Y（国）に対し損害賠償を求めた事案である。判決は、刑務職員らの安全指導義務違反を認め、損害賠償請求を認容するも、後遺障害による逸失利益については、Xには就労期間の終期たる67歳時点までに仮釈放されるなどして就労できる蓋然性は認められないとして、損失はないとされている（慰謝料・弁護士費用等の損害は認める）。

### (3) 司法関係（刑事）

[37] 大阪地判令4・3・15判タ1511号172頁は、Xは、平成11年に現住建造物等放火、殺人罪等で無期懲役の判決を受けるも、平成28年の再審で無罪判決が確定したことを受けて、①警察官の捜査・取調べの懈怠、及び②検察官の公訴提起・追行段階、再審段階における諸活動が違法であったとして、Y（国）に対し、損害賠償請求をした事案である（国賠法1条1項）。判決は、①につき、警察はXに虚偽の事実を告げ、大声で自白を迫るなど、その取り調べ方法は相当と認められる限度を超え、違法であることは明らかと断じる。他方、②については、公訴の提起及び追行時における検察官の判断は、各種の証拠資料を総合勘案して合理的な判断過程により有罪と認められる嫌疑があれば足り、本件の検察官の判断に違法があるとまではいえないと判示する。

### (4) 入国管理関係

[38] 東京地判令4・9・30判タ1513号163頁は、X（米国籍・男性）が在留資格申請をしたところ、不許可となったため、①不許可通知の取消し、不許可処分の無効確認、入管局長に対し定住者への在留資格の変更許可の義務づけを求める訴えを提起すると共に（第一事件）、不許可処分等は、②入管局長の裁量権の範囲の逸脱、または濫用にあたり、Xが本邦において家族を形成維持するという法的利益を侵害したなどと主張して、国賠法1条1項に基づく損害賠償請求をした事案（第二事件）である。第一事件については、詳細は割愛し（Xの訴えは却下）、第二事件の国賠法に関連する部分のみ紹介する。Xは、日本国籍を有する男性Aと米国の州法にのっとり同性婚をしたとして、日本の出入国管理及び難民認定法（入管法）に基づき「定住者」への在留資格の変更を2度に渡り申請している。1度目は、「定住者」への在留資格の変更申請であるところ、不許可の理由は、Xが定住者告示に定める地位のいずれにも該当しないことにあり、この判断に違法はないと判示されている。2度目の申請は、「定住者（または『特

定活動』）」とする資格変更の申請であるところ、この点、本件申請がなされた令和元年に先立ち、平成25年に「同性婚の配偶者に対する入国・在留審査について（通知）」（法務省管在第5357号）において、本国で有効に成立している外国人同士の同性婚の配偶者については、本体者に在留資格があれば、配偶者に「特定活動」の在留資格を付与するとの通知がなされていた。本通知は、日本人との同性婚は射程外とされていたため、判決は、当該通知があったとしても、Xの申請を却下した入管局長に、国賠法上の違法は認められないと判示する。しかし、判決は、併せて、本通知は、合理的な理由なく、日本人との同性婚の相手方である外国人を、外国人同士の同性婚の配偶者と比較して、在留上劣位に置くものであり、その運用において憲法14条の趣旨に反するとも述べる。あくまで事例判断で、請求に関わらない点での指摘にとどまるが、日本人と同性婚関係にある外国人の在留資格に関しての運用に憲法上の問題があると指摘した点には意義がある。報道によれば、本件係属中の2021年春に、政府は、同性婚が認められている外国で日本人と結婚した外国人パートナーに、「特定活動」の在留資格を付与する検討を開始したとのことである（読売新聞2021年5月17日 https://www.yomiuri.co.jp/politics/20210517-OYT1T50110/#）。また、本判決後の令和2年5月10日付けで、Xには「特定活動」（1年）の在留資格が認められている。本件については、控訴されており、控訴審（東京高判令5・11・2判例秘書）でもXの国賠請求は棄却されているが、特定活動の在留資格付与にあたり、外国人同士の同性婚か、日本人との同性婚かで区別する合理性はないとして、平等原則に反するとされている。

[39] 東京地判令4・6・23判タ1512号220頁は、東京入国管理局収容場に収容されていたX（ブラジル国籍）が、入国者収容所東日本入国管理センターへの移収に抵抗したため、警備官らが、Xをうつ伏せにするなどの有形力を行使したところ、Xが受傷したため、XからY（国）に対し、違法な有形力の行使があったとして損害賠償請求がなされた事案である（国賠法1条1項）。判決は、移収は退去強制という行政上の目的を達成するためであり、Xが一般市民として享受すべき自由にも配慮を要するとし、移収の際の有形力の行使は、①法令に明文の定めがある場合、②被収容者または入国警備官の生命・身

体等の自由を保護し、入国者収容所等の規律及び秩序を維持するために必要かつ相当な限度にとどまる場合、または③送還目的の実現のために必要かつ相当な限度にとどまる場合にのみ認められるとの一般基準を立てる。本件では、Xが暴れるなどしたことを受けての制圧行為は、必要かつ相当な限度にとどまるが、その後、Xが抵抗を諦め、「暴れない」旨を繰り返し伝えたにもかかわらず、Xの頭部を押さえ続けた行為は、必要かつ相当な限度を超えるとして損害賠償請求を認める。

[40] 水戸地判令4・9・16判時2569号47頁は、入国者収容所東日本入国管理センターで起きた事件である。A（カメルーン国籍）は、退去対象者として同センターに収容中に、容態が急変するも、翌日まで救急搬送されず、搬送先の病院で死亡が確認された。Aの母Xが、同センターの職員らには、Aの容態が急変した時点で救急搬送すべき義務があったのにこれを怠りAが死亡したとして、Y（国）に対し損害賠償請求をしている（国賠法1条1項）。判決は、Aは自己の意思に反して同センターに収容され、医師による診断も自由に受けられない立場にあったのであるから、その反面として、同センター職員らには、Aの生命・身体の安全を保持するため、社会一般の医療水準に照らして適切な医療上の措置をとるべき注意義務があったとする。「社会一般の医療水準」とするのは、同センター職員は医療の専門家ではないことによる。そして、Aの容態急変は、同センター職員にとり、「適切な処置が分からず、見ていて驚くような状態であった」のであるから、緊急性がないなどと安易な判断をせず、救急搬送すべきであったとして、注意義務違反を認める。入国管理施設職員らに救急搬送すべき注意義務違反を認めた初めての裁判例である（判時2569号47頁）。

### (5) 公立学校関係

[41] 福岡地久留米支判令4・6・24判時2556号85頁（本誌27号24頁[20]事件）は、Y（福岡県）が設置する小学校において、生徒A（当時4年生）がフットサルのゴールネットにぶら下がったところ、転倒したゴールポストの下敷きとなり死亡した事故について、Aの両親であるXらが、本件事故の原因はゴールポストが固定されていなかったことにあり、本件学校には、固定状況を点検すべき安全配慮義務の違反があったと主張し、Yに対し損害賠

償請求をした事案である（国賠法1条1項）。工作物の設置・管理の瑕疵（国賠法2条1項）も主張され、どちらの責任も肯定されている。

### (6) 国賠法2条関連

[42] 水戸地判令4・7・22判時2570号28頁は、鬼怒川の河川氾濫で被害を受けた常総市内の住民Xらが、本件氾濫の原因は、①A地区では、自然堤防の役割を果たしていた砂丘を河川区域に指定して保全していなかったため、太陽光発電事業者により当該砂丘が掘削されたことにあり、また、②B地区では、鬼怒川の堤防改修計画が不合理であった結果、未整備のまま残された堤防が決壊したことにあると主張し、Y（国）に対し国賠法2条1項に基づく損害賠償請求をした事案である。判決は、①につき、鬼怒川の堤防改修計画において、本件砂丘は、A地区の治水安全度を維持する上で極めて重要な自然堤防の役割を果たすものと想定されていたのであるか

ら、河川管理者は当該砂丘が掘削される可能性や、その結果河川が氾濫する蓋然性を具体的に予見できたものと認められ、本件砂丘を河川区域に指定して保全すべき義務があったとし、河川管理の瑕疵を認め、A地区の住民らの浸水被害の損害賠償を認める。他方、②については、本件堤防改修計画は、堤防の安全度が低い箇所から優先的に整備する形で計画され、当該計画自体が格別不合理であったとはいえないとして、河川管理の瑕疵は認められず、B地区の住民らからの請求は棄却されている。


（たおか・えりこ）

# 家族裁判例の動向

神野礼斉　広島大学教授

現代民事判例研究会家族法部会

　今期の家族裁判例は24件が紹介の対象であるが、そのうち11件は前号までに紹介済みである。相続に関する裁判例が2件にとどまる一方、婚姻費用に関する裁判例、面会交流ならびに子の引渡しにおける間接強制の許否に関する裁判例が目に付く。なお、最高裁の裁判例としては、夫が親子関係不存在確認を請求している場合における子に対する扶養義務が問題となった [3] 決定、財産分与の一部先送り判断の可否が問題となった [8] 判決、相続分指定と包括遺贈がなされた場合における遺言執行者の職務権限の内容が問題となった [20] 判決が含まれる。

## 1　婚姻

### (1)　婚姻のための意思能力

　[1] 東京高判令3・4・27判時2563号5頁は、若年性認知症と診断された者の婚姻について、婚姻のための意思能力の存在が肯定された事例である。

　会社の代表取締役などを務めるAは、取引先の保険会社の外交員$Y_2$と婚姻したが、その頃Aは若年性認知症と診断され、介護施設に入所していた。Aの弟Xは、Aは真に社会観念上夫婦であることの意味を理解することができない状況にあったとして、Aと$Y_2$の婚姻の無効確認を求めた（なお、婚姻の翌年にAのために後見開始の審判がなされ、弁護士$Y_1$が成年後見人に選任されている）。

　本判決は、婚姻の意思能力があるといえるためには、同居、協力扶助、相続といった婚姻の基本的な効果を理解する程度の能力は必要といえるが、その法的効果の詳細まで理解する能力は必要でないとした上で、婚姻に近接した時期に医療関係者等とのやりとりにおいてAには相応の理解能力や意思疎通能力があったことが窺われ、また、Aと$Y_2$には数十

年来の親密な交際があり、Aが$Y_2$と一緒に過ごす時間を増やしたいとの心情を述べていたことからも、Aと$Y_2$が婚姻に至ることは自然の経過であるといえ、Aには婚姻意思が認められるとした。

　なお、原審もAの意思能力を肯定しているが、「婚姻は身分法上の行為であり、……その法的効果を理解する能力は求められておらず」としており、原審と本判決では婚姻の実質的意思の捉え方がやや異なっているようにも思われる。

### (2)　貞操の義務

　[2] 横浜地小田原支判令4・4・26判時2569号44頁は、妻と性的行為を行った女性に対して夫が損害賠償を請求した事案において、当該性的行為が不法行為に当たるとされた事例である。

　X（夫）とA（妻）は令和2年に離婚が成立した夫婦であるが、Y女（Aの職場の元同僚）とAは、平成31年（令和元年）に月に一回程度性交類似の行為を行っていた。XはYに対し、不法行為に基づき、損害賠償を請求した。本判決は、YがAとの間で性交類似の行為を行ったことは、「XとA間の婚姻共同生活の平穏を侵害する」もので、不法行為に当たるとして、Yに120万円の支払いを命じた。なお、Yにおいて、XとAの婚姻関係を破綻させようとする意図までは認められないとして、いわゆる離婚慰謝料は否定している（最三判平31・2・19民集73巻2号187頁参照）。

### (3)　婚姻費用

　[3] 最二決令5・5・17判タ1513号87頁は、婚姻費用分担審判において、夫婦間に婚姻成立の日から200日以内に生まれた子（推定されない嫡出子）がいる場合、その子と夫との父子関係の存否を審理

判断することなく夫の子に対する扶養義務を認めることはできないとした事例である。

X（妻）とY（夫）との間には子A（婚姻成立の日から200日以内に生まれた子）がいたが、XYの別居後に実施されたDNA鑑定の結果はYがAの生物学上の父であることを否定するものであった。Yが親子関係不存在確認などを請求する一方で、XはYに対して婚姻費用の分担を請求した。この婚姻費用分担請求について、原々審は、YA間の父子関係を否定し、またX分の婚姻費用の請求も信義則に反するなどとして請求を棄却したが、原審は、父子関係の存否は訴訟において最終的に判断されるべきものであるとして、Aの養育費相当分の分担をYに命じた。しかし、本決定は、YのAに対する父子関係に基づく扶養義務の存否を確定する必要がある場合、裁判所が本件父子関係の存否を審理判断することは妨げられないとして（最大決昭41・3・2民集20巻3号360頁参照）、原々審の審判が正当であるとした（なお、親子関係の不存在を確認する判決は原決定後に確定している）。

ちなみに、令和4年改正法（令和6年4月施行）によって、婚姻成立の日から200日以内に生まれた子も夫の子と推定されることになるが（新民法772条1項後段、2項）、嫡出否認の訴えによって父子関係が争われている場合も同様の結論となるかは今後の検討課題である。

[4] 東京高決令4・10・13判時2567号41頁は、同居したことがない夫婦間における婚姻費用の分担事件において、夫に婚姻費用の支払いを命じた事例である。

X（妻）とY（夫）は、婚姻の届出はしたが、届出後も毎週末に会うことは繰り返したものの同居はしないまま約2か月後に別居した。XからYに対する婚姻費用分担請求について、原審は、夫婦の同居協力関係という事実状態を重視してXからの請求を却下した。しかし、本決定は、婚姻費用分担義務は婚姻という法律関係から生ずるものであるとした上で、XとYは、互いに婚姻の意思をもって婚姻の届出をし、届出後直ちに同居したわけではないものの、互いに連絡を密に取りながら披露宴や同居生活に向けた準備を着々と進め、勤務先の関係者にも結婚する旨を報告して祝福を受けるなどしつつ、週末婚あるいは新婚旅行と称して、毎週末ごとに必ず、生活を共にしていたことから、XYの婚姻関係の実態が

存在しなかったとはいえないとし、YのXに対する婚姻費用分担義務を認め、標準算定表に従い月額6万円の支払いを命じた。

[5] 福岡高決令5・2・6判タ1509号91頁は、婚姻費用分担義務者である夫が別居頃以降に暗号資産の売却等により得た金員は、婚姻費用算定上の収入とみることはできないとされた事例である。

X（妻）からY（夫）に対する婚姻費用分担請求において、Yが別居直前および別居後に暗号資産の売却等によって得ていた金員を、婚姻費用分担額算定上の収入とみるべきかが問題となった。本決定は、Yが、婚姻後、暗号資産の売却等により継続的に収益を得ていたとは認められないし、その売却等は、実質的夫婦共有財産の保有形態を他の暗号資産や現金に変更するものにすぎないから、仮に課税当局において売却等の額と取得原価との差額を所得として把握したものとしても、これを婚姻費用算定上の収入とみることは相当でないとした。もとより、これらの金員が財産分与の対象となることはありえよう。

[6] 東京高決令4・2・4判タ1508号120頁は、婚姻費用分担額の算定にあたっては、権利者である妻の生活保護費を収入と評価することはできないとした上で、妻の潜在的稼働能力も否定して夫の分担義務を認めた事例であるが、すでに本誌26号[4]、27号[3]として紹介済みである。

[7] 大阪高決令4・2・24判時2561=2562号76頁は、婚姻費用分担の義務者である夫（開業医）の収入が標準算定方式の上限を超える事案において、標準算定方式を維持した上で、夫の総収入から控除する税金や社会保険料、職業費および特別経費について、事業収入の特殊性を踏まえた数値を用い、さらに一定の貯蓄分を控除して婚姻費用分担額を算定した事例であるが、すでに本誌27号[4]として紹介済みである。

### (4) 財産分与

[8] 最二判令4・12・26民集76巻7号1948頁は、離婚請求に附帯して財産分与の請求がされた場合において、当事者が分与を求める財産の一部につき裁判をしないことは許されないとした事例である。

X（妻）は、Y（夫）に対し、離婚を請求するとともに、これに附帯して財産分与の申立てなどをした。Xが分与を求める財産の中には、夫婦が婚姻後

に出資して設立した医療法人の出資持分も含まれていた。原審は、本件出資分も財産分与の対象になるとしつつ、医療法人がXに対して財産の横領等を理由に損害賠償を請求する訴訟が係属中であることから、現時点では、上記医療法人への貢献度を推し量り、財産分与の割合を定めることはできないとして、本件出資持分を除いたその余の財産についてのみ財産分与の裁判をした。しかし、本判決は、民法768条3項および人事訴訟法32条1項は当事者が求める財産の全部について分与の裁判をすることを予定していること、離婚に伴う財産分与はできる限り速やかな解決が求められていること（民法768条2項ただし書の除斥期間）などを指摘して、財産分与の一部先送り判断はできないとした。

[9] 東京高決令4・3・25判タ1510号200頁は、財産分与の基準時における財産中に夫がその父から相続した遺産が残存していることを証拠上認めることはできないものの、基準時の7年前に約2900万円の高額の財産を承継していた事情を民法768条3項の「一切の事情」として考慮して財産分与の額を原審より減額した事例であるが、すでに本誌27号[8]として紹介済みである。

## 2　親子

### (1)　実子

[10] 東京高判令4・8・19判時2560号51頁は、子ら（長女および二女）が、性同一性障害者の性別の取扱いの特例に関する法律（特例法）に基づいて女性へ性別変更した生物学上の父に対して提起した認知請求訴訟において、性別変更前に出生していた長女についてのみ認知請求権の行使が認められるとされた事例である。

Yは戸籍上男性であったが、性自認は女性であったため、特例法による性別変更の準備をしていた。その間、YはA女と交際するようになり、AはYの凍結保存精子を用いた生殖補助医療によって長女X₁を出産した。その後、Yは特例法に基づいて女性へ性別変更した。性別変更後、Aは、Yの凍結保存精子を用いて二女X₂を出産した。Yは、X₁およびX₂の認知届をしたが不受理とされたので、Xらは認知請求訴訟を提起した。原審は性別変更後のYを民法787条の「父」と解することはできないとし、X₁・X₂双方の認知請求を棄却した。しかし、本判決は、認知請求の相手方となるのは生殖機能を有する生物学上の男性と解されるが、Yの性別変更前に出生していたX₁は、出生時に認知請求権を行使しうる法的地位を取得しており、X₁と関係のない事情（Yの性別変更）によってこの地位を失うことは相当でないとして、X₁の認知請求のみ認容した（X₂の請求は棄却）。なお、本判決は、X₂とYとの間には生物学的な母子関係がないことから、Yを「母」として認知請求することもできないとしている。

### (2)　養子

[11] 名古屋高判令3・6・11家判45号54頁は、養親から養子に対する離縁請求において、縁組を継続し難い重大な事由は認められないとされた事例である。

Xとその夫Aとの間には、長女B、長男C、二男Dがいたが、XA夫婦は、家の財産承継などを目的として、長男Cの子Y（当時17歳）と養子縁組をした。また、Aは、その遺産の多くをCおよびYに相続させる内容の遺言をした。その後Aが死亡し、Aの財産をめぐって、XBDとCとの間で紛争が生じた。Xは、縁組を継続し難い重大な事由があるとして、Yに対して離縁を求めた。

本判決は、XとYとの関係は疎遠になったが、その主たる原因は、Aの遺言開示後、XBDとCの関係が悪化したことにYがいわば巻き込まれた結果によるものであり、祖母であるXと孫であるYという関係においてされた本件縁組が、回復し難いほどにまですでに破綻しているとは認められないとして、原審の判断を維持し、Xの控訴を棄却した。

## 3　親権・監護

### (1)　親権

[12] 東京地判令4・3・25判時2554号81頁は、離婚後に親権を有しない母が親権を有する父に無断で子らを連れて別居したこと、ならびに弁護士が当該別居を肯定する助言をしたことが、父に対する不法行為を構成するとされた事例であるが、後掲の松久和彦会員の評釈を参照されたい。

### (2)　養育費

[13] 宇都宮家審令4・5・13判時2572号90頁は、父からの養育費減額請求において、母が再婚し

た夫の直近の収入資料の提出を拒否したため、母の夫が精神科の開業医であることに鑑み、少なくとも算定表の上限の金額の営業所得を得ていると推認して、養育費を算定した事例である。

X（父）とY（母）は、長女Aの親権者をYと定め、また、Aの養育費として月額15万円をXがYに対して支払うことを合意して協議離婚した。その後、YはB（精神科の開業医）と再婚し、長男をもうけた。BはAと養子縁組はしていないが、YおよびAと同居し、事実上Aを扶養している。XからYに対して養育費の減額請求がなされた。なお、YはBの直近の収入資料の提出を拒否している。

本審判は、BはAと養子縁組はしていないが「これに準ずる状態にある」ので事情の変更に当たるとした上で、YがBの収入資料の提出を拒否しているため、Bが開業医であることに鑑み、Bの総収入を算定表の上限の額（1567万円の営業所得）と推認し、Bが扶養義務を負うとした場合の子の生活費を参考にした208万円程度（1567万円×48%×62÷(100＋62＋62)÷208万円）をYの総収入に加算し、Xが負担すべき養育費を月額9万円に減額した。

### (3) 面会交流

[14] 東京高決令4・10・31家判46号56頁は、父が、母に対し、新型コロナウイルス感染拡大中に実施されなかった面会交流について、調停調書に基づき、協議の上、代替日を定めて面会交流させるよう求めた間接強制の申立てが権利の濫用に当たるとされた事例である。

X（父）とY（母）は婚姻し、長男Aをもうけたが、その後、YがAを連れて別居した。XY間で面会交流の調停が成立した。それによれば、XAの面会交流は、1か月に1回、第3日曜日の午前9時45分から午後1時45分まで、受渡し場所は商業施設の地下4階入口とする。また、定められた日時に面会交流を実施できないときは第4日曜日の同じ時間帯とし、これも実施できないときは、XY協議の上代替日を定めることなどが定められた。Xは、新型コロナウイルス感染拡大中であった令和2年3月から5月までの間に実施されなかった面会交流について、代替日を定めて面会交流させるよう求めるとともに、不履行1回につき20万円の支払いを求める間接強制などを申し立てた。

本決定は、給付内容の特定に欠けることはないと

した上で、しかし、令和2年3月から5月までの間は新型コロナウイルスの感染拡大によって小中学校の休講措置がされ、不要不急の外出自粛が求められており、面会交流の不実施を決めたYに不利益を課すのは酷であること、また、不実施分を6月以降に実施することになれば、面会交流の頻度が1か月に2回以上となってYやAの負担が増大することなどを考慮すると、不実施分についての代替日を定めての間接強制の申立ては権利の濫用として許されないとした。

[15] 東京高決令4・8・18判時2555号5頁は、別居中の夫婦において、妻が夫に対して子らとの面会交流に関する条項の変更を求めた事案において、子らの意向・心情等の調査を改めて実施し、直接交流の可否や面会交流の具体的方法等を検討する必要があるとして原審判を取り消し、差し戻した事例であるが、すでに本誌27号[20]として紹介済みである。

### (4) 子の引渡し

[16] 大阪高決令3・8・4家判47号72頁は、子の引渡しを命ずる審判を債務名義とする間接強制決定の申立てについて、債務者である父に引渡債務の不履行があったとはいえないとして、申立てが却下された事例であるが、後掲の稲垣朋子会員の評釈を参照されたい。

[17] 名古屋高金沢支決令4・3・31判時2563号12頁は、母から父に対する子の引渡しを命じる家事審判の間接強制の申立てが権利の濫用に当たるとして却下された事例であるが、すでに本誌27号[18]として紹介済みである。

[18] 最三決令4・11・30判時2561=2562号69頁は、母から父に対する子の引渡しを命じる家事審判の間接強制の申立てについて、子が拒絶する意思を表明したことが直ちに間接強制を妨げる理由とはならないとして、権利の濫用に当たるとした原審の判断に違法があるとした事例であるが、すでに本誌27号[19]として紹介済みである。

## 4 相続

### (1) 特別縁故者

[19] 水戸家審令4・7・13判時2567号85頁は、相続財産である土地について、申立人である市を特

別縁故者と認めて当該土地を市に分与した事例であるが、すでに本誌27号[24]として紹介済みである。

**(2) 遺言**

[20] 最二判令5・5・19民集77巻4号1007頁は、相続分指定と包括遺贈がなされた場合において、遺言執行者は所有権移転登記の抹消登記手続を請求することができるかが争われた事案である。

Bが死亡し、妻Aと子CDが相続人となったが、Dは相続を放棄したため、Bが所有していた甲土地はAとCが2分の1ずつ共同相続した。その後、Aは、Aの一切の財産を、①Dに2分の1の割合で相続させ、②F（Dの子）に3分の1の割合で遺贈し、③E（Cの子）に6分の1の割合で遺贈するという公正証書遺言をした。その後、CはBに無断で作成した遺産分割協議書を利用して、甲土地についてCに対する所有権移転登記をした。Bが死亡し、CとDが相続人となった。Xが遺言執行者に選任されたが、Cは、甲土地をYらに売却し、所有権移転登記がされたので、Xは、Yらに対して、本件登記の抹消登記手続等を請求した。なお、Eは③の遺贈を放棄している。

原審は、甲土地の2分の1はAの相続財産であり、Cによるこの部分の処分は、平成30年改正前の民法1013条によって無効であるとして、本件登記のうち相続持分（甲土地の2分の1）に関する一部抹消（更正）登記手続請求を認容した。これに対して、本判決は、遺言の①の部分に関しては、(i)相続分指定がされても指定相続分の割合で相続財産を共有し、遺産分割をすること、(ii)相続分指定を受けた相続人は単独で指定相続分に応じた持分の移転登記をすることができること、(iii)平成30年改正前は共同相続人は相続分指定に応じた不動産持分の取得を登記なくして第三者に対抗できたことから、Xは登記の抹消を求める原告適格を有せず、また、遺言の③の部分に関しても、Eが包括遺贈を放棄しているので、その失効受遺分は相続人に帰属することになり（包括受遺者は民法995条の「相続人」に含まれない）、Xは登記の抹消を求める原告適格を有しないとした。他方、遺言の②の部分に関しては、包括遺贈がなされた場合、特定遺贈の場合と同様、遺言執行者Xは遺言内容に反する登記の抹消を求めることができるとし、結局、甲土地の6分の1についてのみXの請求を認容した。

なお、平成30年改正により、相続分指定に応じた不動産持分の取得も、法定相続分を超える部分については登記がなければ第三者に対抗できなくなったので（民法899条の2第1項）、本判決の①の部分に関する法理がなお現行法にも妥当するかは検討を要する。

## 5 ハーグ子奪取条約実施事件

[21] 大阪高決令2・12・8判時2568号73頁は、母が父に対し実施法に基づいて子らをフランス共和国に返還するよう求めた事案において、父の主張する返還拒否事由（同法28条1項5号）は認められないとして子らの返還を命じた事例であるが、すでに本誌26号[32]、27号[28]として紹介済みである。

[22] 大阪高決令3・5・26判時2565号50頁は、父が母に対し実施法に基づいて乳児である子の常居所地をオーストラリア連邦であるとして子の返還を求めた事案において、子の常居所地国が同国であると認めることはできないとして、申立てを却下した事例であるが、すでに本誌27号[29]として紹介済みである。

[23] 最三決令4・6・21家判45号40頁は、母が父に対して実施法による子の返還決定に基づき間接強制を申し立てた事案において、申立て後、子の返還の代替執行により子の返還が完了し、強制執行の目的を達したとして、間接強制の申立てを不適法として却下した事例であるが、すでに本誌27号[30]として紹介済みである。

## 6 その他

[24] 大阪地判令4・3・24判時2567号5頁は、児童相談所長による一時保護について、①一時保護の開始、②一時保護の継続、③一時保護期間中の面会制限の違法性が問題となった事案において、②および③の違法性を肯定し、国家賠償法に基づき100万円の支払いを府に命じた事例であるが、すでに本誌27号[35]として紹介済みである。

（じんの・れいせい）

# 環境裁判例の動向

**越智敏裕**　上智大学教授

**桑原勇進**　上智大学教授

環境判例研究会

　本稿では、民集76巻7号〜77巻4号、判時2554号〜2572号、判タ1508号〜1513号、判例自治499号〜504号及び後期に最高裁判所のHPに掲載された、環境分野の裁判例（前号までに紹介したものを除く）を扱う。1〜4は越智が、5〜7は桑原が担当した。

## 1　環境影響評価

　大阪高判令4・4・26（神戸石炭火力事件）が、判タ1513号98頁に掲載されたが、前号までに紹介済みである。

## 2　公害・生活妨害

　[1] 大阪地判令5・9・27裁判所HP、LEX/DB25573135は、いわゆるノーモア・ミナマタ第二次近畿訴訟にかかる判決であり、水俣病特措法による救済から漏れた原告128名全員が水俣病に罹患していると認め、原因企業であるチッソと、規制を怠った県と国に対する総額3億5200万円（1人当たり275万円）の損害賠償を命じた（国、県、チッソの責任割合は同等。なお、原告6名については、国・県が規制権限不行使の責任を負う時期より前に曝露が終了しているとして、チッソに対する請求のみ認容した）。

　本判決は、一連の水俣病裁判において重要な意義を有する（島村健「本件解説」新・判例Watch34号305頁）。

　まず、かねて争いがあった病像論につき、法的因果関係の立証において疫学的知見を重視し、「信頼できる疫学的研究によって、曝露と疾病との間の疫学的因果関係を示す指標である寄与危険度割合ないし相対危険度……が高いことが認められる場合には、当該曝露を受けた個人であって当該疾病を有する者の多くが、当該曝露がなければ当該疾病を発症していなかったことが科学的に示されることになるから、上記疫学的因果関係が認められることは、法的因果関係を判断する上で重要な基礎資料となる」とした。

　そして、「寄与危険度割合等の程度を踏まえた上で、本件患者それぞれの曝露の内容・程度、症候の内容（寄与危険度割合等の算定の対象となった中核的な症候以外に、当該曝露を受けた者に典型的に生じる症候の有無を含む。）、発症に至る経過、他原因の可能性の有無等を総合的に考慮して、本件患者それぞれについて法的因果関係の有無を判断すべき」と判示した。その上で、曝露地域と非曝露地域における感覚障害の発生頻度を比較した疫学調査において寄与危険度割合度が90％を超えるという研究など原告側の立証を踏まえ、「メチル水銀曝露と四肢末梢優位の感覚障害又は全身性感覚障害との間には、高い寄与危険度割合等により明らかな疫学的因果関係が認められることから、個別の本件患者が水俣病に罹患しているか否かを判断するに当たっては、メチル水銀曝露の事実が認められ、かつ、上記各症候のいずれかが認められること……を前提とした上で、他の症候（舌の二点識別覚異常、口周囲の感覚障害、求心性視野狭窄、運動失調、構音障害又は難聴等）の有無、発症に至る経過、他原因の可能性の有無等の個別的事情を総合的に考慮するのが相当である」とした。

　またXらは、汚染された魚介類の摂食により水俣病を発症し得る程度にメチル水銀を摂取した事実（曝露の事実）について立証責任を負うところ、本

判決は、その立証方法について、「曝露があったとされる時期における患者本人及び家族の毛髪や臍帯の水銀値は測定されていないことが多いから、そのような場合には、患者らの居住歴及び当該地域の汚染状況、患者ら及びその家族による魚介類の入手及び摂食状況、同居親族内の水俣病患者の有無等の事情を基に、上記曝露の事実を推認できるかを検討する必要がある」とした。その上で、本判決は「毛髪水銀値や、魚介類の水銀値等に照らし、メチル水銀による汚染は不知火海沿岸地域に広範囲に広がっていたと認められ、各地域や家庭における魚介類の漁獲・流通状況及び魚介類の摂食習慣によっては、水俣病を発症し得る程度にメチル水銀を摂取した事実（曝露の事実）が推認されるといえる。また、排水停止後の昭和44年以降であっても、少なくとも昭和49年1月までの時期に水俣湾又はその近くで獲られた魚介類を多食した者は、曝露の事実が推認されるといえる」とし、個別の本件患者に即して魚介類の入手経路及び摂食習慣について検討を加え、全員を水俣病患者と認定した。

また、改正前民法724条後段所定の期間制限について、本判決は、「慢性水俣病において損害の全部又は一部が発生したと認めることができるのは、神経学的検査等に基づいて水俣病と診断された時、すなわち本件患者らについては共通診断書検診が行われた時である」として、被告側の主張を認めなかった。

なお、旧食品衛生法4条に基づく被告国県の規制権限の不行使については（違法が認められると、有責期間の前倒しができる）、①同法4条2号に関する告示という形で水俣湾内産の魚介類の販売及び販売目的の採取、加工を一般的に禁止することは、法令上の根拠がないこと、②実際に行政処分又は処罰を行うだけの科学的知見の裏付けが不十分であったこと、③十分な根拠がないまま漁民等の生業に対する重大な制約を課すことには慎重にならざるを得ない面があったこと、④被告県は漁協に対する自粛の指導という代替的な形で水俣湾の魚介類の採取を防ぐ方策を図っていたこと、⑤被告国も被告県に対する回答において水俣湾の魚介類が摂食されないよう指導を促したことから、違法でないとした。また、旧食品衛生法27条に基づく被告国県による健康調査の不実施についても、同条は原因食品や病因物質を追及することを目的として行う調査であり、これを超えて、水俣病の詳細な病像や、四肢末梢優位の感覚障害等の各症候と魚介類の摂食との疫学的因果関係の解明までを目的とするものとは解されないとして、やはり違法でないとした。

## 3　化学物質・有害物質

[2] 大阪地判令5・6・30 裁判所HP、LEX/DB25573005 は、関西建設アスベスト訴訟の第一審判決である。

建設アスベスト訴訟は、建設作業に従事して石綿（アスベスト）に曝露し、中皮腫、肺がん、石綿肺等に罹患した被害者とその遺族らが、国や建材メーカーを被告として損害賠償を求めた訴訟である。最高裁判例（最一判3・5・17民集75巻5号1359頁など4件）が、労働大臣が建設現場における石綿関連疾患の発生防止のために労働安全衛生法に基づく規制権限を行使しなかった（防じんマスクの着用義務付けと警告表示・警告掲示の義務付けを怠った）ことが、屋内の建設作業従事者及び一人親方等との関係で違法になるとして国の責任を認めたため、国は特定石綿被害建設業務労働者等に対する給付金等の支給に関する法律に基づく給付金制度を創設して、被害者救済を開始した。他方、同最判は建材メーカーについても、警告せずに危険な石綿建材を製造・販売したこと（警告表示義務違反）を違法とし、被害者ごとに、一定の高いシェアを有していた建材メーカーの共同不法行為による連帯責任を認めた。しかし、被害者は長期間にわたり、多数の建設現場で多種多様な石綿含有建材を取り扱ったことから、どの建材からの粉じんが病気発症の主要な原因となったのかは被害者ごとに異なっており、建材メーカーも被害救済スキームに参加していない。

本件は、大阪府内などの元建設労働者や遺族ら原告129人が、建材メーカー21社を被告として、総額約26億6700万円の損害賠償を求めた事案である。

本判決は、被告らの予見可能性につき、①石綿吹付作業従事者との関係では、昭和46年初めには、吹付石綿及び吹付ロックウールの吹付作業が吹付作業従事者に石綿関連疾患を発症させる危険性を具体的に予見できたとし、②①以外の屋内建設作業従事

者との関係では、昭和48年には石綿含有建材から発散される石綿粉じんに曝露し、石綿関連疾患に罹患する危険性を具体的に予見できたとする一方、③屋外建設作業（石綿含有建材の切断、設置等の作業）従事者との関係では、最判と同様、予見可能性を否定した。なお、④外装材は切断作業等を屋外で行うことが最も合理的であるとして一般的に予見可能性を否定したが、押出成形セメント板については、遅くとも昭和51年頃には耐火間仕切り壁としても使用されており、屋内でその加工等の作業が行われることは十分に想定できたとして、その製造・販売を行う被告一社については予見可能性を認めた。

本判決は、上記の予見可能性が認められた建材メーカーは、石綿含有建材に内在する危険性の内容及び回避手段について、当該建設作業従事者に対し警告すべき義務を負うとし、①は昭和46年4月1日から、②は昭和49年1月1日から、それぞれ製造・販売の終了日（不明の場合は、安衛令で石綿等の製造が全面的に禁止された平成18年8月31日）までの期間の警告義務を負うとして、義務違反を認定した。具体的な予見可能性がある以上、「国の規制権限の不行使が違法となるより前であっても、警告義務が課せられることになることは十分にあり得る」と判示して、有責期間の始期を前倒しして救済範囲を広げた。

また、警告表示義務を負担する相手方の範囲として、後続作業者等、すなわち「屋内建設現場において当該建材が一旦使用された後に、当該工事において、必要な限度で吹付材を剥がすといった作業や当該建材に配線や配管のため穴を開ける作業等をする者や石綿粉じんの発散を伴う作業が行われている現場の近辺で他の作業等を実施する者」も含まれるとする一方、建物の解体工に対しては、最判と同様、警告表示義務を負わないとした。

警告義務違反者の特定及び石綿含有建材の建設現場への到達について、上記最判は原告側が行った建材メーカーのシェアを用いた確率計算を考慮した立証方法に「相応の合理性」があると判示していた。本判決もこの立証方法を容認した上で、被災者ごとの主要原因建材及び主要原因企業を詳細に認定し、特定種類主要原因建材のうち、シェアがおおむね10％を超える企業が製造・販売した石綿含有建材は、当該被災者が作業に従事した建設現場において相当

程度使用されたと一応推認できるとし、建材ごとに詳細な認定を行った。

そして、特定主要原因企業である被告が負うべき責任につき、本判決は、民法719条1項後段を類推適用し、それぞれの被災者が稼働する建設現場に到達した石綿含有建材の各製造・販売行為と本件各被災者の石綿関連疾患の発症との間の因果関係が推定されるとした。その結果、石綿含有建材のうち被災者ごとに認定された特定主要原因建材を製造・販売した特定主要原因企業は、同項後段の類推適用により損害賠償責任を負い、それが複数である場合には、複数の特定主要原因企業に該当する被告らの寄与度（集団的寄与度）に応じた範囲で、連帯して損害賠償責任を負うとした。最後に、本判決は被災者ごとに特定主要原因企業が負担する責任割合（寄与度）を算出し、一部原告らの請求を一部認容した。全体として、被害者73名中64名（原告数129名中104名）の被害につき、建材メーカー12社に対し、総額9億4297万余（死亡慰謝料額は2950万円）の支払いを命じた。

上記最判後、建材メーカーの法的責任を追及する訴訟は、他に北海道1陣（札幌高判令4・5・30LEX/DB25593072）と京都2陣（京都地判令5・3・23LEX/DB25595087）があるが、解体工及び屋外建設作業従事者との関係等で責任を肯定した裁判例はない（なお、原告弁護団HPによると、北海道2陣〔札幌地判令4・4・28〕と神奈川1陣差戻審〔東京高判令5・5・31〕の判決がそれぞれ出されているが、本項執筆時点では公開されていない）。

## 4　廃棄物・リサイクル

[3] 横浜地判令4・2・21判例自治501号30頁は、ごみ処理施設用地購入にかかる住民訴訟の事案である。

Y（横須賀）市は、a社との間で、新たに建設するごみ処理施設の用地として、同社が所有する市内148筆の土地（Aゾーン）を購入するとともに、関連施設の敷地や搬入道路及びそれらの周辺の土地（Bゾーン）を取得することとし、Bゾーンのうち64筆の土地（買収対象地）を買収する本件売買契約を締結した。さらにY市は、a社との間で、市が所有10筆の土地（本件交換対象市有地）とa社が所有

する2筆の土地（本件交換取得地）を交換する旨の契約（本件交換契約）を締結した。

本件は、Y市住民の原告Xらが、Y市の執行機関である被告Y市長に対し、地方自治法242条の2第1項4号に基づき、①Bゾーンの買収の一部について買収の必要性がない土地を対象としたなどの違法があるとして、本件売買契約の締結に関与した市長b及び副市長c（いずれも当時）に、買収の必要性がない土地の代金相当額である約9448万円及び遅延損害金の支払を、②Bゾーンの土地についての交換は、本件交換対象市有地を不当に低く評価した違法があるとして、上記b、cのほか本件交換対象市有地の鑑定をした不動産鑑定士dに、Xらが適正と考える評価額との差額である約1億4000万円及び遅延損害金の支払を、それぞれ請求するよう求めた事案である。

本判決は、①につき、「普通地方公共団体における財産の取得、管理及び処分は、普通地方公共団体の長の担任事務とされており（地方自治法149条6号）、普通地方公共団体の長が不動産を購入する売買契約を締結するか否か、その買取価格をいくらと定めるかについては、当該不動産を購入する目的やその必要性、契約の締結に至る経緯、契約の内容に影響を及ぼす社会的、経済的要因その他の諸般の事情を総合考慮した合理的な裁量に委ねられている」としたうえで、事実経過を詳細に認定し、不合理な点はないとして請求を棄却した。

裁判所は不動産取引として、市が必要な土地だけを買収することで利用価値が落ちる土地が虫食い状態で残存することを避けたいaの意向とこれを前提とする市の交渉に理解を示している。また、②についてXらは、本件交換対象市有地は鑑定時においてa社の太陽光発電事業の用地としての利用が確定しており、d鑑定士も市の担当者から聞かされていたにもかかわらず、本件鑑定に当たって考慮しなかったと主張したが、本判決は本件交換対象市有地自体について経済産業省から固定価格買取制度における太陽光発電設備の認定を受けていたわけではなく、評価は一定の合理性のある根拠に基づいて決定された価格であり、不当に高額ではないと判断した。

次に、[4] 岐阜地判令4・5・16判例自治502号70頁は、産業廃棄物処理施設設置許可の取消訴訟を認容した。

本件は、Y（岐阜）県知事が、訴外株式会社Aに対し、廃棄物処理法15条1項に基づく産業廃棄物処理施設の設置を許可したところ、施設予定地の周辺住民XらがY県を被告として、その取消しを求めた事案である。

争点は多岐にわたるが、本案前の争点は、①出訴期間と②原告適格であった。

①本件でY知事は、平成21年11月30日の本件許可から8カ月後（同22年7月30日）に、法15条の3第1項1号、3号の許可取消要件に該当し、かつ同法15条の2第1項2号、4号に規定する許可基準に適合していないことが判明したとして、本件許可を取り消す旨の処分をしていた。Aが本件取消処分につき行政不服審査請求をしたところ、環境大臣は、平成25年12月25日付けでこれを認容し、本件取消処分を取り消す旨の裁決をした。すなわち、本件許可処分はいったん上記取消処分によって効力を失った後、上記裁決で本件取消処分が取り消されたことにより、さかのぼって効力を回復した。

本判決は、Xらは、上記取消処分により本件許可処分の取消訴訟を適法に提起できなくなり、上記裁決で上記取消処分が取り消されたことにより、再度、本件許可処分の取消訴訟を適法に提起できるようになったとして、行政事件訴訟法14条1項ただし書、2項ただし書の「正当な理由」があるとして、出訴期間を徒過したとのYの主張を認めなかった。

②廃棄物処理業・施設にかかる許可処分等の抗告訴訟の原告適格については、高城町判決（最三判平26・7・29民集68巻6号620頁）を中心にほぼ確立した判断枠組みがあるところ、本判決もその延長線上で、生活環境影響調査における最大の調査対象地域（2km）圏外に居住する原告らの原告適格を否定した。

本案の争点としては、①技術上の基準適合性（法15条の2第1項1号、15条の2の2）、②生活環境保全等への適正配慮の有無（法15条の2第1項2号）、③設置及び維持管理を的確に行うに足りる知識・技能の有無（法15条の2第1項3号、施行規則12条の2の3第1号）、④経理的基礎の有無（法15条の2第1項3号、施行規則12条の2の3第2号）、⑤不正行為等のおそれ（法15条の2第1項4号、14条5項2号イ、7条5項4号ト）が主張され、本判決はこのうち、④にかかるXらの主張を認めた。

本判決は「経理的基礎の要件は、産業廃棄物処理施設で不適切な操業が行われることにより、生命、身体等に直接被害を受ける周辺住民の利益を保護することを、その趣旨に含む」と解したうえで、「不適切な操業が行われることが推認できる程度に経理的基礎を欠くというためには、産業廃棄物処理施設の設置者の事業計画が採算性のないものである場合など、当該設置者において継続的に適切な操業を行うことがおよそ期待できないような経理的事情がある場合であることを要する」と判示した。そして、本件では、焼却炉の燃料費が過少に見積もられていること、また、許可申請後にロータリーキルン炉に助燃バーナーを設置するとの仕様変更を行っているのにこの変更を前提とした計算になっていないことを指摘し、3年以内に黒字を計上できない可能性があり、黒字転換の時期を合理的に予測することもできないとして、経理的基礎の要件を満たさないとした。なお、経理的基礎要件の欠如にかかる違法については、行政事件訴訟法10条1項による主張制限を受けるとの裁判例もあるが（例えば、長野地中間判平23・9・16判例自治364号33頁）、本判決の理解が正当と言えよう。

## 5　景観・まちづくり

この分野では、建物（高さ約5メートル）が建て替えられて地上11階建て（高さ約31メートル）のマンション（本件建物）になったことから、その北側隣地のマンションの居住者らが建築基準法違反を主張して是正命令義務付け訴訟を提起したという事案に係る [5] 横浜地判令3・12・22判時2568号26頁がある。まず、原告適格が問題となるが、判決は、居住するマンションの専用部分に日照被害を受け健康被害を生ずる原告については原告適格を認め、「重大な損害」の要件も満たすと判断した。その一方で、日影規制により個別的利益として保護されるのは健康に限られるとして、マンションの共用部分に日影が生じるにすぎない原告については、原告適格を否定した。また、騒音、異臭、プライバシー、景観、眺望については、周辺居住者の個別的利益を保護する趣旨であることをうかがわせる規定は存在しないとして、これら利益（のみ）を主張する原告についても原告適格を否定した。

本件建物の敷地は、工業専用地域にあり、本来ならマンションは建てられないはずであるが、都市再生特別措置法36条1項により都市再生特別地区に指定され、建築物の容積率、建蔽率、建築面積、高さが都市再生地区に関する都市計画において定められた内容に適合するものとされた上で（建築基準法60条の2第1項）、前記都市計画において誘導すべきものとされた用途（本件では「共同住宅」が含まれている）に供する建築物については同法48条から49条の2までの規定は適用しない（したがって工業専用地域における用途制限も適用されない）ものとされている（同条3項）ため、建築可能となった。本件建物は、容積率等の前記都市計画上の基準を満たしているところ、原告側は、建築物が都市再生特別地区の地区開発計画の設計主旨から大きく逸脱している場合には建基法60条の2第3項は適用されない旨主張した（判例集記載の原告主張によれば、本件建物の敷地には地上1階建てのスーパーが建築されることが予定されており、大規模な建築物が建築されることは想定されていなかった等、本件建物のような建築物はもともとの計画の構想とはだいぶ異なる）が、本判決はこの主張を認めなかった。

この他、最三判令5・5・9民集77巻4号859頁、判タ1513号72頁、判例自治503号50頁（納骨堂許可取消請求）があるが、本誌27号で既に紹介済みである。

## 6　自然・文化環境

岩石採取に関するものとして、[6] 公調委裁定令4・6・23判例自治501号56頁がある。事案は概要次の通り。採石法33条に基づく採石採取計画（本件採取計画）の認可申請（本件申請）に対し、山形県知事が、山形県遊佐町「遊佐町の健全な水環境を保全するための条例」に基づき本件採取計画が「規制対象事業」に認定（本件認定処分）されたことを理由の一つとして不認可処分（本件処分）をしたので、本件採取計画の認可申請人が、公調委に対し本件処分の取消の裁定を求めた事案である。本件申請に先立ち本件認定処分の取消訴訟が提起されていたため、本件申請に当たっては、採石法施行規則8条の15第2項に基づく「他の行政庁の許可、認可その他の処分……を……受ける見込みに関する書面と

して」（見込書面）その係属証明書及び訴状の写し が添付されていたが、公調委は、その審理中に本件 認定処分が有効であることが最高裁（最三判令4・ 1・25。本判決については、及川敬貴・判評・本誌25 号118頁参照）で確定したことを理由に、裁定申請 を棄却する裁定を下した。

　採石法33条の4によると、同条の定める要件に 該当する場合、行政庁（都道府県知事）には不認可 義務が発生する（認可してはならない）。要件不該当 の場合は、論理的には、認可してもよいし、不認可 としてもよい（不認可義務の不発生）。他の法令によ る不許可（本件の場合、本件認定処分）が法33条の 4の要件に該当しないのであれば、認可しなくても よいが認可してもよい。では、要件不該当の場合、 どのような事情があれば不認可としてよいのだろう か。公調委裁定平成19年5月8日判時1967号65 頁は、法33条の4の文理解釈として、同条の定め る3要件（他人への危害、公共用施設の損傷、農林水 産業等の利益の損失）以外に「公共の福祉に反する と認められること」を独立の不認可事由と認めるこ とはできない旨述べたことがあり、また、（地方分 権との関係で）「地方公共団体が、法定の不認可事 由以外の事由によって、土地所有権や採石権等の個 人の財産権の行使をより広く制限し得るようになっ たとまで解釈することはできない」と述べたことが ある。これがもし、前記3要件以外の事由による効 果裁量（拒否裁量）を否定したものだとすれば、本 件裁定の判断は前例との間で整合性がとれないとい うことになろう。3要件以外の事由が申請拒否事由 にならないのであれば、他の法令による不許可等 は、採石法上はあくまでも事実上の事柄であって法 的に意味がある事柄ではない。採石法施行規則8条 の15第2項は見込書面の添付を求めているが、見 込書面の添付を法33条に基づく認可の要件とする 趣旨であれば、法律に基づかずに処分要件を付加す るもので、法律の委任の範囲を超え無効であると解 することも可能ではないのだろうか。上記3要件以 外に、どのような場合に不認可処分ができるのか、 前掲平成19年の公調委裁定の対象となった不認可 処分において理由とされた①当該採取計画が実行困 難であることや②自然環境・景観が害されること、 ③地元が反対していることなどは不認可事由になら ず、他の法令に基づく許可等が得られないことが不

認可事由として認められるのはなぜなのか、検討を 要するものと思われる。

　**[7]** 最一判令5・9・4裁判所HPは、辺野古の埋 立てに関するものである。事案は以下のようである。 沖縄防衛局は、公有水面埋立法に基づき、県知事に 対し、設計の変更（いわゆる軟弱地盤の発覚による） の承認の申請をしたが、知事は変更不承認処分をし た。沖縄防衛局が行政不服審査法に基づき審査請求 をし、国土交通大臣は変更不承認取消裁決をしたが、 さらに、国交大臣は地方自治法245号の7第1項 に基づき、変更承認処分をするよう是正の指示をし た。そこで県は、本件指示の取消を求める訴えを提 起した。最高裁は、「法定受託事務に係る申請を棄 却した都道府県知事の処分がその根拠となる法令の 規定に違反するとして、これを取り消す裁決がされ た場合において、都道府県知事が上記処分と同旨の 理由に基づいて上記申請を容認する処分をしないこ とは、地方自治法245条の7第1項所定の法令の規 定に違反していると認められるものに該当する」と 判示して、県の訴えを退けた。本判決については、 昨年9月27日付で、行政法研究者有志による声明 が発表されている。本判決の論理等の問題点を検討 する際、有益な材料となろう。

　福岡高判令4・3・25判タ1508号62頁（諫早湾） があるが紹介済みである。

## 7　気候変動（温暖化）・再生エネルギー

　今期は、**[8]** 大阪地判令4・1・27判例自治500 号57頁（小学校屋根目的外使用〔太陽光発電施設設置〕 許可取消処分取消請求）の一件以外見当たらなかっ た。本判決は、I市から目的外使用許可を受けてI 市立小学校の屋根に太陽光発電設備を設置していた 事業者が同許可の取消処分を受けたため、同取消処 分の取消を求めるという事案に関し、訴えの利益な しとして却下判決を下したものである。本件目的外 使用許可は、平成30年4月1日付けで、許可の期 間を平成30年4月1日～令和3年3月31日として なされ（その前にも平成30年3月31日を終期とする 同様の許可が出されている）、令和元年5月30日に 本件取消処分がされたが、取消処分取消訴訟中に令 和3年3月31日が経過したため、取消処分が取り 消されたとしても施設を使用できる地位を回復する

ことができない、ということが訴えの利益なしという判断の理由である。事業が、投資した資本を回収するためにある程度の期間を要するような場合、形式的に処分（本件では使用許可）が短期の期限を付されているとしても、実質的には処分が更新されることを前提になされていて、不更新は実質的に処分取消で、処分に期限が付されているのはたんに定期的なチェックのためにすぎないと考えることもできよう（当該事業が不適切であることから処分を更新しない等）。本件では、台風により小学校屋上に設置していた発電施設の部材の一部が飛散して当該小学校の施設や周辺住民の住宅の一部が損壊したが、事業者が飛散防止等の適切な措置を採らず適切な管理を怠っていたためのようであり、許可期間の経過と

いう形式的な理由を持って訴えの利益なしとして却下したものの、実質的には、許可の継続が不適当だという判断がなされたものと考えることも可能であろう。

大阪高判令4・4・26判タ1513号98頁（環境影響評価書確定通知取消請求）は、気候変動ともかかわるが、紹介済みであることは既述（**1　環境影響評価**）のとおりである。

（おち・としひろ）
（くわはら・ゆうしん）

# 医事裁判例の動向

**山口斉昭** 早稲田大学教授

医事判例研究会

## 1　はじめに

### (1)　対象とする裁判例の範囲

今期における判例集の対象範囲は、民集76巻7号〜77巻4号、判時2554号〜2572号、判タ1508号〜1513号、金法2213号〜2224号、金判1669号〜1680号である。また、LEX/DBに前期より後に掲載され、2023年12月31日までに裁判がなされたもの（前期までに既に扱ったものは除く）も扱う。

### (2)　今期の傾向

今期は医療事故関連の裁判例が多い。とりわけ、ガイドラインやマニュアル、添付文書と注意義務の関係が問題となっている事例が多く、理論的にも注目される。本動向パートでは、これまで検査、診断、手術等による分類のもと、概観を行うことが多かったが、上記のような事情から、今期は、これら基準となる資料（ガイドライン、マニュアル、添付文書）ごとに分類を行った。なお、今期は、事故調査報告書が出されたため、そこで示されている今後の改善策を根拠として、原告が注意義務違反を主張する事例が多く見られ、これは今後の大きな論点であるため、別個に分類を設けた。

また、やや特殊な医療事故として、インプラント、美容整形の事例がある。これら事例では、個別の事情を踏まえての注意義務が問題とされ、不法行為責任ではなく債務不履行責任が追及されている。

さらに、いわゆる「相当程度の可能性」が問題となった事例も注目される。一つはパンデミック時の医療体制下でPCR検査の誤報告がなければ死亡しなかった可能性が検討され、もう一つは、正確には医療事故ではないが、入国管理局に収容中の外国人への「社会一般の医療水準に照らし」ての適切な医療上の措置と、それを前提とした救命の可能性が検討されている。いずれも因果関係や救命可能性の点からだけでなく、パンデミックや入管での収容中等、特殊な状況下での医療の在り方など、多くの点において、議論があり得る事例である。

医療事故以外では、性別変更者への認知請求、医学部入試における女性への不利益な扱いが不法行為とされた事例（東京医科大学事件）、民事判例ではないが、虚偽データにより論文を掲載させたことが旧薬事法違反になるかが問題となった事例（ディオバン事件）等があり、いずれも耳目を集めた重要な事件であるが、紙数の制約上、ここでは簡単に紹介するにとどめる。

## 2　医療事故──ガイドライン・医療水準等と事故調査について

### (1)　複数のガイドラインの差異と注意義務

今期は、内容の異なる複数のガイドライン等が検討された事例が注目される。まず、[1] 大阪高判令3・12・16判時2559号5頁は、Y病院において2010年に出生した児に、脳性麻痺・体幹機能障害が生じた医療事故につき、医師が、分娩監視装置による胎児心拍数モニタリング検査結果に従って、帝王切開の実施を決定して胎児を娩出すべき注意義務を怠り、その決定が遅れたとして、Xら（児及び両親）が損害賠償を請求した事件である。本判決は、本件時（2010年）の分娩監視装置モニターの読み方や対応に関し、2008年の産婦人科診療ガイドラインにはその記載がないものの、その記載がある2011年ガイドラインに至るまでの経緯（産婦人科学会周産期委員会による2008年と2009年における対応と処置

の提示、日本産婦人科医会の研修ノートでも2011年ガイドラインと同旨が示されていたこと等）を指摘し、2011年ガイドラインのうち、少なくとも、分娩監視装置モニターの読み方やそれに基づく対応のありように関する部分については、医療水準を構成するものであったとして、2011年ガイドラインに基づき注意義務を判断した。その結果、帝王切開を決定すべき時期が遅れた過失を認めて、1億2000万円余（うち介護費が7000万円余）の損害賠償を認めた。

これに対し、[2] 東京地判令5・3・2LEX/DB25608695は、患者が、Y病院に転院搬送後、敗血症性ショックで、令和2年10月に死亡したことについて、医師の抗菌薬投与の過失等が問われた事案において、日本版敗血症診療ガイドラインの、平成24年11月6日発行版と、その後改訂された平成28年版、及び、令和2年版が検討されている。そして、平成24年ガイドラインでは、診断後、1時間以内の抗菌薬投与を開始することを推奨する旨の記載があるが、平成28年のガイドラインでは、この目標は廃止されなかったものの、根拠に乏しく実行困難な目標との意見があったためエビデンスを再精査することになったとし、さらに、令和2年のガイドラインでは、敗血症の認知後1時間に拘泥した抗菌薬の早期投与企図によって原因微生物診断の推定が不十分となり、不必要かつ過剰に広域・多剤の抗菌薬投与が増えるという潜在的な害が否定できず、抗菌薬適正使用の観点からの容認性が低いこと、多くの医療機関において実効性が高くないこと等の理由で、抗菌薬は可及的早期に開始するが、必ずしも1時間以内という目標は用いないことになったことなどを認定し、以上のガイドラインの改定の経緯からすれば、1時間以内に抗菌薬投与をすべきことが、本件当時の我が国における医療水準であったとまでは認められないとして、結局医師の過失を否定した。

[3] 名古屋高判令3・2・18判時2557号14頁は、米国のガイドラインへの言及がなされるものの、日本のガイドラインに基づく過失判断がなされている。同事件は、吸引分娩により、出生児に低酸素性虚血性脳症による脳性麻痺が生じたY病院での医療事故につき、医師には、吸引分娩実施前に帝王切開術に移行するためのダブルセットアップを怠った過失があるとして、X（児及び両親）らがYに対し損害賠償を請求した事件である。同判決は、ダブルセットアップの義務につき、我が国では、母児の状態を

モニターできる機器が整い、輸血用血液、消毒済みの手術器具、手術室を確保できている状態をダブルセットアップと考えている場合が多いことから、Xらの主張する麻酔科医等のスタッフを確保することを含むダブルセットアップは、一般的な理解を超える水準を求めるものといわざるを得ないこと、当時のガイドライン（産婦人科診療ガイドライン−産科編2008）の解説によれば、吸引・鉗子分娩術を実施する条件として、米国のガイドラインでは6つの条件があるとして、その1つに帝王切開へ移行できる準備があるという条件が存するが、本邦のガイドライン2008では4つの条件として、帝王切開へ移行できる準備があるとの条件が削除されており、帝王切開へ移行できる準備を整えることを条件としているとはいえないこと等を指摘し、麻酔科医等のスタッフの確保を含むダブルセットアップを行う義務があったということはできないとした。

[4] 東京地判令5・3・23LEX/DB25608698は、Yの開設する病院で下顎骨骨折に対する観血的骨接合術後に、患者Aが心肺停止に陥って高次脳機能障害を発症し、その後死亡したため、Aの相続人である子Xが、マサチューセッツ総合病院（MGH）の退室基準に準じて、鎮静剤であるフェンタニル投与後、患者の様子を30分間注意深く観察する義務があったと主張して、Yに損害賠償を請求した事件である。本判決は、投与後5分間は刺激を加えずに患者の様子を注意深く観察しておく必要があるとする医学的知見の存在は認められるものの、30分間の観察をする必要があるとする医学的知見はMGH退室基準以外には存せず、これのみで日本国内の医療機関におけるフェンタニルの追加投与後の観察に関する医療水準を決するのは適切とはいえないとして、（9分の間は）パルスオキシメータをほぼ常に装着させた上、呼吸回数を含むバイタルサインを確認していたことから、本件追加投与後の観察が不十分であったとは認められないとした。

### (2) 事故調査と注意義務・責任の判断

なお、上記事例のうち、[1] 及び [3] の事例については、いずれも、日本医療機能評価機構産科医療補償制度原因分析委員会による原因分析報告書が出されている。[1] 事件では原審判決後に原因分析報告書が出され、このため、控訴審では、同報告書をもとに、より詳細な事実認定がなされている。一方、

[3] 事件では、原因分析報告書で「この吸引分娩の施行の際に、手術室の準備、小児科医、麻酔科医への連絡等の緊急帝王切開への切替のためのダブルセットアップの準備が不十分であり一般的でない」とされていたことから、Xもこの点を指摘して医師の過失を主張した。しかし、同判決は、同報告書は「今後どうすれば脳性麻痺の発症を防止することができるのかという視点に立ち（中略）考えられる方策を提言するものである」ことから、上記認定を左右しないとした。

また、[4] 事件では、院内の事故調査が行われ、その調査報告書において、少なくとも20〜30分の観察を行うことが望ましいと提言されたため、Xも、MGH退室基準に加えて、このことをも医師の過失の根拠とした。しかし、同判決も、「発生した事象の解明と再発防止を目的とする本件調査報告書の提言は、医療安全のためにあり得る望ましい対策を提案するものにすぎず、法的な注意義務の存否を検討したものではないから、これをもって直ちに本件追加投与時の麻酔科医の注意義務の存在を裏付けることはできない」とした。なお、後掲 [12] 神戸地判令5・8・4 LEX/DB25596041 も、院内死亡事例調査委員会の調査報告がなされた事例である。同事件では、これをもとにした事実認定がなされており、とりわけ因果関係の認定においては同報告書が極めて重要な証拠とされていることがうかがわれる。

産科補償制度の原因分析であれ、死亡事例についての院内事故調査であれ、これらは責任追及のためのものではないと謳われて導入されたものであるが、民事裁判における証拠から排除されるわけではない中で、その扱い、評価をどう考えるかは今後さらに検討されるべきであろう。

### (3)　その他のガイドライン関連事案（責任否定例）

[5] 東京地判令5・3・16 LEX/DB25608807 は、Y病院において、総胆管結石との診断により入院し、内視鏡的乳頭括約筋切開術（EST）を受けたAが、術後に十二指腸乳頭部穿孔による腹膜炎を発症し、平成29年に死亡したため、Aの相続人がYに対して損害賠償を請求した事案である。本判決は、平成27年発表の日本消化器内視鏡学会のEST診療ガイドラインを参照し、穿孔が疑われた場合には単純CTを行うこと、穿孔と診断された場合には、外科医と密な連携をとり最善の治療を行うことが推奨さ

れているものの（推奨度1）、いずれもエビデンスレベルはCと低い上、穿孔発生から24時間以内に保存的治療によって改善傾向が見られなければ、外科的治療の適応となることや、穿孔発生から24時間以内に手術を実施しなければならないことまでは推奨されていないことを指摘して、これらが確立した医学的知見として認識されていたとまで認めることは困難であるとし、また、説明義務違反の主張についても、平成28年の日本消化器病学会の胆石症診療ガイドライン2016において、総胆管結石の治療方法として、我が国の現状は、内視鏡的治療が主たる治療法である旨が記載されていること等から、本件当時、我が国において、内視鏡的治療は、総胆管結石の主たる治療方法に位置づけられていたため、内視鏡的治療を実施可能なY病院において、外科的侵襲を伴う開腹手術についての説明をすべき義務があったとはいえないとし、請求を棄却した。

[6] 東京高判令4・8・18 判タ1513号132頁は、平成29（2017）年にY病院で経直腸的前立腺生検を受けたXが、感染症による重篤な敗血症を発症して入院治療を余儀なくされたとして損害賠償を請求した事案である。原審は、「泌尿器科領域における周術期感染予防ガイドライン2015」に基づき、Y病院でも一般的手順に従い生検前の消毒がなされていたこと、Xの主張する生検後の消毒洗浄の義務があったとは認められないことを認め、また、同ガイドラインを根拠にした、予防的抗菌薬としてピペラシリン／タゾバクタム4.5g×2回・1日間投与するべき注意義務があったとのXの主張についても、同記述はピペラシリン／タゾバクタムの単回投与と比較した2回・1日間投与の有効性を述べるにとどまるものであって、本件ではキノロン系経口抗菌薬が投与されていたところ、ピペラシリン／タゾバクタムがキノロン系経口抗菌薬よりも有効であるとして、ピペラシリン／タゾバクタムを推奨するものとは認められないとして、同ガイドラインをもとに医師の抗菌薬の選択が不適切であったとはいえないなどとした。本判決でも、原判決の判断に加え、予防抗菌薬の選択についても、2015年ガイドラインの他の記載等に鑑み、キノロン系経口抗菌薬の投与等が選択肢として認められることなどを付加してXの請求（控訴）に理由はないとした。

[7] 東京地判令5・3・2 LEX/DB25608806 は、Y診療所において、平成30年にXがEMR（内視鏡

下でポリープを絞扼し、高周波装置を用いて通電・切除するポリープ切除術）により大腸ポリープ切除を受け、切除箇所に穿孔が生じた事故につき、「医学的知見」の認定のために、令和元年6月発行大腸ESD／EMRガイドライン第2版（同ガイドラインは穿孔を代表的な偶発症と位置付ける）を参照し、Yの手技等に問題はなかったとした。

[8] 東京地判令5・4・7LEX/DB25609788は、平成18年から平成29年まで、Y福祉施設で介護老人福祉施設サービスを受けていたAに対し、Yが、安全保護義務に違反して褥瘡を発生・悪化させた債務不履行又は不法行為により、Aに精神的損害を与えたとしてAの相続人Xが損害賠償を請求した事案である。本判決は、「日本褥瘡学会の褥瘡予防・管理ガイドライン（第4版〔平成27年〕）」、「一般社団法人日本創傷・オストミー・失禁管理学会によるスキンケアガイドブックの褥瘡予防ケアの項」、「公益社団法人日本皮膚科学会の創傷・褥瘡・熱傷ガイドライン策定委員会による創傷・褥瘡・熱傷ガイドライン2018」の記述を参照して、褥瘡の予防、褥瘡が発生した場合の適切な管理に関する当時の医学的知見を認定し、これに照らして、Yが入居者褥瘡の予防・管理に関する入居施設としての注意義務に違反したとは認められないとした。

[9] 東京地判令5・3・23LEX/DB25608809は、Y病院に入院し、緩和治療としてモルヒネの投与を受けていたAが、看護師による呼吸器交換の後、令和元年5月に死亡したことについて、Aの相続人であるXらが、医師の説明義務違反、看護師の呼吸器交換における過失、YらのQOL保証義務違反があったと主張して損害賠償を請求した事件である。本判決は、「医学的知見」として、がん患者の呼吸器症状の緩和に関するガイドライン2016年版及びモルヒネの添付文書を参照し、同ガイドラインが、がん患者の呼吸困難に対して、モルヒネの全身投与を行うことを強く推奨しており、かかる治療法は標準的治療法と解されることや、モルヒネの全身投与に伴う有害事象は、医療従事者による十分な観察を行うことで許容されると考えられることを挙げていることから説明義務違反はないとし、呼吸器交換における過失もないとした。また、QOLの保証についても、モルヒネによる緩和ケアや一般病床への転床等の治療方針は、延命や気管挿管を希望しないというAの意思を尊重し、AのQOLに配慮したものと解され

るとして、Xの請求を棄却した。

### (4) マニュアルと注意義務（責任肯定例）

以上のガイドライン関連事案に対し、一般的な用語の意味においては、より具体的な手順が記されることが多い「マニュアル」が問題となった事例においては、今期、いずれも責任が認められている。

[10] 広島地判令5・4・25LEX/DB25595607は、Aが、平成27年10月にY1大学病院で右大腿骨人工骨頭挿入術を実施して抗菌薬の投与を受け、その後リハビリ目的でY2整形外科に転院し、同年11月に、偽膜性大腸炎を原因として死亡したため、Aの相続人であるXらがYらに抗菌薬の投与等に関する過失があったとして、損害賠償を請求した事件である。本判決は、Y1大学病院関係については医師・薬剤師らの過失を否定したが、Y2整形外科関係については、厚生労働省の「重篤副作用疾患別対応マニュアル　偽膜性大腸炎」を参照して、「医師には、一般的に、前医で抗菌薬の投与を受けた転院患者について、転院当初は見られなかった下痢等の症状が出現した場合、偽膜性大腸炎の発症を疑い、速やかに、便培養検査（CDトキシン検査）を実施し、バンコマイシンの経口投与の準備をする注意義務があるというべき」として、これを「医療水準」とし、11月9日午後4時頃時点の注意義務違反を認めた。そして、バンコマイシンの偽膜性大腸炎に対する有効率が90%以上であることなども踏まえて死亡との間の因果関係をも認め、死亡慰謝料2500万円を含む損害から、医薬品副作用被害救済制度による給付分（Y1大学病院でのダラシン・ミノマイシンの投与による有害事象は、適正使用による副作用として救済給付が認められた）を控除した2200万円余の損害賠償を認めた。

[11] 京都地判令5・4・26LEX/DB25595426も、病院内のマニュアルが責任判断において大きな役割を果たした事例である。本件では、Y病院の精神科に医療保護入院中であったAが、トイレに行くと言ったため医師がトイレ付近まで同伴したが、トイレ内まで付き添うことなく待機していたところ、Aがトイレの窓から無断離院し、その後自殺したため、Aの相続人であるXらが、医師らに無断離院防止のための付添義務違反等があったとして損害賠償を請求した。本判決は、本件事故当日の状況を総合考慮すると、本件事故当時、Aには衝動的な自傷・自殺

のリスクが相応にあるとともに無断離院等の危険行動に及ぶ具体的な危険性があり、これを予見することが可能であったとし、また、Y病院の「無断離院時対応マニュアル」においても、患者の出棟に付き添うスタッフは患者の側から離れないようにしなければならないとされていたことを踏まえて、医師には付添義務違反があったとし、自殺との因果関係も認めた。但し、Y病院でも、治療方針につき今後決定していく予定で病名等の診断は未了の段階であったことや、A自身早く退院するために医療関係者らに意図的に嘘をついていたことなどを踏まえ、過失相殺の法理を類推適用し、全損害額（4500万円弱）の5割の限度で損害賠償を認めた。

一方、[12] 神戸地判令5・8・4LEX/DB25596041 は、病棟マニュアルにのみ従い、患者を診ていなかったという事案につき、病院の責任が認められた事例である。本件では、悪性症候群と考えられる所見がみられたためにY病院に入院したAが、入院中に死亡したため、Aの相続人（母）であるXが、Y病院スタッフに、入院中の呼吸管理を適切に行うべき注意義務の違反等の過失があったなどとして損害賠償を請求した。本判決は、Y病院の看護師らは、病棟のマニュアルに従って患者の状態を観察するとともに、初期設定のままの生体モニターによる監視を行っていたが、当日の看護に当たって、看護師らが注意していた事項は、血栓を生じさせないとの観点からの下肢の状態、内服の可否及び体温のみであって、呼吸状態については、息苦しそうではないかに注意を払うという程度のものに止まっており、Aの全身状態を厳格に観察、管理するという意識を欠くものであったとされた。そして、XからAの呼吸状態について指摘された際に、患者の呼吸数、SpO2値を測定して呼吸状態を確認すべきであったにもかかわらず、ギャッチアップ後に胸郭挙上を確認したのみで、異常がないものと速断し、作業を継続したとして、2800万円余の損害賠償を認めた。

### （5） 添付文書と注意義務

[13] 東京地判令5・9・29判タ1514号185頁は、心房細動のためYクリニックに通院して継続的に抗凝固薬であるワーファリンを服用していたAが、心原性脳梗塞を発症し、その後死亡したため、Yクリニックの医師らに過失があったとして、Aの相続人であるXらが損害賠償を請求した事件である。本判決は、ワーファリンの添付文書を踏まえ、医師は、ワーファリンの服用を中止する旨の指示をしたのであるから、その5日後頃までには、患者に対し血液凝固能検査を実施し、PT－INRの値が治療域の下限を下回る場合には、可及的速やかにイグザレルトを処方する注意義務を負っていたにもかかわらずこれを怠ったとして、その過失を認め、損害賠償（死亡慰謝料2500万円を含む3500万円弱）を認めた。

[14] 岡山地判令5・4・26LEX/DB25595306 は、患者への説明の内容と添付文書の関係、その説明主体が誰であるかを示した判決として注目される。本件では、Y病院のリウマチ・膠原病科に通院して、関節リウマチの治療を受けていたAが右下葉非小細胞肺癌を発症して死亡したことについて、Aの相続人であるXらが、1) Y病院の担当医が、ゼルヤンツの服用により悪性腫瘍が発現する可能性があることなどについて説明する義務を怠った、2) 製薬会社は、「ゼルヤンツの服用を開始される患者さんへ」と題する小冊子を作成しているところ、その内容は極めて不十分であるほか、担当医に本件小冊子を渡しただけで患者に対する適切な説明になっていないことを注意喚起することを怠った過失があると主張して損害賠償を請求した。本判決は、「薬剤の処方にあたり、患者に必要な説明を行う義務を負うのは、これを処方する医師であり、製薬会社が医師に提供する情報の内容や程度が、医師の患者に対する説明の内容や程度に影響することがあるとしても、そのことをもって、製薬会社に医師の患者に対する説明義務の履行を補助すべき義務があるということはできない」とし（但し判決内ではこの部分は傍論である）、また、本件小冊子の内容は添付文書の記載に沿うものであって、Y病院の医師の説明は、本件小冊子を示しながら、口頭でのその内容を補足して行われていたこと、製薬会社も、本件病院でゼルヤンツの処方を開始するにあたり、説明会を開き、医師らに対し、ゼルヤンツの効能効果、副作用の内容を説明していることが認められるとしていずれの過失も否定し、請求を棄却した。

### （6） その他医療水準や注意義務違反が問題となった事例

[15] 新潟地判令5・4・14LEX/DB25595294 は、いわゆる「対策型検診」の水準が問題とされた事例である。Aは、Y1市の委託事業としてY2医学協

会が実施する胃がん検診を平成23年、平成24年及び平成25年に受診し、Y1市から、それぞれ「異常所見なし」、「異常なし」、「精密検査は不要」との結果を告知されていたが、平成26年7月に胃がんで死亡した。このため、Aの相続人であるXらが、検診時にレントゲン画像の読影をした医師らに、胃がんを疑うべき所見を見落とした過失があり、これにより、胃がんの発見が遅れたためにAが死亡したとして、損害賠償を請求した。これに対し、本判決は、「対策型検診においては、偽陽性の判定による受診者に対する心理的負担及び精密検査という侵襲の高い検査を課すことになる不利益を最小にすることが重視されること、本件各検診のように市町村が行う集団検診には、公的資金により行うことによる経済的制約や、短時間に多数の受診者のレントゲン画像を読影する必要があるといった時間的制約及び技術的制約があることからすれば、本件各検診において読影を行った医師が受診者に対して精密検査を受けることを勧奨すべき注意義務の有無は、集団検診として行われる読影条件の下において、一般的な臨床医の水準をもって胃がんを疑わせる所見が存在すると認められるか否かという点から判断するのが相当である。」とし、「集団検診における読影条件に内在する制約を前提」として、医師の過失を否定した。

[16] 山形地判令5・5・30LEX/DB25595571は、Y病院で膵臓の腫瘍を摘出する手術を受けた患者Xが、2日後に低酸素脳症となり四肢麻痺や両眼失明等の後遺障害が残ったためYに対し損害賠償を請求した事件において、Xの従前の呼吸機能の程度や、Xに投与された薬剤の副作用、本件手術後のXの症状からみて、医療水準上、Yがパルスオキシメータの装着によるSpO2の常時測定や、1時間に1回の見回りの際の呼吸数測定やSpO2の測定による呼吸状態の監視が要求されるとは認められないとして、Xの請求を棄却した。

[17] 東京地判令5・3・23LEX/DB25608930は、Y病院で亜全胃温存膵頭十二指腸切除術を受けたAが退院後死亡したことについて、Aの相続人であるXらが、Y病院の医師が造影CT検査等を行わずにドレーンを抜去し、造影CT検査等を行って腹腔内膿瘍や仮性動脈瘤等が消滅したことを確認せずに本件患者を退院させたなどとして、損害賠償を請求した事件である。本判決は、鑑定を踏まえ、Aの状況からしてY病院の医師が膵液漏等を疑って造影CT

検査等をしなければならない状況だったとは言えず、Y病院の医師が退院に当たって造影CT検査等を実施しなかったことが臨床医学の実践における医療水準を下回る行為であったと認めることはできないとして、Xらの請求を棄却した。

[18] 松山地判令5・5・16LEX/DB25595589は、Y会社の運営する介護施設の利用者Aが転倒して右大腿骨頸部骨折の傷害を負い、その後、全身機能が低下するなどした結果、死亡したとして、Aの相続人であるXが損害賠償を請求した事件である。本判決は、Yの職員が適切な介助体勢をとっていれば、同人の転倒を回避することができたとし、同事故と死亡との間には因果関係が認められるとして、既往症としての慢性心不全を考慮して、損害額の2割を減額し、2000万円余の損害賠償を認めた。本件では、Y作成のケース記録で、Aの転倒リスクが高いことが記されており、これをもとに介助体制をとるべきであったとの義務を認めている。

[19] 東京地判令5・3・23LEX/DB25608929は、XがY病院で頚椎症性脊髄症に対する椎弓形成を受けた後に視力及び視野機能が低下したことにつき、Y病院の担当医らが術後合併症予防措置をとらなかったとして、Xからの損害賠償が認められた事案である。本件では予防措置義務があることについては争いがなく、予防措置を講じていたか、及び因果関係が争いとなり、証拠と鑑定により予防措置が講じられていなかったこと、及びその義務違反と視力低下との間の因果関係が認められ、1億を超える損害賠償(うち後遺障害逸失利益が7500万円余)が認められた。

[20] 東京地判令5・4・27LEX/DB25609840は、交通事故でY大学附属病院に緊急搬送されたA(後に死亡)が入院中に遷延性意識障害を負った事案につき、Aの相続人がY病院の医師及び看護師には血液ガス、呼吸数などをチェックすべき注意義務違反があったとして損害賠償を請求した事案であるが、いずれの注意義務違反もないとして、請求を棄却した。

[21] 東京地判令5・4・21LEX/DB25609850は、Y病院で全身麻酔下の手術を受けたXが、医療用テープの貼付とこれを剥がしたことによって口元の皮膚に表皮剥離が生じ、傷跡が残ったとしてYに治療費及び慰謝料として25万円の損害賠償を請求した事案であるが、医師に義務違反があったとは認め

られないとして請求を棄却した。

[22] 宮崎地判令5・10・6LEX/DB25596412 は、Y病院において右手血管腫の切除術後に発現した右手指の拘縮に対する授動術等を受けたX1が、主治医による誤診や療養指導等の不措置、説明義務違反等があったなどとし、また、X1と結婚予定であったX2が、結婚又は起業等ができず、また、病院職員から侮辱されたなどとして、Yに対し損害賠償を請求した事案である。本判決は、Y病院の医師がX1の海綿状血管腫をガングリオンと鑑別したことについて注意義務違反が認められ、また、授動術について（Xの重視する点）の説明がなされていないことの不備があったとしたが、その他の医療措置については、義務違反はなく、また、X2の損害と医師らの行為には因果関係がないとして、X1についてのみ170万円の損害賠償を認めた。本件は、当事者間の大きな感情的対立が窺える事案であり、このため、Xらの主張も多岐にわたっているが、そのような中で、病院側にどのような義務が認められるかについて参考になる。

### 3　インプラント・美容整形

同じく医療事故において医師の過失が問題となったものであるが、上記2よりも個別性が強いものとして、インプラント及び美容整形の事例がある。これらはいずれも債務不履行責任の追及がなされており、[25][26]では、契約や債務の内容自体も個別事情に基づき争われている。

[23] 大津地判令4・1・14 判時2548号38頁は、XがY歯科医院においてインプラント手術を受けたことにより左側三叉神経を損傷した事故につき、Y医院の歯科医師が、かつて撮影していたレントゲン写真を見た以上に、下歯槽管の位置を正確に把握しようと努めることをしなかったなど、代表的な偶発症を発生させないようにするための適切な検討を尽くしたと認められないとして、Xの損害賠償請求を一部（290万円の慰謝料）認めた。

[24] 東京地判令5・4・20LEX/DB25596911 は、Yの開設する歯科医院でインプラント手術を受けたXが、手術により下歯槽神経を損傷し、後遺障害が生じたと主張して、Yに対し損害賠償を請求した事件である。本件でYは、注意義務違反があったことは積極的に争わず、下歯槽神経の損傷の程度について争い、また、XがY医院に一方的に通院しなくなったことにより損害が生じたとして、反訴を提起した。本判決は、本件手術による下歯槽神経の損傷によって生じたのは下唇のしびれのみでその後改善したとしてXの請求を20万円の通院慰謝料（＋弁護士費用）の範囲で認め、一方、Yからの反訴については、歯科技工士に依頼済みの本件上部構造の製作費用9万円余の損害賠償を認めた。

[25] 札幌地判令5・9・20LEX/DB25596119 は、Yクリニックにおいてインプラント治療を受けたXが、Yに対し、スクリュー固定式歯冠等によるインプラント治療を完了すべき契約上の義務があったのにこれを果たさなかったなど、複数の義務違反を主張して損害賠償を請求するとともに、請求の趣旨2項として、将来、専門医が残置不良インプラント体2本の撤去手術を行えた場合、撤去後に後遺症治療費及び神経麻痺発症などが発生した際の後遺症治療費及び後遺障害慰謝料（金額未確定）の支払を求めた事案である。本判決は、スクリュー固定式歯冠等を使用することが本件診療契約の内容となっていたとは認められないうえ、Xは、自らの意思で転院することとして、Yクリニックでのインプラント治療の継続を断っているのであるから、インプラント治療を完了していないからといって、本件診療契約に債務不履行があるとはいえないとして請求を棄却し、また、請求の趣旨2項における請求については、その金額は確定されていないから不適法であるとして、これを却下した。

[26] 東京地判令5・4・17LEX/DB25609839 は、Yの開設する美容クリニックでフェイスリフト手術を受けたXが、事前の説明とは異なる部分に切開線が残ったこと及び同手術後に耳たぶの変形が生じたことにつき、Yには、債務不履行及び説明義務違反があるとして、Yに対し、手術料金や慰謝料の損害賠償請求を請求した事件である。本判決は、Yが本件ホームページやブログで必ず耳珠部の頂点を通る線で切開するとの説明をしたとは認められないからXの主張は前提を欠くとし、また、Yのホームページ等で、「経験の浅い医師だと下に伸びた耳たぶに変形することが起こり得る」旨の記載があったことや、Yクリニックでフェイスリフト手術を行った患者について、「もちろん耳たぶの変形はありません」などとする記載がされていることから、ホームページ等を閲覧した者の中には、Yクリニックで手術を

行った場合には耳たぶの変形は起きないと受け止める者が生じる可能性は否定できないとしつつも、これらの記載があることのみをもって、Yクリニックでは耳たぶ変形のリスクが全くないと説明をしたとまで認めることはできないとし、また、そもそも耳たぶの変形が代表的な合併症ではないことに照らし、質問された場合等を除き、手術により耳たぶの変形が生じ得ることにつき、積極的に説明すべき法的義務があるとまでは認められないとして請求を棄却した。本件では、Xが、Yのホームページやブログの内容を重視して、それにより債務の内容が定まる旨の主張をしている点は、結果的に排斥されているものの、注意を要しよう。

## 4 因果関係（とりわけ「相当程度の可能性」）について

[27] 東京地判令5・3・16LEX/DB25608697は、新型コロナウイルス感染症のPCR検査の誤報告により、患者A（当時88歳）が入院治療を受けることができず新型コロナウイルス感染症により死亡したとの主張がされた事案である。本件で、Yクリニックの職員は、令和3年1月22日、YクリニックでPCR検査を受けたAに対し、23日、陽性であるとの検査の受託会社からの報告を受けたにもかかわらず、患者と同居していたXに、誤って陰性である旨、電話での報告をした。25日、Yの職員は誤りに気付き、Xに対して結果が陽性であった旨報告した。しかし、同日午後9時ごろAは急変し、病院への搬送がなされたが、午後10時過ぎに死亡した。このため、Aの相続人であるXが、誤報告がなければ直ちに入院調整が行われて入院することになり、入院していれば適切な治療を受けてAが死亡しなかった高度の蓋然性があるとして、損害賠償を請求した。本判決は、Aが無症状であったことを認定し、本件当時、新型コロナウイルス感染症の感染者の増加により、医療提供体制が逼迫により、症状のある透析患者ですら入院という原則が保つことができていないほどであったことから、仮に、Yが1月23日時点で陽性であった旨を報告し、保健所に対してその旨の届出をしていたとしても、無症状であったAについて入院調整等をしていたとは認められないとし、よって、誤報告がなければAが死亡しなかった高度の蓋然性も相当程度の可能性も認められないと

して、Xの請求を棄却した。パンデミック時における医療提供体制の逼迫を理由に真正面から因果関係を否定した点は極めて注目されるが、前提として、本件ではAにおける新型コロナウイルス感染症の極めて急速な症状の進行があったことは留意されるべきであろう。

[28] 水戸地判令4・9・16判時2569号47頁
本件は、医療事故ではないが、入国管理施設に収容中であったカメルーン国籍のAが容体急変後、死亡した事案において国家賠償責任が認められた事例である。Aは、日本からの退去を命じられ、平成25年10月以降東日本入管センターに収容されていた者であるが、糖尿病に罹患しており、入管センター診療室の医師による診療や、カメルーンから送付された薬の服用が行われていた。しかし、平成26年3月15日より両足がひどく痛むなどの申し出があり、頓服薬の服用等がなされ、3月27日にはさらに症状が悪化して休養室に移され、監視カメラによる24時間体制の動静監視が始められた。3月29日、午後6時13分から34分に食事をした後、午後7時4分に職員らがAを車いすからベッドの上に移動させて寝かせようとした際、Aは大声をあげ、その後も大声やうめき声を上げ続けたが、職員らはAの救急搬送の措置等はとらず消灯した。翌朝午前6時56分、職員らはAが心肺停止状態にあることを確認したため、救急車を要請し、蘇生措置がなされたが、午前8時7分、搬送先の病院で死亡が確認された。本判決は、Aが、「自由に入国者収容所外の医師による診療等を受けることができない立場にあった……反面として……入管センターの職員らには、その職務を行うについて、被収容者であったAに対し、その生命・身体の安全や健康を保持するために社会一般の医療水準に照らして適切な医療上の措置を取るべき注意義務があった」とし、そのうえで、職員らには、「遅くとも3月29日午後7時35分頃の時点で、救急搬送を要請し、医療機関に救急搬送するべき注意義務があったのに、これを怠り、その翌日である同月30日午前7時04分にAが心肺停止の状態で発見されるまで救急搬送を要請しなかった過失があった」とした。しかし、死因として、薬の副作用等による代謝性疾患により死亡した可能性も相応に認められるとして、冠攣縮性狭心症により死亡したとは断言できないとし、さらに、救急搬送がなされ、直ちに治療を開始できていたとしても、「A

を救命することができたかは相当に不確実であったというほかない」とし、死亡との因果関係を否定した。しかし、「遅くとも同日午後7時35分頃に救急搬送の要請が開始されて病院に搬送されていれば、その症状の原因や病気を特定するための検査を行うことと並行して、その症状に対する応急処置を行うことは可能であったことが認められ、Aは、その死亡した時点において、なお生存していた相当程度の可能性があったものと推認される。」として、慰謝料（150万円）のみを認めた。本件は死因も特定できていないので、相当程度の可能性が証明されたか自体、疑問がないわけではないが、実質的には、本件対応の違法性が高いことや、より早くAを病院等に転送しておくタイミングもあり得る（但し、入管への収容であるため、通常の患者の入院等とは大きく異なる判断がなされていると思われる）ことも考慮に入れられているように思われる。

## 5 その他

### (1) ビタミンB1欠乏症

[29] さいたま地判令5・6・16判時2571号89頁は、警察署での被留置者への食事のビタミンB1が十分に含まれていなかったために健康被害が生じた事案である。本件で、Xは、犯罪容疑により平成29年11月から平成30年9月まで警察署に勾留されていたが、平成30年3月より弁当業者が変わってビタミンB1の欠乏した食事が継続的に提供されることとなり、脚気、ビタミンB1欠乏症に罹患して、一時期は入院して全身管理を受けるにまで至ったため、XがY（埼玉県）に対し、国家賠償を求めた事件である。本判決は、3か月ごとに行われている被留置者の食事のカロリー検査のうち、業者が変わった後初めて行われた平成30年6月の検査に、カロリーだけでなくビタミンB1の具体的な数値も含まれていたことから、それを検討すれば必要な量のビタミンB1が含まれていなかったことを容易に認識することができたとし、慰謝料50万円と弁護士費用の範囲でXの請求を認めた。ビタミンB1欠乏症については、一部では「ほぼ完全に終焉した」と認識されることもあるとされ（遠藤昌夫・医事法17号140頁。但し、医事判例研究会における臨床医のメンバーからは、そうではないとの指摘があり、分野や地域等によって認識が異なるようである）、いずれにせ

よ、初歩的でありながら、見落とすこともある症例についての注意喚起となる事例といえよう。

### (2) 性同一性障害特例法による性別変更者への認知請求

[30] 東京高判令4・8・19判時2560号51頁は、Xら（長女及び二女）が、性同一性障害者の性別の取扱いの特例に関する法律（特例法）に基づいて女性への性別変更の審判を受けたYを「父」として提起した認知請求訴訟である。いずれも凍結保存精子を利用した生殖補助医療により懐胎したが、長女は性別変更の審判前に、二女は審判後にそれぞれ出生していたというものであり、Yは認知届出をしたが不受理とされていた。原審は、「民法779条が規定する「父」は男性を、「母」は女性を、それぞれ前提としているものと解される」とし、長女と二女いずれの請求も棄却したのに対し、本判決は、「特例法4条2項は、性別の取扱いの変更の審判が確定したとしても、審判前に生じた「身分関係」に影響を及ぼすものではない旨を規定していることから、成人した子がいる「父」については、法律上の性別が男性から女性に変わった後も、男性であった「父」との父子関係が法律上継続することを認めているものと解される」とし、特例法が制定されたことによって、民法が認知請求の相手方が生物学的な父であるとする解釈が変更されたものであるとは解されないとし、長女については、出生時から有する認知請求権を行使し得る法的地位を、Yが本件審判を受けたことによって失うものとすることは相当ではないとして、認知請求を認めた。しかし、二女についてはYの法律上の性別が「女性」に変更されていたもので、民法787条の「父」であるとは認められないから、出生時において、同条に基づいてYに対する認知請求権を行使し得る法的地位を取得したものであるとは認められないとし、これを棄却した。

### (3) 医科大学入試における不利益な取り扱い（東京医科大学事件）

[31] 東京地判令4・9・9判タ1513号220頁は、Yの設置する私立医科大学の入学試験（一般入試及びセンター利用入試）を受験した女性であるXらが、同試験の採点に際して、性別及び高校卒業時からの経過年数等を理由として不利益な取扱いを受けたことにより損害を被ったと主張して、Yに対し、不法

行為に基づき、入学検定料、交通費、宿泊費、納付金差額、逸失利益、予備校費用、慰謝料及び弁護士費用相当額の損害賠償を請求した事件である。本判決は、入試における本件属性調整（女性を一律に不利益に扱うもの）は、性別による不合理な差別的取扱いを禁止した教育基本法4条1項及び憲法14条1項の趣旨に反するもので、「公正かつ妥当な方法」（大学設置基準2条の2）による入学者の選抜とはいえず、属性調整を行ったことについて、合理的な理由があったものと認めるに足りる事情も見当たらないとし、「属性調整を行っていることを公表することなく、Xらに……受験させたYの行為は、Xらが自らの意思によって受験校を選択する自由を侵害する」として、Xらの請求を一部認容した（受験慰謝料は全員一律20万円、不合格慰謝料4名〔100万円1名、150万円3名〕、各自の事情・証拠に応じて入学検定料、交通費、宿泊費を認める。納付金差額、逸失利益、予備校費用はすべて認めず）。なお、控訴審判決（東京高判令5・5・30 LEX/DB25572936）は、1審の認めた（受験者すべてに対する）「受験校を選択する自由」の侵害に加え、「本件属性調整がなければ合格と判定されていたにもかかわらず、本件属性調整の結果、不合格と判定された者との関係では、性別による不合理な差別的な取扱いとして不法行為に該当する」とし、損害額を一部変更して、不合格慰謝料を増額し、1名については予備校費用も認めた。

### (4) （旧）薬事法（広告規制）

[32] 最一決令3・6・28刑集75巻7号666頁は、被告A会社の従業員で、医薬品の臨床試験における臨床データ解析等の業務を担当していた被告人Bが、虚偽のデータを臨床研究の研究者らに提供し、同人らをして学術雑誌に論文を投稿させて雑誌社のホームページに同論文を掲載させて、不特定多数の者が閲覧可能な状態にし、もって医薬品の効能又は効果に関して、虚偽の記事を記述したとして、これらの行為が、薬事法（平成25年法律第84号による改正前のもの）66条1項（「何人も、医薬品、医薬部外品、化粧品又は医療機器の名称、製造方法、効能、効果又は性能に関して、明示的であると暗示的であるとを問わず、虚偽又は誇大な記事を広告し、記述

し、又は流布してはならない。」）に違反するとして、A及びBが起訴された事件である。第1審、原審は薬事法66条1項が規制するのは、顧客を誘引するための手段として同項所定の事項を広く世間に告げ知らせる行為であり、「記事の記述」も同手段としてされるものであることを要するとし、本件の行為は、一般の学術論文の学術雑誌への掲載と異なるところはなく、同手段としての性質を有しないから、同項の規制する「記事の記述」に当たらないとして、A及びBに対し、無罪を言い渡した。

検察官からの上告に対し、最高裁は上告趣意が、刑訴法405条の上告理由に当たらないとして上告を棄却したが、薬事法66条1項違反の成否について職権で判断し、①薬事法66条1項の規制する「記事を広告し、記述し、又は流布」する行為は、特定の医薬品等に関し、当該医薬品等の購入・処方等を促すための手段として、不特定又は多数の者に対し、同項所定の事項を告げ知らせる行為をいう、②薬事法66条1項の規制する特定の医薬品等の購入・処方等を促すための手段としてされた告知といえるか否かは、当該告知の内容、性質、態様等に照らし、客観的に判断するのが相当であるとし、③本件で被告らが学術論文を、専門的学術雑誌に投稿し掲載させたなどの行為は、本件事実関係の下では、特定の医薬品の購入・処方等を促すための手段としてされた告知とはいえず、薬事法66条1項の規制する行為に当たらないとした。本件は、刑事事件ではあるが、2017年に成立した臨床研究法の制定のきっかけともなった、「ディオバン事件」についての最高裁決定であり、医事判例上重要な決定である。

（やまぐち・なりあき）

# 労働裁判例の動向

今津幸子　弁護士

労働判例研究会

## はじめに——今期の労働裁判例の概観

今期の裁判例の動向の対象となるのは、民集 76 巻 7 号〜 77 巻 4 号、判時 2554 号〜 2572 号、判タ 1508 号〜 1513 号、労判 1286 号〜 1296 号、労経速 2516 号〜 2532 号に掲載された裁判例である。

これらの裁判例の中で、最高裁判所判決・決定は、経済産業省事件・最三判令 5・7・11 労経速 2525 号 3 頁、宮城県教育委員会事件・最三判令 5・6・27 労経速 2528 号 3 頁、クレディ・スイス証券事件・最一決令 5・8・3 労経速 2525 号 24 頁、名古屋自動車学校事件・最一判令 5・7・20 労経速 2529 号 3 頁の 4 件であった（各判決等の内容については後述）。

なお、検索機能を果たすべく、上記掲載誌に掲載された裁判例はすべて網羅したつもりである。また、従前の例にならって今期も、荒木尚志『労働法（第 5 版）』（有斐閣、2022 年）の目次の項目を分類基準として用い、これに従って裁判例を分類、概観することとする。

## 1　労働法の形成と展開

## 2　労働関係の特色・労働法の体系・労働条件規制システム

いずれも該当裁判例なし。

## 3　個別的労働関係法総論

[1] 違約金請求事件（本訴）・賃金等請求事件（反訴）・大阪地判令 5・4・21 判タ 1514 号 176 頁は、専属マネジメント契約をするアイドルの使用従属性を肯定して労働基準法上の労働者性を認めた。[2] Allegis Group Japan（リンクスタッフ元従業員）事件・東京地判令 4・12・22 労判 1293 号 90 頁は、医師紹介事業を行う原告会社が、人材紹介事業を行う被告会社による業務妨害等行為を訴えた事案において、被告会社の従業員（リクルーター）による事務所立入り・業務引継ぎ拒絶の指示による業務妨害を認めなかった。[3] 未払賃金等請求控訴事件・東京高判令 4・1・26 判時 2560 号 78 頁は、転籍出向を前提とする退職の意思表示を心理留保により無効とした原審判決を維持した。[4] エヌケイアイほか事件・大阪高判令 5・1・19 労判 1289 号 10 頁は、法人格否認の法理を適用して会社らの未払賃金等の支払責任を認めた原審判決を維持すると共に、原審判決を一部変更して役員らの賠償責任等を一部認めた。

## 4　労働者の人権保障（労働憲章）

[5] 大成建設事件・東京地判令 4・4・20 労判 1293 号 73 頁は、海外での社外研修費用に係る消費貸借契約について、労基法 16 条に違反しないとした上で、当該消費貸借契約についての相殺合意は労基法 24 条に反しないとした。[6] 国・津労基署長（中部電力）事件・名古屋高判令 5・4・25 労経速 2523 号 3 頁は、新入社員の精神障害の発病及び自殺は、当該新入社員を難易度の高い複数の業務に従事させたにもかかわらず、上司のサポート不足があったり、暴言があったりしたことなどにより生じたものであり業務起因性が認められるとし、これを認めなかった原審判決を取り消した。

アカデミックハラスメントに関する事例として、[7] 国立大学法人 A 大学事件・旭川地判令 5・2・17

労経速 2518 号 40 頁は、大学教授らの厳しい叱責などが違法なハラスメント行為にあたらないとした。また、[8] 学校法人Ａ事件・東京地判令5・2・22 労経速 2530 号 22 頁は、大学の准教授のアカデミックハラスメント及びセクシュアルハラスメントを認め、停職2ヶ月の懲戒処分を有効とした。

## 5 雇用平等、ライフ・ワーク・バランス法制

いわゆる LGBTQ に関する事例として、[9] 経済産業省事件・最三判令5・7・11 労経速 2525 号 3 頁は、性同一性障害者（Mtf）との診断をされ、健康上の理由で性別適合手術を受けていない一般職の国家公務員に対する、その執務する階とその上下の階の女性トイレ使用を認めない旨の人事院の判定を違法とした。当該最高裁判決は、あくまでも事例判断であることに留意すべきであるが、「性同一性障がい者の不利益」と「他の職員に対する配慮」の利益衡量を行うとの判断基準は実務上も参考になるものと思われる。

マタニティハラスメント・ケアハラスメントに関する事例として、[10] 学校法人横浜山手中華学園事件・横浜地判令5・1・17 労判 1288 号 62 頁は、育児休業延長申請後になされた普通解雇が権利濫用に該当し、均等法9条4項に違反するとして無効とした。[11] 医療法人社団Ａ事件・東京地判令5・3・15 労経速 2518 号 7 頁は、妊娠した歯科医師の診療予約をしにくくした行為を不法行為に該当するとした。[12] アメリカン・エキスプレス・インターナショナル事件・東京高判令5・4・27 労経速 2522 号 3 頁は、クレジットカードを発行する会社の個人営業部のセールスチームのチームリーダーとして 37 名の部下を率いていた女性労働者が、育児休業等の取得を理由にチームリーダーの役職を解かれ、部下のいないアカウントセールス部門のマネージャーを任命される等の措置を受けたことが均等法9条3項及び育介法 10 条に違反するとし、これらに違反しないとした原審判決を変更した。

[13] 早稲田大学事件・東京地判令5・1・25 労経速 2524 号 3 頁は、私傷病により休職していた原告（大学教授）の休職期間満了による解任を有効としたが、裁判所は、復職の可否の判断にあたり、被告大学が原告に対して障害者雇用促進法に定める合理的配慮を提供しなかったことは不当である旨の原告の主張に関し、同法 36 条の3ただし書について、使用者に対して、労働契約の内容を逸脱する過度な負担を伴うまでの配慮の提供義務を課すことは相当でなく、復職の可否判断における使用者の合理的配慮の提供義務には一定の限度があるとした。

## 6 賃金

### (1) 割増賃金

割増賃金の他の賃金との判別性に関する事例として、[14]JP ロジスティクス事件・大阪高判令5・7・20 労経速 2532 号 3 頁は、請負制賃金の計算において割増賃金を控除する賃金制度が判別性の要件を満たしており合理的であるとした原審判決を維持した。他方、[15] 国・渋谷労基署長（カスタマーズディライト）事件・東京地判令5・1・26 労経速 2524 号 19 頁は、労働契約書などにおいて、割増賃金の対価と明記された職務手当につき、基本給の時給額が最低賃金に近いほど低額であること及び職務手当が1ヶ月当たり 150 時間前後の法定時間外労働を前提とするものとなっていることから、職務手当には通常の労働時間の対価も含まれており、割増賃金としての判別性を欠くとした。

割増賃金の算定のベースに関する事例として、[16] 社会福祉法人Ａ事件・千葉地判令5・6・9 労経速 2527 号 3 頁は、夜勤時間帯（午後9時〜午前6時、うち休憩1時間）における割増賃金算定の基礎単価を、夜勤時間帯の労働の対価として合意された夜勤手当（1日につき 6000 円、1時間あたり 750 円）とするとした。

管理監督者性に関する事例として、[17] 国・広島中央労基署長（アイグランホールディングス）事件・東京地判令4・4・13 労判 1289 号 52 頁は、管理本部経理部長が労基法 41 条2号の管理監督者に該当することを前提になされた休業補償給付支給決定について、同部長は管理監督者には該当せず、給付基礎日額は誤りがあるとして当該支給決定が取り消された。また、[18] そらふね元代表取締役事件・名古屋高金沢支判令5・2・22 労判 1294 号 39 頁は、主任ケアマネージャーに対する残業代の未払について、主任ケアマネージャーの管理監督者性を否定した原審判決を維持するとともに、代表取締役は当該マネージャーに対して残業代を支払わないですむ方法として管理監督者という制度を利用したとして、

当該マネージャーへの残業代の未払は当該代表取締役の任務懈怠かつ重過失があるとして、原審判決の判断を変更し、当該代表取締役をに対して会社法429条1項に基づく損害賠償責任を認めた。

その他、割増賃金に関連する事例として、[19] 對馬事件・東京地判令5・8・4労経速2530号20頁は、未払賃金等請求訴訟において労働者の出退勤時刻などを手書きで記載した文書につき、雇用主はタイムカードを導入しておらず、労働時間を管理する文書はこれしかないから雇用主はこれを所持しているはずであるとして、雇用主に対して当該文書につき提出命令を発した（民訴法223条）。

### (2) 賃金引下げ

[20]Ciel Bleu ほか事件・東京地判令4・4・22労判1286号26頁は、減給措置の実施当時、被告会社には就業規則などはなく、被告会社が原告の賃金を減額するには原告の合意が必要であるが、原告が減給措置に関して合意していたとは認められず、形式的に合意があったとしても、原告の自由な意思に基づいてされたと認めるに足りる合理的な理由が客観的に存在するとはいえないとして、被告会社の原告に対する減給措置を無効とした。

[21] 社会福祉法人Ｂ事件・山口地判令5・5・24労経速2522号15頁は、被告法人が正規職員に対してのみ支給していた扶養手当を廃止し、新たに子供手当等を創設し、また正規職員に対してのみ支給していた住宅手当のうち、住居を所有している場合には支給される手当を廃止するとともに、住居を賃借している場合には住居手当の支給額を一部削減して支給し、支給対象を非正規社員にも拡大することとした措置を有効とし、当該措置により支給額が減少した正規職員の差額の支払請求等を棄却した。裁判所は、パートタイム・有期雇用労働法の改正に伴って諸手当を見直すにあたり、扶養手当及び住宅手当を正規職員のみに支給し続けることが不合理な相違に該当しないかを検討することは法改正の趣旨に沿ったものであり、経営状況などを取り巻く事情も踏まえれば、今後の長期的な経営の観点から、当該見直し時点での人件費増加抑制に配慮しつつ、持続可能な範囲で諸手当の見直しを検討する必要性もあったとして、当該見直しの合理性を認めた。パートタイム・有期雇用労働者と正規職員の待遇差の解消を、パートタイム・有期雇用労働者の待遇を引き上げることによるのではなく、正規職員の待遇を引き下げることによって実現することを認めた点において、注目すべき裁判例である。

### (3) 賞与

[22] 医療法人佐藤循環器科内科事件・松山地判令4・11・2労判1294号53頁は、夏季賞与の考課対象期間満了日を経過して勤務していた労働者が、査定前かつ支給日在籍要件の定めがある中で賞与支給日前に死亡退職となった場合の賞与支払請求権につき、賞与の支給額の確定を認めた上で、支給日在籍要件の適用を民法90条により排除して、同請求権の発生を認めた。賞与の支給日在籍要件は一般的には合理性があり有効とされているが、常に有効とされるものではなく、査定がない場合でも賞与額が確定できるような場合に、労働者が死亡により退職したときは、支給日在籍要件の適用が否定され得る場合があることに留意すべきである。

### (4) 退職金

[23] 宮城県教育委員会事件・最三判令5・6・27労経速2528号3頁は、飲酒運転による物損事故により懲戒免職となった公立高校教諭への退職手当全部支給制限処分を有効であるとした（なお、同教諭は懲戒免職処分の有効性についても争っていたが、一審判決〔仙台地判令3・12・2〕、原審判決〔仙台高判令4・5・26〕がともにこれを有効と判断したため、最高裁では、退職手当全部支給制限処分のみが争われた。）。最高裁は、退職手当を給与の後払的な性格や生活保障的な性格を踏まえても、当該退職者の勤続の功を抹消し又は減殺するに足りる事情があったと評価することができる場合に退職手当支給制限処分をすることができるとした上で、かかる処分をするか否か、するとした場合にどの程度支給しないこととするかの判断は退職手当管理機関の裁量にゆだねられていると解すべきであるから、裁判所が退職手当支給制限処分の適否を審査するに当たっては、退職手当請求制限処分が退職手当管理機関の裁量権の行使としてされたことを前提とした上で、当該処分に係る判断が社会通念上著しく妥当を欠いて裁量権の範囲を逸脱し、又はこれを濫用したと認められる場合に違法であると判断すべきであるとして、本件においてはかかる裁量権の範囲を逸脱し、又はこれを濫用したものとはいえないとした。

[24] エスプリ事件・東京地判令4・12・2労経速

2520号30頁は、普通解雇された原告（なお、普通解雇については東京地判令3・12・8が有効と判断し、当該判決は確定している。）の退職金の支給額を本来の3分の1の額に減額したことを有効とした。裁判所は、退職金の賃金の後払い的性格に照らしても、原告の背信行為（①会社が給与を増額できるような経営状況ではないことを認識しつつ、経理上の不正をほのめかして会社に対して金銭〔給与の増額〕を要求、②長年にわたり高額な給与の支払を受けていた幹部職員でありながら、合理的な理由なく配転命令に強く抵抗し、業務命令に違反して経理業務の引継ぎを拒否して、会社の業務に支障を生じさせた）は、原告の会社における勤続の功を大きく減殺するもので、その減殺の程度を退職金の3分の2とした会社の判断は相当であるとした。

### 7　労働時間

労働時間性に関する事例として、[25] 三井住友トラスト・アセットマネジメント事件・東京高判令4・3・2労判1294号61頁は、スタッフ職の管理監督者該当性を否定した上で、所定始業時刻前の在社時間の労働時間性を否定した原審判決の判断を変更し、当該在社時間中の作業について被告会社の黙示的な容認の下業務として行っていたとして、労働時間性を肯定した。[26] 医療法人社団誠馨会事件・千葉地判令5・2・22労判1295号24頁は、オンコール当番医の病院外での待機時間の労働時間該当性を否定した。

その他、[27] 日本マクドナルド事件・名古屋高判令5・6・22労経速2531号27頁は、就業規則に記載がない店舗独自の勤務シフトを使って作成された勤務割は労基法32条の2の要件を充足しないとして、変形労働時間制の適用を無効とした原審判決を維持した。

### 8　年次有給休暇

いずれも時季変更権の行使の有効性が争われたものであるが、[28] 阪神電気鉄道株式会社事件・大阪高判令5・6・29労経速2528号22頁及び [29] JR東海（年休・大阪）事件・大阪地判令5・7・6労判1294号5頁は、年次有給休暇の申請に対する使用者の時季変更権行使を有効としたのに対して、

[30] 東海旅客鉄道事件・東京地判令5・3・27労経速2517号3頁は、年次有給休暇の時季変更権の行使が恒常的な要員不足状態でなされたことから、使用者の時季変更権の行使につき債務不履行責任を認めた。

[29] 事件と [30] 事件は同一雇用主でありほぼ同様の背景を有しながら時季変更権の行使につき結論を異にしているが、その理由として、[29] 事件では認められなかった「恒常的な要員不足の状態」が [30] 事件では認められていることが挙げられる。これは、使用者による時季変更権の行使は、労働者に他の時季に年休を与える可能性があることを前提とすることから、「恒常的な要員不足状態にあり、常時、代替要員の確保が困難である場合」には、労働者の年休取得により事業の運営に支障が生じるとしても、労基法39条5項但書にいう「事業の正常な運営を妨げる場合」には該当しないため、使用者は「時季変更権を行使することを控える義務（債務）」を負っており、時季変更権の行使は許されないとするものである。この点、[29] 事件は乗務員ができるだけ年休を取得できるように計画的な休日勤務指定等の対策を取っていたこと等から、恒常的な要員不足状態にあったと認めることはできないとされた。

### 9　年少者・妊産婦

該当裁判例なし。

### 10　安全衛生・労働災害

#### (1)　労働災害

業務（公務）起因性を否定したものとして、[31] 国・釧路労基署長事件・釧路地判令4・3・15判時2557号45頁は、新人看護師が精神障害を発病して自殺したことにつき、業務起因性を否定して、遺族補償給付及び葬祭料の不支給決定の取消請求を棄却した。

他方、業務起因性を肯定したものとして、[32] 地公災基金熊本県支部長（農業研究センター）事件・熊本地判令5・1・27労判1290号5頁は、豚舎勤務職員の感染症死の公務起因性を認め、公務外災害の認定処分を取り消した。

労働災害保険の適否につき、[33] 国・中央労基

署長（クラレ）事件・東京高判令3・12・2労判1295号94頁は、国外の企業に出向中に自殺した労働者につき、海外で行われる事業に使用される労働者については特別加入手続を経なければ労災保険法に基づく保険関係の成立が認められず、同法の保険給付をしないとの処分行政庁の処分に違法があるとはいえないとして、処分取消請求を棄却した原審判決を維持した。

### (2) 安全配慮義務違反

[34] 滑川市事件・富山地判令5・7・5労経速2530号3頁は、中学校教諭（当時42歳）のくも膜下出血発症による死亡（公務上災害の認定あり）は、部活動指導などに伴う長時間労働に原因があるとして、校長の安全配慮義務違反に基づく市の損害賠償責任を認め、過失相殺及び素因減額も否定した。
[35] 新潟市事件・新潟地判令4・11・24労経速2521号3頁は、水道局職員の自殺（公務上災害の認定あり）につき、上司である係長の注意義務違反を理由に市の損害賠償責任を認めたが、当該職員も水道局の中堅職員として自らの苦境を解消するために可能であると考えられる対応を十分に採らなかったこと等を考慮して5割の過失相殺がなされた。

## 11 労働契約の基本原理

[36] Z営業秘密侵害罪被告事件・札幌高判令5・7・6労経速2529号7頁は、被告人2名が、不正の利益を得る目的で、会社の得意先や仕入れ先に係る情報を領得したことにつき、当該情報の秘密管理性を認め、不正競争防止法21条1項3号ロに該当するとして従業員を罰金30万円に処した原審判決を破棄し、当該情報につき会社が秘密管理意思を客観的に明示した十分な秘密管理措置を講じていたとは認められず、当該情報は不正競争防止法21条1項3号の「営業秘密」には該当しないとして、被告人両名を無罪とした。

## 12 雇用保障（労働契約終了の法規制）と雇用システム

### (1) 整理解雇

今季の特徴として、整理解雇の有効性が争われた事例がいずれも外資系金融機関であったことが挙げ

られる。外資系金融機関は、終身雇用や長期雇用を想定していない、ポジションごとに人材を採用し、一方的な配転はしない、転職を繰り返して高額な報酬を得るが、会社に貢献できなくなると退職を求められる、等その雇用慣行は日本企業と異なる面もある。しかし、裁判所は、外資系金融機関であってもその解雇の有効性については日本法の枠組みの下で判断する旨明示した。バークレイズ証券事件（後掲[39]事件）で裁判所が示したとおり、外資系企業は、合理的な労働契約や就業規則を締結又は制定するようにしたり、解雇の有効性を示す事実の裏付け資料を適切に作成し保存したりすることでこれに対処していくことが求められる。

整理解雇を有効とした事例として、[37] クレディ・スイス証券事件・最一小決5・8・3労経速2525号24頁は、マルチ・アセット運用部廃止に伴う整理解雇を有効とした原審判決（東京高判令5・1・25）を維持し、上告棄却・不受理決定がなされた。なお、原審判決は、整理解雇の有効性の判断にあたり、いわゆる「4要素」の総合判断により解雇権の濫用があったかどうかを検討しており、とりわけ整理解雇を有効とした理由として、部門廃止を決定した経営判断が不合理であるとは認められず、人員削減の必要性はあったこと、会社は控訴人の意向等にも配慮しながら、会社の人事制度上取り得る異動に向けた提案をしたのに対し、控訴人は、(i) 応募しない正当な理由がないにもかかわらず、提示されたポジションに対して一切応募をせず、(ii) 会社から複数回にわたり面談を求められても、具体的な理由を示さないまま面談に応じないのみならず、候補日の対案を示すなどの対応もとらず、(iii) 鎖骨骨折による疼痛が増強していることを理由に会社との面談を拒否し続ける一方で、テニストーナメントに参加し、試合にも出場するなどして極めて不誠実な態度に終始したこと等、控訴人の会社に対する極めて不誠実な対応をも考慮して、会社が信義則上要求される解雇回避努力を尽くしていることを重視した。
また、同社の別件の整理解雇の事例（[38] クレディ・スイス証券事件・東京地判令5・5・31労経速2526号18頁）では、金融市場営業部の閉鎖に伴い、同部の部長に退職勧奨を行った上で解雇したことにつき、やはり、いわゆる「4要素」の総合判断により解雇権の濫用があったかどうかを検討して整理解雇を有効とした。裁判所は、同部の廃止という会社

の経営判断は不合理であったとは認められず、人員削減の必要性が認められるとし、解雇回避努力についても、会社及びCSグループでは、原則として社内の異動でも公募制が採用され、ポジションごとに定員や職務要件が決まっており、労働市場の相場を参考にしたタイトルと職種ごとの年俸の範囲内で採用が決定されていることを前提とすると、会社は原告の職位、報酬やその専門性に適したポジションの範囲で配転を検討することになるから、該当するポジションがない場合には、具体的なポジションの提示等がなかったからといって、直ちに解雇回避努力を満たしていないとはいえず、実際に、原告の職位、報酬や専門性に適したポジションは会社やCSグループにはなかったので、会社から原告に具体的なポジションの提示がなかったとしても、解雇回避努力は尽くしたといえる、とした。

他方、整理解雇を無効とした事例として、[39]バークレイズ証券事件・東京地判令3・12・13労判1290号91頁は、被告会社において最上位の職位であるマネージングディレクター（MD）かつシンジケーション本部長に就いていた原告（解雇当時の年俸4200万円、賞与等も合わせると、MD昇進後の6年間の報酬は3億7000万円超）を整理解雇及び成績不良を理由に解雇したことは無効であるとした。裁判所は、外資系企業といえども、日本の整理解雇の判断の枠組みを否定する理由はないとして整理解雇の「4要素」を検討し、グループの従業員や賞与総額、役員報酬が増加していたこと等から人員削減の必要性を認めず、解雇回避努力についても、配置転換の検討が3部門だけで、降格や賃金減額を検討していないこと等から認めず、人選の合理性についても、他の従業員に希望退職を募ったり配置転換を命じたりせず、解雇対象者の選定が客観的かつ合理的な基準に基づいて行われたと評価することもできないとして、手続の相当性について判断するまでもなく、整理解雇は無効とした。加えて、成績不良についても、シンジケーション本部の収益が急激な減少に転じたのは、主にリーマンショック後の市場の正常化、金融規制の強化等によるものであり、原告の能力不足や勤務態度によるものではなく、実際、原告の勤務評価書で勤務成績・態度の不良は指摘されておらず、一貫して賞与が支給されていたこと等から、原告の勤務成績・態度も解雇理由とはならない、とした。そして、裁判所は、外資系金融機関は終身雇用や長期雇用を想定しておらず、会社に貢献できなくなると退職を求められるのは外資系金融機関で働く者の常識であるから、日本企業との雇用慣行の違いを考慮すべきとの被告会社の主張については、会社が国際企業の人事労務管理と整合する合理的な労働契約や就業規則を締結又は制定するようにしたり、解雇の有効性を示す事実の裏付け資料を適切に作成し保存したりすることで対処できる、としてこれを退けた。

### (2) 普通解雇（整理解雇を除く）

[40] ツキネコほか事件・東京地判令3・10・27労判1291号83頁は、休職中であった原告に対して元の職場である開発業務ではなくインク班インク製造チームへの勤務を命じた復職命令が違法であるとして、原告がこれに応じずに復職後の配属先の変更を求めて出勤しなかったことを理由とする解雇につき、当該復職命令は原告に対する安全配慮義務を無視した違法なものであるということはできず、原告がこれに従わなかったことを理由とする解雇を有効とした。

[41] 地位確認等請求控訴事件・東京高判令4・9・6判時2570号87頁は、トラック運転手として雇用されていた労働者が倉庫内にある積荷を故意に崩して叩きつけ、蹴とばす等の行為を行ったこと等を理由として当該労働者を普通解雇したことにつき、当該労働者の具体的な非違行為などを認定し、それらに対する会社の注意・指導や懲戒処分等の経緯を踏まえて、当該労働者の粗暴な言動には改善の見込みはないとして解雇を有効とした原審判決を維持した。

### (3) その他

[42] 栃木県・県知事（土木事務所職員）事件・宇都宮地判令5・3・29労判1293号23頁は、地方公務員であった原告が提出した退職願に基づきなされた辞職承認処分について、退職願の作成に至る経緯や職員の心身の状況その他の事情に照らし、その意に反しないものと認められない場合には、当該退職願に基づきなされた、当該職員に対する職を免ずる旨の行政処分は違法であると解するのが相当であるとして、当該辞職承認処分を取り消した。

## 13　労働関係の成立・開始

## 14　就業規則と労働条件設定・変更

いずれも該当裁判例なし。

## 15　人事

配転命令に関する事例として、[43] 社会福祉法人秀峰会事件・東京高判令5・8・31労経速2531号3頁は、法人が雇用している理学療法士に対する訪問看護リハビリステーションから産業理学療法部門への配転命令につき、これを無効と判断した原審判決を変更し、いずれの業務をどの部門に担当させるかは使用者に広範な裁量があり、人事管理目的での人員配置も企業の合理的運営として許容される等として、当該配転命令を有効とした。また、[44] 東京女子医科大学事件・東京地判令5・2・16労経速2529号21頁は、原告に対する、被告法人が設置する大学の内分泌内科学講座の教授・講座主任から内科学講座高血圧学分野の教授・基幹分野長とする旨の配転命令及び被告法人が設置する病院の高血圧・内分泌内科の診療部長から高血圧内科の診療部長とする旨の配転命令につき、原告の職務内容を高血圧と内分泌疾患の双方を対象とする従前の職務内容からその一部へと限定するものにすぎないから原告と被告法人間の職務限定合意に反せず、いずれの配転命令も有効とした。

人事上の降格に関する事例として、[45] 伊藤忠商事事件・東京地判令4・3・16判時2572号102頁は、労働者の職能資格に応じて固定給が定められる給与制度における降格措置について、当該制度は就業規則に明示され降格及びこれに伴う労働契約上の根拠があり、かつ原告の業務遂行状況に照らすと能力評価について使用者の裁量権の逸脱又は濫用は認められないとして、当該降格措置を有効とした（なお、当該降格措置の訴訟継続中に行われた原告に対する能力不足を理由とする解雇については、解雇権の濫用であるとして無効とした）。

## 16　企業組織の変動と労働関係

該当裁判例なし。

## 17　懲戒

使用者の懲戒権の行使が有効であると認めたものとして、[46] ちふれホールディングス事件・東京地判令5・1・30労経速2524号28頁は、宛先やCCに該当者（従業員A）以外の第三者を入れて、「Aさんの言動は目に余るものを感じている」と記載してAを叱責するメールを送信したり、別の従業員Bに対して、就業日・就業時間に関係なく公私混同し、私的領域に踏み込むような内容の連絡を何度も送信したことなどを理由とする譴責処分等を有効とした。

他方、使用者の懲戒権の行使が無効であると認めたもののうち、懲戒（諭旨）解雇等に関する事例として、[47] 学校法人札幌国際大学事件・札幌地判令5・2・16労判1293号34頁は、原告が定年到達前にSNSによる内部情報漏洩などを理由として受けた懲戒解雇処分は懲戒事由を欠くか相当性を欠くとして無効とした上で、原告が定年後も満65歳まで雇用されるものと期待することには合理的な理由があり、上述のとおり解雇事由があるとは認められないことから、定年により雇用が終了したものとすることは、客観的に合理的な理由を欠き、社会通念上相当であると認められないとして、定年後再雇用者としての労働契約上の地位を認めた。

[48] 日本郵便事件・札幌地判令5・3・14労経速2519号23頁は、保険業務に従事していた従業員が、既存顧客との間で、既存の保険契約を満期到来前に解約させた上で新たな保険契約を締結するという契約の乗換えを行わせたこと等を理由とする当該従業員に対する懲戒解雇は、客観的合理的な理由（懲戒事由）が認められないとして無効とした。

[49] 日本クリーン事件・東京高判令4・11・16労判1293号66頁は、原告による情報漏洩は重大な規律違反に当たり、原告が懲戒処分の対象となること自体は免れないものの、諭旨退職処分は重きに失しているといわざるを得ず、当該処分は相当性を欠いており無効であるとした原審判決を維持した。

使用者の懲戒権の行使が無効であると認めたもののうち、懲戒（諭旨）解雇等以外の処分に関する事例として、[50] セントラルインターナショナル事件・東京高判令4・9・22労経速2520号3頁は、精神疾患を発病した従業員に対する降格処分につ

き、当該従業員が会社の対外的な信用を損なうような非違行為を行っていたこと等からこれを有効とした原審判決を変更し、懲戒対象となった非違行為はいずれも精神疾患を発病した以降に行われたこと等からこれを無効とした。

[51] 東京三協信用金庫事件・東京地判令4・4・28労判1291号45頁は、被告会社の本部事務部長に対するパワーハラスメントを理由とする降職降格の懲戒処分につき、裁量権の逸脱又は濫用があったものとは認められないとして当該懲戒処分を有効とした。

[52] 学校法人常磐大学事件・水戸地判令4・9・15判時2565号86頁は、被告法人が設置する大学の教授として勤務していた原告が、複数の教員及び学生に対するハラスメント行為を理由に停職1年間の懲戒処分を受けたことについて、問題となった原告の各言動は業務上必要かつ相当な範囲を超えたものとはいえず、教員や学生に対する指導等につき改善を要する旨の指導・注意が原告に対して十分にされていたということもできないとして、当該処分は合理性を欠くものであって無効とし、停職期間中の賃金の支払いも認めた。

[53] 全国建設労働組合総連合事件・東京地判令4・12・7労経速2521号16頁は、度重なる業務上のミスに対して注意書を交付したが、改善努力や反省の態度がみられないとして労働者に科されたけん責処分を無効とした。

## 18 非典型雇用

### (1) 有期雇用契約

#### (i) 雇止め

雇止めを適法とした事例として、[54] コード事件・京都地判令4・9・21労判1289号38頁は、雇用調整助成金受給中のコロナ禍などを理由とした雇止めにつき、原告の雇用継続に対する合理的期待を認めるのは難しく、そうでないとしてもその程度は必ずしも高いものということはできないとし、コロナ禍で被告会社の経営状態がさらなる悪化を重ねていたこと等から、雇止めが客観的合理性・社会的相当性を欠いたものということはできないとして雇止めを認めた。

[55] 国立大学法人東北大学（雇止め）事件・仙台高判令5・1・25労判1286号17頁は、雇用通算期間8年の有期労働契約の雇止めについて、その雇止めが、無期労働契約における解雇と社会通念上同視することができるといえるためには、契約期間の満了ごとに厳密な更新手続がとられない状況下で有期労働契約が多数回更新された事情があるなど、当該有期労働契約が、契約期間の満了ごとに当然更新を重ねてあたかも無期労働契約と異ならない状態で存在していたといえることを要するとした上で、控訴人の有期労働契約は契約期間満了前に相応に厳密な手続きを履践して締結されていたものであって、あたかも無期労働契約と客観的に異ならない状態となっていたということはできないとし、また控訴人につき契約更新を期待する合理的理由があったということもできないとした原審判断を維持した。

[56] ISS事件・東京地判令5・1・16労経速2522号26頁は、2回更新された有期雇用契約（契約期間は通算して約8カ月間）の雇止めにつき、いずれの契約更新についても明示的に更新手続を行っていたこと等に照らし、2回目の更新の時点でさらなる更新への期待についての合理的な理由があったとはいえないとした。

#### (ii) 有期雇用契約の労働条件

[57] 日東電工事件・津地判令5・3・16労経速2519号3頁は、有期雇用契約者と正社員との間の待遇の相違のうち、扶養手当支給、半日有給休暇取得の有無、リフレッシュ休暇制度の有無などについて不合理とした。

[58] Aホテル事件・大阪地判令5・6・8労経速2525号10頁は、正社員と期間の定めのある臨時雇員との賞与に関する労働条件の相違が不合理ではないとした。

[59] アンスティチュ・フランセ日本事件・東京高判令5・1・18労判1295号43頁は、有期雇用であった非常勤講師の時給を更新により引き下げたことは有効であるとしつつ、雇用契約に基づく非常勤講師の会社に対する補償金支払請求については認容した原審判決を維持した。

### (2) 労働者派遣

[60] グッドパートナーズ事件・東京高判令5・2・2労判1293号59頁は、有期労働契約が平成31年3月31日をもって雇止めされたことにつき、当該有期労働契約が令和元年5月31日まで継続すると

期待することについては合理的な理由があると認められるが、同年6月1日以降については、契約更新を期待することについて合理的な理由があるとは認められないとし、控訴人は平成31年4月1日の契約更新に限り合理的な期待があるとして、令和元年5月31日までの間、控訴人が労働契約上の権利を有する地位にあったことを認めた原審判断を維持した。

[61] 竹中工務店ほか2社事件・大阪高判令5・4・20労判1295号5頁は、いわゆる二重偽装請負の場合において、労働者に実際に指揮命令をしていたとされるゼネコン（注文者）及び当該ゼネコンへ当該労働者を送り出していた会社（元請人）いずれについても、労働者派遣法40条の6の適用又は類推適用を否定した原審判決を維持した。

### (3) 高年法（定年再雇用）

[62] 名古屋自動車学校事件・最一判令5・7・20労経速2529号3頁は、嘱託職員（定年後再雇用者）と正職員との基本給、賞与等の相違（被上告人らの賃金は、賞与を含む年収ベースで、定年退職時の53.1％～56.2％程度）が労働契約法20条にいう不合理と認められるとした原審判断を破棄した。最高裁は、正職員の基本給は勤続給としての性質のみを有するということはできず、職務給や職能給としての性質を有するものとみる余地もあり、嘱託職員の基本給についても、嘱託職員が役職に就くことが予定されておらず、勤続年数に応じて増額されることもないことからすると、正職員の基本給とは異なる性質や支給の目的を有するものとみるべきであると述べた上で、正社員と嘱託職員の基本給の金額が異なるという労働条件の相違について、各基本給の性質やこれを支給することとされた目的を十分に踏まえることなく、また労使交渉に関する事情を適切に考慮しないまま、その一部が労働契約法20条にいう不合理と認められるものに当たるとした原審の判断は違法であるとし、正社員の賞与と嘱託社員の一時金の金額が異なるという労働条件の相違についても同様に違法であるとした。

[63] 田中酵素（継続雇用）事件・広島高判令2・12・25労判1286号68頁は、定年退職後の継続雇用契約につき労働条件で合意に至らなかったために契約更新せず雇用が終了したことにつき、会社が提示した3種類の労働条件案を労働者が受け入れな

かったことにより雇用契約関係を終了させることは、再雇用を拒絶することの客観的に合理的な理由にも社会通念上相当な理由にもならない等として、前契約の期間満了後も前契約と同一の内容で契約が更新されているものとした原審判決を維持した。

### (4) その他

[64] ウィンダム事件・東京地判令5・2・3労経速2527号21頁は、被告の経営する予備校の講師として17年余りにわたって稼働していた原告に対して、被告が行った、原告の同僚の数学講師に対する原告の暴言、威嚇、強要及び恫喝行為を理由として今後一切の業務委託をしない旨の意思表示の効力につき、原告被告間の有期の業務委託契約は雇用契約に該当し、かつ、いずれかの時点で無期に転化しており、被告の当該意思表示は解雇であるとした上で、当該解雇は有効であるとした。

[65] ケイ・エル・エム・ローヤルダッチエアーラインズ（雇止め）事件・東京地判令5・3・27労判1287号17頁は、オランダの航空会社との間で有期労働契約を締結し、客室乗務員として勤務してきた原告ら（いずれも日本国籍）に対する雇止めにつき、当該有期労働契約では日本法が準拠法とされているものの、「有期労働契約の無期転換」は通則法12条1項の「労働契約の効力」に含まれ、同項にいう強行規定に当たるとしてオランダ法に基づく無期転換の主張が認められ、地位確認請求及び未払賃金請求の一部が認容された。

## 19　個別労働紛争処理システム

## 20　労働組合

いずれも該当裁判例なし。

## 21　団体交渉

[66] 国・中労委（ファミリーマート）事件・東京地判令5・5・25労判1296号5頁は、原告（組合）の主要な構成員である、コンビニエンスストアのフランチャイズ本部との間でフランチャイズ契約を締結した加盟者は労働組合法上の労働者とは認められず、団交申入れは労働組合法7条2号にいう「労働者の代表者」による「団体交渉」の申入れではない

から、断交拒否は労働組合法7条2号の団体交渉拒否には当たらず、不当労働行為は成立しないとの中労委の判断が維持された。

## 22 労働協約

該当裁判例なし。

## 23 団体行動

組合活動の名誉棄損に関する事例として、[67] プレカリアートユニオンほか（粟野興産）事件・東京高判令4・5・17労判1295号53頁は、会社の本社前やその顧客取引先及び取引先銀行等において、会社がトラックの過積載及び産業廃棄物免許の名義貸しを行っている旨の街宣活動やこれと同様の内容を記載した要請書を取引先銀行等に送付した労働組合の行為が名誉棄損に当たるとして会社が労働組合に対して行った損害賠償請求について、労働組合側の違法性を阻却して会社の損害賠償請求を棄却した原審判決の判断を維持した。他方、[68] あんしん財団事件・東京地判令5・6・14労経速2526号3頁は、労働組合によるビラ配布・ブログ掲載行為及び原告財団の理事長自宅の最寄り駅でなされた街宣活動が名誉毀損等に該当し、違法性も阻却されないとして、労働組合の原告財団に対する損害賠償責任を認めた。

組合員等の行為の犯罪の成否に関する事例として、[69] 全日本建設運輸連帯労働組合関西地区生コン支部（和歌山）刑事事件・大阪高判令5・3・6労判1296号74頁は、使用者の協同組合の意を受けた元暴力団員らが労働組合の事務所の調査を行ったり組合員らを監視したりする行為につき、組合員等である被告人らが協同組合の実質的運営者に対して抗議を行うことは、それが暴力の行使を伴うなど不当な行為に及ぶものでない限り、正当な行為として労働組合法1条2項の適用又は類推適用を受けるべきであるとした上で、被告人らの当該抗議行動等については強要未遂罪及び威力業務妨害罪の各構成要件の該当性に疑問が残るとともに、本件を含む労働組合と協同組合との一連のやりとりを全体的に見た場合、被告人らの行為が社会的相当性を明らかに逸脱するとまではいい難く、労働組合法1条2項の適用又は類推適用により正当行為として違法性が阻却される合理的な疑いが残るといわざるを得ないとして、被告人らを有罪とした原審判決を破棄し、被告人らを無罪とした。

## 24 不当労働行為

[70] 救済命令取消請求控訴事件・東京高判令3・10・13判時2558号82頁は、組合員である従業員に対して役職手当を支給せず、これに伴い賞与を減額したことは労働組合法7条1号の「不利益な取扱い」に該当し、かつ使用者に不当労働行為意思を認めて不当労働行為に該当するとし、他方、使用者側の人事上の裁量に基づく正当化理由に関する主張（理由の競合）については認めず、都労委が出した救済命令の取消しを認めなかった原審判決を維持した。

[71] 広島県・県労委（エス・アイ・エヌ）事件・広島地判令5・3・27労経速2516号21頁は、労働組合員Aが約2年間、総額50万円の通勤手当を自転車通勤により不正に受給したこと及び労働組合員Bが強硬に配転命令を拒否したことを理由として行われた両名に対する解雇は、いずれも合理性、相当性を欠くとまでいえず、両名に対する解雇は組合活動を嫌悪する不当労働行為には該当しないとして、県労委が出した救済命令を取り消した。

## 25 労働市場法総論

## 26 労働市場法各論

## 27 雇用システムの変化と雇用・労働政策の課題

## 28 その他（いずれにも分類できないもの）

いずれも該当裁判例なし。

（いまづ・ゆきこ）

# 知財裁判例の動向

城山康文　弁護士

知財判例研究会

## 1　はじめに

知財判例研究会では、2023年下半期（7月1日〜12月31日）に下された知的財産に関する判例であって、原則として最高裁判所ウェブサイトに掲載されたものを概観し、報告する。なお、行政裁判例（審決取消訴訟の裁判例）も、知的財産分野においては重要な意義を有するものであるので、本稿では対象に含めた。

## 2　著作権

### [著作物性：主人公の名前]

[1]　東京地判令5・10・20（令3(ワ)27154号、46部）は、小説の主人公の名前（「リュケイロム・エル・ケル・グランバニア」、通称「リュカ」）の著作物性を否定した。原告は、小説家であり、ゲーム制作会社と協議しながらビデオゲーム「ドラゴンクエストⅤ天空の花嫁」のノベライズ小説を執筆した際、小説の主人公の名前を「リュケイロム・エル・ケル・グランバニア」（通称「リュカ」）としたところ、その後に前記ゲームが映画化された際、原告の許諾なく当該名称が使用された、という事案である。「原告は、本件名称がそれ自体で著作物であると主張する。しかし、人物の名称は、当該人物の特定のための符号であり、そうである以上、それは、思想又は感情を創作的に表現したものとは必ずしもいえず、また、文芸、学術、美術又は音楽の範囲に属するものとはいえないとして、著作物ではないと解するのが相当である。当該名称を作成した者が当該名称に対して何らかの意味を付与する意図があったとしても、それが、当該人物の特定のための符号として用いられ

ているといえるものである限りは、その性質から、上記のとおり、それは著作物でないと解される。本件正式名称は、人物の名称としてはやや長いものの、王族であるという当該人物の出身国名が付されるなどして長くなっているのであって、当該人物の特定のための符号として用いられているといえるものであり、また、本件通称は当該人物の特定のための符号として用いられていることが明らかである。本件名称は、いずれも著作物ではない。」

### [椅子の著作物性]

[2]　東京地判令5・9・28（令3(ワ)31529、40部）は、以前に知財高裁が著作物性を認めて話題となった形態の椅子（TRIPP TRAPP）に関し、被告製品（椅子）による著作権侵害及び不正競争防止法違反を否定した。本判決は、不正競争防止法違反の主張に関しては、「不競法2条1項1号又は2号にいう商品等表示に該当すると主張された表示が複数の商品形態を含む場合において、その一部の商品形態が商品等表示に該当しないときは、上記表示は、全体として不競法2条1項1号又は2号にいう商品等表示に該当しないと解するのが相当である。」と述べたうえで、出所表示機能を発揮する部分として原告が主張する形態的特徴は、裁判所が原告製品の特徴と認める直線的構成美を欠く形態を含むため、商品等表示に該当しないものとした。また、著作権侵害の主張に関しては、「美術工芸品以外の実用目的の美術量産品であっても、実用目的に係る機能と分離して、それ自体独立して美術鑑賞の対象となる創作性を備えている場合には、美術の範囲に属するものを創作的に表現したものとして、著作物に該当すると解するのが相当である。」とする規範を採用したうえで、「原告製品の上記直線的構成美は、究極的にシンプルで

あるがゆえに椅子の機能と密接不可分に関連し、当該機能といわばマージするといえるものの、仮に、これに著作物性を認める立場を採用した場合であっても、基本的にはデッドコピーの製品でない限り、製品に接する者が原告製品の細部に宿る上記直線的構成美を直接感得することはできず、まして、複雑かつ曲線的形状を数多く含む被告各製品に接する者が、原告製品の表現上の本質的な特徴を直接感得することができないことは明らかである。」として否定した。

## [映画製作者]

[3] 東京地判令5・8・30（令3(ワ)12304、29部）は、病気に関する書籍の付録とされた動画について、映画の著作物であると認めたうえで、その映画製作者について、動画制作会社（原告）ではなく、書籍の執筆者（「C医師」）であると認定した。「本件映像の制作費は、専らC医師の知り合いの製薬会社等に本件書籍を購入してもらい、その代金で賄うこととされ、C医師が当該製薬会社等への営業活動を担っていたこと（略）、原告から制作費の増額を求められた際には、C医師が自ら負担することも選択肢とされていたこと（略）に鑑みれば、C医師において本件映像が付属する本件書籍が書店等において期待したとおりに販売できるか否かのリスクを専ら負担していたといえるから、本件映像の製作に関する経済的な収入・支出の主体となる者と認めるのが相当である。」

## [ドキュメンタリー映画の著作物についての 翻案権侵害]

[4] 東京地判令5・9・27（令3(ワ)28914、46部）は、ドキュメンタリー映画（本件映画）の著作物について、次のように述べて、小説（本件小説）による翻案権侵害を否定した。「本件映画と本件小説には同じ事実を描写する部分があるが、個々の、現実に存在した出来事や状況などの事実を表現それ自体であるということはできず、同じ事実を描写したことをもって、本件映画と本件小説の表現が共通するとはいえない。……ドキュメンタリー映画においては制作者の意図に基づいて特定の事実の選択と配列がされるといえるが、それらについて原告主張の本件映画の創作的な部分が本件小説で使用されたとまではいえない。」なお、一般不法行為の成立も否定した。

## [音源持ち出し禁止契約の違反]

[5] 東京地判令5・7・26（令3(ワ)17298、46部）は、原告とその元従業員である被告との間で退職に際して作成された合意書（原告が保有していた音源を被告は持ち出さず、使用しない旨の義務を定めていた。）に被告が違反したと認め、当該合意に定める損害賠償額の予定（金50万円）を有効と認めた。なお、合意書には、持ち出し及び使用の禁止対象について、「甲（原告）が著作権を有する音源又は著作権使用許諾を受けた音源」と記載されていたが、裁判所は、被告本人の証言等に基づき、「原告が保有する全ての音源」が禁止対象であると認定した。

## 3 特許権

### [発明：人為的な取り決め]

[6] 知財高判令5・11・22（令5(行ケ)10059、3部）は、医薬品の処方箋に「患者保有分」の項目を設け、患者保有分を除いた投与期間を算定する方法に関する特許出願につき、人為的な取決めにすぎず、自然法則を利用したものであるとはいえないから、「発明」に該当しないとした。

### [サポート要件]

[7] 知財高判令5・10・5（令4(ネ)10094、2部）は、化学組成物に係る特許に関し、サポート要件違反であると判断した。「HFO-1234yfは、原出願日前において、既に低地球温暖化係数（GWP）を有する化合物として有用であることが知られていた……したがって、HFO-1234yfを調製する際に追加の化合物が少量存在することにより、どのような技術的意義があるのか、いかなる作用効果があり、これによりどのような課題が解決されることになるのかといった点が記載されていなければ、本件発明が解決しようとした課題が記載されていることにはならない。しかし、本件明細書には、これらの点について何ら記載がなく、その余の記載をみても、本件明細書には、本件発明が解決しようとした課題をうかがわせる部分はない。……そうすると、本件明細書に形式的に記載された『発明が解決しようとする課題』は、本件発明の課題の記載としては不十分であり、本件明細書には本件発明の課題が記載されていないというほかない。そうである以上、当業者が、本件明細書の記載により本件発明の課題を解決すること

ができると認識することができるということもできない。」

## [実施許諾契約]

[8] 知財高判令5・10・4（令3（ネ）10061、3部）は、樹脂フィルムの製造機械に係る特許ライセンス契約に関し、ライセンシーが当該ライセンス契約の下で生産し譲渡した製造機械を購入した第三者が当該製造機械を使用して製造した樹脂フィルムに関し、ライセンサーは特許権の不行使義務を負うものではないと判断した。「本件実施許諾契約の範囲内にあるのは、一審原告［ライセンシー］による機械装置の製造販売のみであり、したがって、一審原告が販売した機械装置により、第三者が本件各特許権（方法特許）を実施して樹脂フィルム製品を製造販売することまで本件実施許諾契約により当然に許容されていると解することはできない。」「本件実施許諾契約第1条によれば、一審原告には本件各特許権につき独占的通常実施権が付与されているものの、一審原告が製造した機械の販売を受けた本件実施許諾契約の当事者以外の者が同機械を使用して製造した製品について、一審被告が本件各特許権を行使するについて、本件実施許諾契約にはこれを妨げる文言は規定されていないから、一審被告は一審原告から本件実施許諾契約に基づく債務不履行責任を追及される理由はないというべきである。」

## [第三者特許の非侵害保証]

[9] 知財高判令5・11・8（令5（ネ）10064、1部）は、控訴人と被控訴人との間で締結された被控訴人が製造する商品に関する売買契約（「本件契約」）に関し、第三者の特許権との抵触について被控訴人の負担と責任において処理解決する旨の本件契約における約定（「本件特約」）の被控訴人による債務不履行を否定した原判決を維持した。「本件特約の文言を前提とした一般的な意思解釈を前提にすると、本件特約は、第一義的には、控訴人が第三者から特許権等の侵害を理由に訴えを提起されて敗訴して確定するなど、本件契約の対象商品について特許権等の侵害の事実が確定し、控訴人が損害を被ることが確定した場合の被控訴人の損失補償義務を規定したものと解される。もっとも、本件特約の『万一、抵触した場合には、被控訴人の負担と責任において処理解決するものとし』との文言や被控訴人が商品の製造元と

して控訴人よりも技術的な知見等の情報を有している立場であったことからすると、本件特約は、単に事後的な金銭補償義務のみならず、被控訴人が、その負担と責任において、紛争を処理解決する積極的な義務をも規定していると解される。そうすると、控訴人が第三者から被控訴人が控訴人に販売した商品が特許権等に抵触することを理由に侵害警告を受けたときには、被控訴人は、本件特約に基づき、控訴人の求めに応じて、控訴人に商品に係る技術的な知見や特許権等の権利関係その他の必要な情報を提供し、控訴人が必要な情報の不足により敗訴し、または交渉上不当に不利な状況となり、損害が発生することのないよう協力する義務も負うものと解される。他方で、本件特約上の紛争を処理解決する積極的な対応義務は、損害の発生を防止するために控訴人の求めに応じて被控訴人から技術的な知見や特許権等の権利関係その他の必要な情報を提供して控訴人が不利な状況とならないようにすべき義務であるから、被控訴人が同侵害の事実を争い、同侵害の事実が確定しておらず、また、被控訴人から技術的な知見や特許権等の権利関係その他の必要な情報の提供が行われていたにもかかわらず、控訴人が、その経営判断等により、特許権侵害等を主張する第三者との間で控訴人の不利益を甘受して被控訴人が控訴人に販売した商品の取り扱いについて合意したような場合において、控訴人の損害の補償義務までを被控訴人が負うものではなく、また、特許権侵害等を主張する第三者への被控訴人からの対抗手段としては、自らに有利な主張をし、その根拠資料を示して交渉するなどの手段も存在するものであって、そのような場合に、当該第三者からの解決策の提案に必ず応じなければならないものではなく、加えて、特許権侵害等を主張する第三者に訴訟提起や無効審判請求等までの対抗手段を講ずべき義務を被控訴人が負うものとも解されない。したがって、上記判断に反する控訴人の本件特約に係る義務の内容についての主張は失当であって採用できない。」

## 4　意匠権

## [意匠の類否]

[10] 東京地判令5・7・28（令4（ワ）17015、46部）は、公知技術を参酌して登録意匠（本件意匠）の要部を認定し、本件意匠と被告意匠とを非類似と判断

した。「本件意匠に係る物品は、スチーム調理用蓋付きトレーであり、この蓋付きトレーは、トレー状の台座の上に食品を乗せ、台座の上に蓋を乗せ、これを、水を張ったフライパン等に乗せて使用する調理器具である。……本件意匠の要部は、円形ドーム状を前提とする蓋部の各部位における曲率等の具体的な形状、蓋部の頂上に取手部が存在することを前提とする、取手部の具体的な形状等の具体的な構成態様であると認められる。」

[11] 知財高判令5・12・21（令5(行ケ)10066、4部）は、「瓦」に関する登録意匠と引用意匠との類似性を認め、無効審判請求不成立とした特許庁審決を取消した。「本件登録意匠に係る瓦を屋根瓦として施工した場合、半円筒形の男瓦の連なりが、漆喰をイメージさせる白色によってくっきりと枠取られるとともに、その連なりの中ほどに、白色で囲まれた地色（褐色）の本件長方形模様が規則的に表れる形になり、このような褐色と白色の模様の造形及びコントラストが形成する外観は、南国情緒を演出するものとして極めて印象的なものといえる。本件登録意匠の本件コの字模様は、看者の美感に強く訴求するものと解される。……引用意匠については、色彩は表されていないものの、本件登録意匠と共通する本件コの字模様を備えるものであり、先行する意匠として、沖縄赤瓦風の疑似漆喰模様が広く知られていたこと（略）を踏まえると、引用意匠の主たる実施態様として、褐色の地色と白色の本件コの字模様の組合せが想定されていたことは明らかである。……件登録意匠と引用意匠において、看者の注意を最も強く引く形態（要部）は、両者に共通する下方開口の本件コの字模様であり、その共通性こそ、類否判断に最も強い影響を及ぼすものというべきである。」

## 5 商標権

### [識別力]

[12] 知財高判令5・9・7（令5(行ケ)10030号、2部）は、「ヘアカーラー（電気式のものを除く。）」等を指定商品とする「くるんっと前髪カーラー」（標準文字）との商標に関し、「『くるんっと前髪カーラー』の語句に接した本件需要者等は、通常、当該語句が『丸く曲がった前髪を作るカーラー』を意味するものと認識することになると認めるのが相当で

ある。」として「商品の品質、効能、用途等の特徴を示すものと一般に認識されるもの」（商標法3条1項3号）と判断し、無効審判請求を不成立とした特許庁審決を取消した。

### [平面図形の識別力]

[13] 知財高判令5・12・21（令5(行ケ)10083、4部）は、「電気スイッチ」を指定商品とする平面図形商標（本願商標）の登録拒絶査定を維持した審決を維持した。「本願商標の形状は、指定商品である『電気スイッチ』の用途、機能、美観から予測できないようなものということはできず、需要者は、本願商標から、『電気スイッチ』において採用し得る機能又は美感の範囲内のものであると感得し、『電気スイッチ』の形状そのものを認識するにすぎないというべきである。原告は、……アイコン等としての使用が予定される図形商標（平面商標）について、立体商標と同様の厳格な基準を適用するべきではない旨主張するが、……採用できない。」

### [位置商標の識別力]

[14] 知財高判令5・8・10（令5(行ケ)10003、2部）は、指定商品を「革靴、ブーツ」とする、黄色のウェルトステッチに関する位置商標（本願商標）について、登録拒絶理由があるとした特許庁審決を維持した。裁判所は、本願商標について、「指定商品である革靴及びブーツの形状として、普通に用いられる形状その他の特徴のみからなる標章であるというべきであり、少なくとも黄又は黄系色の靴製品を、一般的な製造方法であるグッドイヤーウェルト製法により製造する者であれば、何人も使用を欲するものであって、かつ、一般的に使用される標章であるというべきであるから、商標法3条1項3号に該当すると認めるのが相当である。」としたうえで、使用実績による識別力の獲得（同法3条2項）についても、「黒い革靴に用いる場合には、本願商標は相当程度の認知度を得ているということができるとしても、それ以外の色の革靴及びブーツに用いられる場合の本願商標の認知度が高いと認めるに足りる証拠はないというほかない。」として、否定した。

### [商標の類否]

[15] 知財高判令5・11・30（令5(行ケ)10063、4部）は、指定商品を被服とする「VENTURE」（標準文

字）の商標（以下「本願商標」という。）について、引用商標（大きなフォントの漢字「遊」の下に英大文字「VENTURE」が横一列に配置された商標）と類似するとした特許庁審決を取消した。「引用商標は、『遊』の文字部分と『VENTURE』の文字部分からなる結合商標であり、原則として全体観察をすべきことは前述のとおりであるが、上記各構成部分を比較すると、文字の大きさの違いからくる『遊』の文字部分の圧倒的な存在感に加え、書体の違いからくる訴求力の差、全体構成における配置から自ずと導かれる主従関係性といった要素を指摘することができ、称呼及び観念において一連一体の文字商標と理解すべき根拠も見出せない等の事情を総合すると、引用商標に接した取引者、需要者は、『遊』の文字部分と『VENTURE』の文字部分を分離して理解・把握し、中心的な構成要素として強い存在感と訴求力を発揮する『遊』の文字部分を略称等として認識し、これを独立した出所識別標識として理解することもあり得ると解される。他方、『VENTURE』の文字部分は、商標全体の構成の中で明らかに存在感が希薄であり、従たる構成部分という印象を拭えず、これに接した取引者、需要者が、『VENTURE』の文字部分に着目し、これを引用商標の略称等として認識するということは、常識的に考え難い。したがって、『VENTURE』の文字部分を引用商標の要部と認定することはできないというべきである。本件審決の判断中、『遊』の文字部分と『VENTURE』の文字部分との分離観察が可能という点は正当であるが、『VENTURE』の文字部分を要部と認めた部分は是認できない。」

[16] 知財高判令5・12・4（令5（行ケ）10067、1部）は、かばん類及び被服等を指定商品とする商標（本件商標「5252○！○ｉ」）につき、引用商標（大手百貨店丸井の「○｜○｜」）と非類似とした特許庁審決を誤りであると判断して取消した。「『by』という語は、一般に『by○○○』との用法により『商品や役務の出所が○○○』であることを表す英語の前置詞として我が国において広く用いられ、親しまれていることや、『by』が小文字で書かれていることからすると、本件商標は、全体として、『by』の後の『O！Oｉ』の部分を、独立して、見る者の注意を引くように構成され……本件商標の構成の中でも、出所識別標識として強く支配的な印象を与えるというべきである。そうすると、『O！Oｉ』の部

分は、本件商標の一部分ではあるものの、商標全体の出所識別標識としての機能を果たしていると認められるから、この部分を本件商標の要部として抽出し、この部分（略）だけを他人の商標と比較して商標の類否を判断することが許されるというべきである。」

[禁反言]

[17] 大阪地判令5・12・14（令2（ワ）7918、21部）は、第9類「電子応用機械器具及びその部品」や第41類「ロボットの展示」等を指定商品・役務とする「Robot Shop」（標準文字）の商標に係る商標権侵害が主張された事件において、被告のウェブサイトやＥＣサイトにおけるロボット関連部品の販売について商標権侵害を認めた一方、それらのウェブサイトにおけるロボット類似品（自律飛行が可能なドローン等）の画像の展示に関しては、商標権侵害を否定した。「ロボット類似品については、販売のために展示しているものと認められ、被告標章が『ロボットの展示』の役務に使用されているというよりは、ロボット（類似品）の小売の役務に使用されているというべきである」「原告は、本件商標の出願に当たり、『第7類 工業用ロボット、娯楽用ロボット、研究用ロボット、その他ロボット』、『第28類 ロボットおもちゃ並びにその部品』等、『第35類 工業用ロボットの小売』等を指定商品及び指定役務としていたが、特許庁から、本件商標は、『ロボットの小売店』程の意味合いを容易に認識させるものであるところ、ロボットの販売及び修理等を取り扱う業界において、『Robot Shop』及び『ロボットショップ』の文字が、ロボットを取扱商品とする小売店であることを示す語として一般的に使用されている実情があることから、本件商標を第35類の工業用ロボットの小売等の指定役務に使用することは、商標法3条1項3号に該当すること等を理由とする拒絶理由通知書の送付を受け、前記商品及び役務を指定商品等から除外して、本件商標の登録を受けたことが認められる。被告は、被告各サイトにおいて、被告販売商品を販売しているところ、このような本件商標の出願経過に照らすと、原告が、被告販売商品のうちロボットと同一又は類似するものに対して本件商標権の侵害を主張することは、禁反言の原則（民法1条2項）により許されないと解するのが相当である。」

[18] 知財高判令5・12・26（令5(ネ)10011、2部）は、二重瞼形成用化粧品等を指定商品とする登録商標「バレないふたえ」（本件商標1は標準文字、本件商標2は上段に「ばれない」を配置し下段により大きなフォントの「ふたえ」を配置した商標）に関する商標権侵害を否定した。「本件商標2の中で看者の注意をより強く引く部分である『ふたえ』の文字列とこれに対応する被告標章の下段である『二重』の文字列は、単に仮名の文字種（平仮名か片仮名か）において相違するだけではなく、仮名と漢字という文字種についてのより大きな相違を有すること、両商標の上段についても、本件商標2の上段の『バレない』の後半2文字が平仮名であることにより、4文字の全てが片仮名である被告標章の上段の『バレナイ』と比較してより柔らかい印象を与えること、本件商標2の上下段の各文字列の幅が僅かに異なる程度であるのに対し、被告標章の上段の文字列全体の横幅は、下段の文字列全体の横幅の1.5倍程度であり、その結果、本件商標2の各文字が比較的まとまった印象を与えるのに対し、被告標章の各文字は、ややばらばらの印象を与えること、その他、上記のとおりの本件商標2と被告標章の差異を併せ考慮すると、本件化粧品について使用される本件商標2と被告標章は、看者である需要者にとって、外観において相紛らわしくない程度に相違すると評価するのが相当である。」「本件商標1と被告標章との間には、……『ふたえ』と『二重』の相違、『バレない』と『バレナイ』の相違等に加え、本件商標1が『バレないふたえ』の文字を標準文字で書してなるのに対し、被告標章は、『バレナイ』の文字列及び『二重』の文字列を上下2段に配してなるとの差異がある。これらの事情を踏まえ……ると、本件商標1と被告標章は、看者である需要者にとって、外観において相紛らわしくない程度に相違すると評価するのが相当である。」

## 6 不正競争防止法

### ［周知商品形態の冒用］

[19] 知財高判令5・11・9（令5(ネ)10048、4部）は、「ドクターマーチン」の名称で知られる被控訴人（一審原告）の商品（靴）の形態に関し、特別顕著性を有する周知商品等表示と認め、控訴人（一審被告）による類似商品の販売差止等を命じた原判決を維持

した。もっとも、原判決は、黄色のウェルトステッチ（形態(ｱ)）だけを取り上げて、これが周知の商品等表示に当たると判断したのに対し、本判決は、それに加えて、形態(ｲ)（ソールエッジ）及び形態(ｳ)（ヒールループ）の3点において、他の同種商品とは異なる顕著な特徴を有し、強い出所識別力を発揮していると認め、さらに、個別にみればさほど特徴的な形態とまではいえない形態(ｴ)～形態(ｸ)とも組み合わせて全体的に観察すれば、他の同種商品（ブーツ）には全く見られない顕著な特徴を有し、特別顕著性を備えるものと判断した。そのうえで、被控訴人の商品の形態と被疑侵害商品との類似性については、次のように述べ、類似するものと認めた。「被控訴人商品は、形態(ｱ)～(ｸ)の特徴を全て備えるものとして周知の商品等表示該当性が認められるものであるが、被疑侵害商品が上記の特徴を全て備えていない場合であっても、同一性はともかく類似性が当然に否定されるものではない。その類否の判断に当たっては、被控訴人商品の形態の最大の特徴というべき形態(ｱ)（黄色のウェルトステッチ）がいわば要部となり、最も重視されるべきであるが、それ以外の形態も含めた総合的な判断が求められると解される。」

[20] 知財高判令5・9・13（令5(ネ)10014、1部）は、ガス遮断弁の形態に関して、次のように述べて、不正競争防止法2条1項1号の不正競争行為の成立を否定した。「ガス遮断弁の製品の性質、これを踏まえた需要者及び販売者の製品導入に至る過程、これらの諸要素と製品の形態自体の関係等に照らすと、需要者は、取引に際して、当該製品の安全性及び信頼性のほか、その出所（製造元及び販売元）についても慎重に確認した上で製品を購入するといえ、仮に、需要者が、製品の形態から特定の出所を想起し得るとしても、相応の期間と調整を要する取引の過程において、容易にその取引先すなわち出所（製造元及び販売元）を識別するに至るといえるから、製品の形態から想起し得る出所自体が需要者の購買行動に与える影響は極めて限定的というべきである。このような取引の実情の下においては、被告製品が、その形態によって、需要者をして、被告製品は控訴人が製造した製品であると誤信するおそれがあるとか、被告製品を製造又は販売する者と控訴人との間に許諾その他の緊密な関係があると誤信するおそれがあると認めることはできない。」

[21] 知財高判令5・10・4（令5(ネ)10012、3部）は、医療用医薬品に係る吸入器の形態に関する不正競争防止法2条1項1号の不正競争行為に関し、特別顕著性、周知性及び混同のおそれをいずれも否定した。「控訴人商品の吸入器及びマウスピースの部分の形態は、控訴人商品の実質的機能を達成するための構成に由来する不可避的な形態であるといえ、このような形態について、特別顕著性の要件を満たすとして、商品等表示として保護を与えることは、同等の機能を有する商品間の自由な競争を阻害する結果をもたらすから、相当でない。そして、控訴人商品から吸入器本体とマウスピースの部分を除いた部分は、キャップと回転グリップの部分であるが、これらの部分の形状はありふれたものであるということができる。以上の点からしても、控訴人商品が特別顕著性の要件を満たすとは認められない。」「控訴人商品の形態を控訴人が独占的に使用できたのは控訴人が上記意匠権及び特許権を有していたことによるものであるところ、知的財産権の存在により独占状態が生じ、これに伴って周知性が生じるのはある意味では当然のことであり、このような独占状態に基づいて控訴人商品の形態について一定の周知性が生じたとしても、このような周知性だけを根拠に不競法の適用を認めることは、結局、上記知的財産権の存続期間満了後も、第三者によるその利用を妨げることに等しい。このような事態は、価値ある情報の提供の対価として、その利用の一定期間の独占を認める一方、期間経過後はこれを公衆に開放してその利用を認める知的財産権の制度趣旨に反し、相当でない。もっとも、このように、周知性が知的財産権に基づく独占により生じた場合でも、知的財産権の存続期間が経過し、第三者の同種競合商品が市場に投入されて相当期間経過するなどして、知的財産権を有していたことに基づく独占状態の影響が払拭された後で、なお控訴人商品の形態が出所を表示するものとして周知であるとの事情が認められれば、不競法2条1項1号を適用する余地があると解すべきである。……本件の全証拠によっても、上記期間に、控訴人商品について控訴人が知的財産権を有していたことに基づく独占状態の影響が払拭され、控訴人がこの期間に極めて強力な宣伝広告や爆発的な販売実績を獲得したことなどによって、控訴人商品の形態が新たに周知性を獲得したとは認められない。」「控訴人商品及び被控訴人商品の取引の実情からすれば、これらの主たる需要者である医師及び薬剤師並びに従たる立場の需要者である患者のいずれについても、控訴人商品及び被控訴人商品をその形態で区別していることはなく、形態による混同のおそれがあるとはみとめられない。」

[形態模倣]

[22] 東京地判令5・10・18（令3(ワ)25324、46部）は、ホステス向けドレスについて形態模倣（不正競争防止法2条1項3号）が主張された事案において、被告商品6点のうち5点について形態が実質的に同一として形態模倣を認め、1点については形態が実質的に同一でないとして形態模倣を否定した。なお、不正競争防止法5条1項の推定に基づく損害額の認定がなされたが、模倣とされた被告商品5点の販売数量のうち、その7割については、価格の相違等を考慮して「原告が販売することができない事情」があると認められ（同条同項但書）、約500万円の損害賠償を命じた。

[23] 東京地判令5・11・29（令5(ワ)4333、46部）は、使い捨てマスクに関して被告が形態模倣の不正競争行為を行ったことを認めたが、原告が主張する損害（原告と第三者との間の使い捨てマスクの売買契約が被告商品の存在を理由として解除されたことによる逸失利益）との因果関係を否定し、原告の請求を棄却した。「被告商品を販売することは不正競争行為であり、被告は、これにより原告に生じたといえる損害を賠償する義務がある。もっとも、侵害者は、侵害行為が他社間の契約の存続に影響を与えることを当然に予見できるものではなく、また、他社間の契約の内容は当該他者間で自由に定められるもので侵害者がその内容を通常は知ることはできず、侵害者にその契約の履行利益を前提とする損害を負担させることは当事者間の衡平に反する場合があるといえる。少なくとも本件のように、原告と第三者との間に解除権の発生原因がないが、両者間の合意によってこれを履行せず、また、本件売買契約における販売価格も当時の相場に比べて高額といえるような場合（略）、本件で原告が主張する損害は、通常生ずべき損害には当たらず、また、被告にはその発生が予見できなかったものということが相当である。」

## 6 その他

### ［育成者権侵害／不当利得と損害賠償の利用料相当額］

[24] 大阪地判令5・7・10（令3(ワ)4658、26部）は、育成者権の侵害に関する事件の判決であるが、独占的通常利用権者が無許諾利用者に対して利用料相当額の不当利得返還請求権を有することを認めたうえで、不当利得としての利用料相当額と損害賠償としての利用料相当額に関して、異なる料率で認定をした。「原告会社は、本件育成者権の独占的通常利用権者であり、専用利用権者ではないものの、本件育成者権を独占的に利用して利益を上げることができる点において専用利用権者と実質的に異なることはないから、当該利益の得喪については民法703条の『利益』及び『損失』に該当する場合があると解するのが相当である。……。排他的独占権を持つ育成者権者ではなく、独占的通常利用権者であることのみをもって不当利得返還請求が否定される理由はな（い）。……育成権者である原告P₁と原告会社の各不当利得返還請求権がいずれも成立するような場合の各請求の関係は、いわゆる『不真正連帯債権』の関係に立つものと解される。」「利用料率については、これを3パーセントと推認するのが相当である。……もっとも、不当利得返還請求と異なり、原告P₁が種苗法34条3項の適用を求める不法行為に基づく損害賠償請求においては、利用に対し受けるべき金銭を算定するに当たり用いるべき利用料相当額は、令和元年法律第3号による特許法の改正の趣旨を参酌し、これを5パーセントとするのが相当である。」

### ［パブリシティ権］

[25] 東京地判令5・11・30（令5(ワ)70056、40部）は、原告（「エンリケ」という芸名のキャバクラ嬢）について、「日本一稼いだ伝説のキャバクラ嬢として、世の中に広く認知されている」としてその名称及び肖像についてのパブリシティ権を認め、その元配偶者が経営に関与する被告会社らによる権利侵害を認め、名称及び肖像の使用差止、ウェブページからの削除や商号抹消登記を命じた。

[26] 東京地判令5・12・11（令5(ワ)3171、40部）は、平成30年にミス週刊少年マガジン（準グランプリ）を受賞した女性タレントのパブリシティ権を認めたが、元所属事務所である被告が、契約解除通知の送付後も当該契約解除に関する別件訴訟判決が確定するまでの間、被告のウェブサイトに所属タレントの紹介として原告のプロフィール写真を掲載していたことに関し、原告の肖像等の顧客吸引力の利用を目的とするものではないとしてパブリシティ権の侵害を否定した。また、肖像権についても、私的領域において撮影されたものでなく、受忍限度を超える侮辱をするものでもなく、平穏に日常限度を送る原告の利益を害するものではないとして、侵害を否定した。

（しろやま・やすふみ）

# 取引|1　買主の性質錯誤における法律行為内容化判断と売主の追完機会の確保

東京地判令4・3・29
平31(ワ)9913号、不当利得返還等請求事件
判時 2565 号 61 頁

**野中貴弘**　日本大学准教授

現代民事判例研究会財産法部会取引パート

## ●──事実の概要

　不動産の賃貸等を目的とするX社は、平成27年11月26日、住宅販売事業等を行うY社との間で、東京都港区に竣工予定の44階建てマンション（以下「本件マンション」という）の43階部分の1室（以下「本件物件」という）につき、代金7億5000万円で購入する売買契約（以下「本件売買契約」という）を締結し、平成30年7月12日までに代金全額の支払をし、同月頃に本件物件の引渡しを受けた。ところが同年10月、本件マンションに免震部材として設置されていた免震オイルダンパー12本（以下「本件ダンパー」という）が建築基準法等に違反している疑いがあることが判明した。もっとも、これを受けて実施された2回の安全性検証では、本件マンションが極めて稀に発生する地震動に対して倒壊・崩壊しないことが確認された。

　Xは、本件マンションに設置された本件ダンパーには建築基準法等の法令適合性に疑義がないと信じて本件売買契約を締結したにもかかわらず、実際には疑義があったことを捉えて本件売買契約は錯誤により無効である（改正前民法95条本文）等[1]と主張し、不当利得返還請求として既払金7億5000万円の支払等を求めた。なお、本件ダンパーは訴訟係属中の令和元年7月から8月に交換され、その性能の検査なしに廃棄された。

## ●──判旨

　請求棄却。

　Xには動機の錯誤があるといえるが、「意思表示における動機の錯誤が法律行為の要素に錯誤があるものとしてその無効を来すためには、その動機が相手方に表示されて法律行為の内容となり、もし錯誤がなかったならば表意者がその意思表示をしなかったであろうと認められる場合であることを要する。

そして、動機は、たとえそれが表示されても、当事者の意思解釈上、それが法律行為の内容とされたものと認められない限り、表意者の意思表示に要素の錯誤はないと解するのが相当である（最三判平28・1・12民集70巻1号1頁参照）」。

　そこで、まず動機の表示について、Xの担当者「Aが本件売買契約締結直前に確認した資料であるパンフレット及び説明資料には本件マンションの免震性能に関する記載があることが認められるほか、一般に、マンションを含む建物の売買契約においては、建築物の安全性確保を目的とする法令に適合した物件であることを所与のものとして販売されること……に鑑み」、動機の黙示的な表示を認めた。

　次に、動機が本件売買契約の内容とされたかについて、「一般に、マンションの基礎部分においては極めて多数の部材が用いられる一方で、建築関連法規の数及び内容並びに所管省庁の運用・指針等が複雑かつ高度に専門的であることなどに照らせば、……部材等の法令適合性につき何らかの疑義が存在することが事後的に判明する事態が生じ得ることは想定できる」。そのため、「部材等に法令適合性の疑義が判明した場合には、当然に本件売買契約を無効とし、又はXに解除権が発生するなどの定めを置くこともできたにもかかわらず、かかる定めを設けず、……Yが本件物件の隠れた瑕疵について瑕疵担保責任を負うこと、Yが契約締結後にアフターサービスによる対応を行うこと及び瑕疵による毀損の程度が甚大で修復に多額の費用を要するとYが認めた場合には解除権が発生するとの定めを置いている。……／したがって、本件マンションに用いられた部材等に法令適合性の疑義が判明した場合に、一律に本件売買契約の効力を否定することまでを共通の前提として……同契約を締結したとはいえず、……本件マンションに瑕疵担保責任やアフターサービスによって対応することが社会通念上著しく

困難であると認められる甚大な瑕疵が存在することが事後的に判明した場合に限って契約の効力を否定することを想定して本件売買契約を締結した」と解した。そして、「本件マンションの瑕疵は、本件ダンパーが建築基準法37条2号に基づき国土交通大臣が定める技術的基準に適合しないおそれがあるとの疑義が存するというものであること、本件マンション竣工後に本件ダンパー全部につき交換工事が行われ、それにより、上記疑義が完全に解消されたこと」から、「上記瑕疵は、瑕疵担保責任やアフターサービスによって対応することが社会通念上著しく困難であると認められる甚大な瑕疵であったとはいえない」とし、結果、「本件ダンパーに建築基準法等の適合性につき疑義がないとのAの動機は、X及びYの合理的意思解釈上、本件売買契約の内容となっていたとは認められない」として、Xの錯誤主張を排斥した。

### ●──研究

#### 1 本判決の判断枠組み

本判決は、売買の対象となった高層マンションの免震部材に建築基準法等に違反する疑いがあることが判明した場合において、法令適合性に疑義がないことを動機としたうえで、動機の錯誤ゆえに売買契約が無効となる枠組みとして、保証契約における主債務者の属性に関する錯誤が問題となった平成28年判決を引用し、当該動機が法律行為の内容となっていることを要するとした[2]。より重要なのは、この「法律行為内容化」判断でも平成28年判決の枠組み（想定可能な事態であったならば、当該場合に契約解消を欲する側が事前に条項化しなかった不利益を甘受すべきとの判断方法）に従ったことであり、結果として、法令適合性に疑義がない[3]という買主の動機が「売買契約の内容になっていたとは認められない」との理由で錯誤主張を排斥した。

本判決は、改正前の規定が適用された事案であるものの、①性質錯誤における「法律行為内容化」判断のあり方、②売主に修補義務があることが買主の錯誤主張に与える影響、③錯誤法と約定解除・法定解除との距離を考察するうえで、特定物ドグマおよび原始的不能＝無効ドグマを否定して売主の追完義務を明示し、売主の追完機会を保障するに至った改正民法においても好個な素材となる。

#### 2 性質錯誤における「法律行為内容化」

まず、本判決が上記理由で錯誤無効を否定したことをどう評価すべきか。本判決は、動機の法律行為内容化を否定する一方で、売主が約定の修補義務を負うことを前提とする。改正前民法下での本判決が仮に特定物ドグマを前提としないとすれば[4]、履行すべき「債務内容」と動機錯誤における「法律行為の内容（化）」とを区別した議論と見うる。狭義の動機錯誤（理由の錯誤）では、債務内容（給付内容）とならない法律行為内容化がある[5]。これに対し、性質錯誤ケースで、債務内容・契約内容とされたにもかかわらず、法律行為内容化が否定されることがあるのか[6]。

#### (1) 法律行為内容化＝契約の効力否定を合意・契約の前提とした場合とする理解

狭義の動機錯誤（理由の錯誤）では、当該動機を少なくとも契約の前提とすることが共通了解されていなければ、その誤認リスクを相手方へ転嫁できないと考え、これを法律行為内容化レベルで斟酌すべきとの理解が有力である。「法律行為内容化」とは、当該動機が契約の前提とされたこと、すなわち、ある事実の存否が当該契約の効力に影響を及ぼすことが当事者双方の共通理解とされた場合を指すとする見解[7]からは、法律行為内容化判断に要素判断が取り込まれる。民法（債権関係）改正の審議過程でも、「法律行為の内容になっているとき」という規定表現に代えて、「表意者が法律行為の効力を当該事項の存否又はその内容に係らしめる意思を表示していたこと」との改正案が提示されたこともあった[8]。そこで、同じ動機の錯誤である限り性質錯誤でも足並みを揃えるとすれば、ある性質の存否が「債務内容」とされ契約責任レベルで「契約内容化」された場合にも、錯誤による契約覆滅というラディカルな効果に繋がる「法律行為内容化」が否定されうる。本判決はこのような形で一応正当化できる。

#### (2) 契約責任レベルでの契約内容化＝錯誤法での「法律行為内容化」とする理解

しかし、以上の理解は、法律行為概念の混乱を生む。契約上予定された性質の物を給付する義務が売主にある以上、錯誤法レベルでも「法律行為内容化」を認めるのが自然であろう。このような要件構成に親和的に映る裁判例もある。札幌地判平22・4・22判時2083号96頁（以下「札幌判決」という）は、新築マンションの構造計算書の偽装により耐震強度不足があった事案で購入者（消費者）の錯誤主張を認めており、当然の前提とされた性質は、表示がなくとも法律行為の内容になることを認めた裁判例と整理される[9]。本件は両当事者が当然の前提とした

性質を欠いた事案にもかかわらず、狭義の動機錯誤、しかも契約類型からして定型的には重要とはいえない事項に関する錯誤が問題となった平成28年判決に従った法律行為内容化判断をしたことに問題がある[10]。

そのうえで、本判決が法律行為内容化判断の中で掬い上げた事情、すなわち瑕疵があっても原則として修補に委ねんとする両当事者の意思は、錯誤の「要素」要件の問題に位置づけられる。内容化重視説の代表的論者の中には、契約内容化と法律行為内容化とを区別せず、内容化にもかかわらず錯誤の重要性（要素性）が否定される余地を指摘するものがある[11]。本件と同様に免震オイルダンパーの法令適合性違反に関する錯誤が争点となった東京地判令3・3・16（2021WLJPCA03168018）も、錯誤の要素性の問題とする。

### 3 売主の追完利益への配慮
#### (1) 売主の追完利益と錯誤による表意者保護

ただし、いずれの要件構成を採るにせよ重要なのは、当該性質欠如につき売主が修補義務を負う場合においてまでも、錯誤による契約覆滅を認めることの是非である。先の札幌判決では、耐震強度の不足は修補により解消されるので重大な錯誤に該当しないとの売主の主張に対し、売主の修補義務は錯誤の重要性に影響を与えない旨判示した。しかし、少なくとも売主の追完機会を保障する改正民法（562条1項ただし書）のもとでは調整が必要である。

本判決と札幌判決とでは追完済み否かに差異がある。札幌判決では、区分所有者の賛成が得られずに補強工事が実施されずにいた。錯誤による契約覆滅を認めるか否かにおいて、修補済みか否かは重要か。売主に修補義務が認められ、実際に修補が可能であるのに、買主側の拒絶によって修補をできずにいる場合における、買主の動機錯誤による契約覆滅の可否が争点となろう。ここでは、買主の追完受領拒絶が正当な理由によるものかどうか、換言すれば修補によって買主が予定していた契約目的を達成できるか、が問われるべきである。札幌判決では、耐震強度の不足自体は修補により解消可能なものの、耐震強度の不足が「決して軽微な瑕疵ではな」く、売主の提案する補強工事案も「大規模なものであり、共用部分が少なからず変更される」こと、「耐震強度の不足が恐怖心と直結する」ことが重視され、「新築マンションにあっては、耐震強度に関する錯誤は、錯誤を主張する者に契約関係から離脱することを許容すべき程度に重大なもの」とされた[12]。札幌判決

は、建物の耐震強度は重要であり、その偽装は、物理的な追完がいかに完遂され強度が回復されようとも建物への安心はもはや真に回復されず、契約目的が達成されないと評価しうる場合があることを示した事例と位置づけられる。修補済みか否かは契約の覆滅の可否に直結するとはいえない。追完による契約目的達成の可否こそが重要である。

#### (2) 2つの要件構成における追完利益への配慮

この基準を2つの要件構成に反映させよう。錯誤の「要素」の問題とする構成（2(2)）では、当該性質欠如があっても修補によって契約目的を達成できる場合に錯誤の重要性が否定される。本件では、事後的な交換工事によって錯誤の客観的重要性が欠けた[13]のではなく、交換工事により疑義を完全に解消することが当初から可能な程度の瑕疵であった点および本件ダンパー装着時であっても耐震強度に問題がなかった点から、錯誤の客観的重要性が欠ける、と理解すべきであろう[14]。あるいは、買主は瑕疵があっても修補を予定していたとして主観的因果関係が欠けると理解することもできよう。

これに対し、法律行為内容化の中で契約の効力否定を正当化するだけの性質欠如かを問題とする構成（2(1)）からすれば、契約解釈によって、どの程度の性質欠如（契約不適合）があれば契約解消を予定したか（反対にどの程度の性質欠如であれば修補に委ねることとされたか）が問われる。平成28年判決の判断方法については、錯誤独自の表意者保護機能を失うことへの疑問が呈された。事業者同士の取引の場合に射程を限定しようとする見解もその一環である。とりわけ、解除条項がある場面での本判決のような「合理的意思解釈」は、解除条項の対象局面でしか錯誤主張を認めない結果に至る（錯誤と約定解除との接近）。もちろん、解除条項がある場合、契約解消の是非をめぐるリスク配分はここに尽きていると評価すべきケースはあるだろう。しかし、仮に契約締結前にある懸念を想定できたとしても、その場合に契約解消を欲する側が常に解除条項として契約に盛り込むことができるわけではない。性質欠如ケースでは、修補によってなお契約目的を達成できるだけの性質欠如なのかを端的に問うことも選択肢であろう[15]。当事者に共通理解された[16]買主の使用目的を前提にすれば、修補によっても目的達成不能な性質欠如の場合、そうした性質欠如があったならば契約の効力を否定することが契約の前提とされている、と評価できるからである。平成28年判決とは異なるが、これもまた契約解釈である。

## 4　買主の性質錯誤主張の意義

　こうして性質錯誤ケースで修補による契約目的達成如何を問題とすることは、錯誤と法定解除との接近を意味し、やはり錯誤の独自性が薄れる。当事者間において解除要件を厳しく限定する解除権が約定され、民法の法定解除権が排除されていた場合に錯誤主張の意義が残るように思われるが、約定により排除された法定解除権を復活させるに等しい結果を招来するため、この是非は今後の課題となる。

　錯誤と瑕疵担保責任との適用関係をめぐっては、錯誤優先説、瑕疵担保責任優先説、選択可能説が存在した。現行民法の下では、契約不適合責任を優先する根拠として、その期間制限（民法 566 条）だけでなく、売主の追完機会の確保も含まれる[17]。契約で予定された性質が欠如したケースで、仮に買主の錯誤主張を排斥しないにしても、錯誤の要件の中で売主の追完機会に適切に配慮する必要がある[18]。

　ただし、錯誤主張の意義という観点からは、現行法が契約に適合した給付をする義務を認めることも重要である。性質錯誤ケースでは、買主は契約解消にとどまらず、売主が契約に適合した給付をしなかった責任として填補賠償を求めうる（民法 545 条 4 項、415 条 2 項 3 号）。買主が転売を予定した場合等のほか、買主が契約不適合物を使用することで利益を享受した場合にも損害賠償をとりあげる意味がある[19]。こうして買主の填補賠償請求まで併せ考えると、買主の予定した性質が契約内容とされ、「望まれた契約」を手にした買主が錯誤主張することは、適切な救済手段選択でないように思われる[20]。

（のなか・たかひろ）

---

1)　本評釈では、主たる争点となった本文記載の主張のみをとりあげる。
2)　動機錯誤を顧慮する要件としては、表示重視説、（錯誤あるいは錯誤事項の重要性の）認識可能性説のほか、法律行為内容化重視説が挙げられてきたが、近年では「法律行為内容化」の意義をめぐって契約前提・共通了解説と合意説とに分けて整理するものもある。森田修『「債権法改正」の文脈──新旧両規定の架橋のために』（有斐閣、2020 年）40 頁注 (38)、29 頁注 (21)〔初出 2016 年〕。
3)　そもそも「疑義すらないこと」が法律行為の内容となることがあるのか。本文後掲の東京地裁令和 3 年判決は、調査対象となった免震オイルダンパーの基準不適合物の割合から、当該マンションのダンパーも基準不適合であった可能性が相当程度あり、結果として「免震部材の設置に関して本件建物が建築基準法に違反する状態であった可能性が相当程度ある」との事実認定をした。本件でも、検査なしに廃棄されて立証が困難なために「疑義がないこと」と表現されているにすぎないと見るべきであろうか。
4)　特定物ドグマを肯定すれば、売主の修補義務が約定されていようとも、目的物の個別化に関わらない性質は契約内容とならない。山城一真「契約不適合責任」法セミ 818 号（2023 年）80 頁。
5)　山本敬三「『動機の錯誤』に関する判例の状況と民法改正の方向（上）」NBL1024 号（2014 年）19 頁。
6)　判例は一般に、動機の表示による法律行為内容化を、要素性を判断する際の要件とする（森田宏樹「民法 95 条（動機の錯誤を中心として）」広中俊雄＝星野英一編『民法典の百年Ⅱ』（有斐閣、1998 年）196 頁）ため、この点の態度が明確でない。
7)　現行 95 条 2 項の解釈をめぐって佐久間毅『民法の基礎 1 総則〔第 5 版〕』（有斐閣、2020 年）155 頁以下、武川幸嗣『プラスアルファ基本民法』（日本評論社、2019 年）86 頁。95 条 1 項 2 号の「法律行為の基礎とした事情」を「法律行為（の効力）が存在する前提とされた事情」と解する原田昌和「契約締結過程の規律と消費者法──誤認型不当勧誘を中心に」消費者法研究 9 号（2021 年）64 頁も参照。
8)　民法（債権関係）部会資料 79B・1 頁の甲案の 2 ア。
9)　山本・前掲注 5)20 頁。
10)　中野邦保「本件判批」法セミ 831 号（2024 年 3 月）139 頁は、契約に解除条項があった本件で平成 28 年判決に従った判断をしたことを批判し、錯誤の要素性要件の問題にすべきであったと説く。
11)　鹿野菜穂子「動機の錯誤の法的顧慮における内容化要件と考慮要素」内池慶四郎先生追悼論文集『私権の創設とその展開』（慶應義塾大学出版会、2013 年）245 頁・255 頁の注 (32)。
12)　この説示からすれば、札幌判決の事案で仮に補強工事に反対する区分所有者がより少なく、工事が実施された場合でも、同工事に反対した少数の買主には錯誤無効のよる救済の余地があるだろうか。
13)　法律行為後の事情により錯誤の重要性が低下することを認めるのは、佐久間・前掲注 7)156 頁。
14)　「キズ物」となることが致命的なこともあるが、判決文中における Y の主張によれば、X は本件マンション内の物件を適正な賃料で賃貸できていることが窺える。
15)　鹿野・前掲注 11)249 頁は、両当事者において前提とされた当該契約の目的も「内容化」判断の重要な考慮要因であると説く。
16)　この点で「要素」に関する合意原因説の着想を分析する山城一真「意思欠缺とは何なのか？」法セミ 803 号（2021 年）81 頁以下を参照。
17)　古谷貴之『民法改正と売買における契約不適合給付』（法律文化社、2020 年）50 頁。
18)　本件と異なり、修補可能性のある特定物のある性質が債務内容とならなかった場合に、当該性質欠如を理由に錯誤取消しを認めることに問題はないか。特定物ドグマが否定されたからといって、特定物の性状が常に債務内容に取り込まれるわけではない（佐久間・前掲注 7)165 頁）。認識可能性説から錯誤取消しがあり得るのはもちろんのこと、内容化必要説からも契約の前提とされれば足りると解する立場からは、債務内容となっていない性質の存在が法律行為の内容となる余地が残される。もっとも、債務内容とされた場合の売主には追完によって契約解消を回避する機会が与えられることに鑑みると、両者の均衡という課題を抱えている。この点で、債務内容になっていないにもかかわらず、法律行為の内容となり、錯誤の重要性要件も充たすという事態が生じることに疑問を呈するのは、潮見佳男「錯誤と原始的不能・契約不適合──制度間競合」法教 454 号（2018 年）88 頁。性質錯誤の場合、「動機が『法律行為の内容』」になれば、給付の内容を構成する」とするのは、山本・前掲注 5)19 頁。
19)　契約適合物の使用利益喪失損害を観念し、実際の使用利益分が損益相殺されることで使用利益返還が実質的に否定される。拙稿「契約不適合解除における使用利益の帰趨──買主の原状回復義務と売主の填補賠償責任の競合」日法 88 巻 3 号（2023 年）281 頁以下。
20)　「望まれた契約」を手にした買主を錯誤によって救済することに疑問を呈するのは、北居功「履行としての受領」法セミ 692 号（2012 年）80 頁。買主が想定した内容での契約の成立を認めた場合、本来錯誤を主張するのは売主のはずである。

# 取引 2 破産管財人による別除権の被担保債権に係る債務の承認と時効の中断

最三決令5・2・1
令4(許)16号、根抵当権実行禁止等仮処分命令申立
却下決定に対する抗告棄却決定に対する許可抗告事件
民集77巻2号183頁
第一審：函館地決令4・6・2民集77巻2号199頁
原審：札幌高決令4・7・11民集77巻2号229頁

髙　秀成　慶應義塾大学教授

現代民事判例研究会財産法部会取引パート

## ●──事案の概要

　Y信用金庫（債権者・相手方・相手方）は、株式会社X（債務者・抗告人・抗告人）より、X所有の複数の土地・建物（以下、併せて「本件各不動産」）につき、それぞれ根抵当権（以下「本件各根抵当権」）の設定を受け、その後、Yは、Xに複数回にわたり貸付を行い、本件各根抵当権によって担保される債権を有していた(以下、「本件各被担保債権」)。しかし、Xは、平成26年5月、手形交換所の取引停止処分に起因して、本件各被担保債権の期限の利益を喪失した。

　Xは、平成28年7月、破産手続開始の決定を受け、Aが破産管財人（以下「本件破産管財人」）に選任された。上記決定により、本件各根抵当権の担保すべき元本が確定した。本件破産管財人は、本件各不動産につき、任意売却を検討し、①Yとの間でその受戻しについて交渉（以下「本件交渉」）をしたが、任意売却の見込みが立たず、②Yに対し、破産財団から放棄する予定である旨の破産規則56条後段所定の通知（以下「本件事前通知」）をした上で、③平成29年2月28日付けの書面により、破産裁判所の許可を得て破産財団から放棄した旨の通知（以下「本件放棄通知」という。）をした。Aは、①本件交渉、②本件事前通知及び③本件放棄通知をするに際し、相手方に対して本件各被担保債権が存在する旨の認識を表示した。Xは、平成29年5月、破産財団をもって破産手続の費用を支弁するにあたり不足があることから、破産手続廃止の決定を受けた。

　Yは、令和4年1月、本件各根抵当権の実行としての競売の申立てをし、その後、同申立てに基づき、本件各不動産について担保不動産競売の開始決定がされた（以下「本件各競売事件」）。そこで、Xは、Yに対し、本件各被担保債権が時効消滅したことに

より、本件各根抵当権が消滅していることを主張し、本件各競売事件の停止及び本件各根抵当権の実行禁止の仮処分を申し立てた。

　原々審（函館地決令4・6・2民集77巻2号199頁）は、本件各被担保債権に係る消滅時効は、本件交渉、本件事前通知及び本件放棄通知をするに際し、本件破産管財人がYに対し本件各被担保債権が存在する旨の認識を表示したことにより、遅くともYが本件放棄通知を受けた時点において中断したとして、Xの申立てを却下した。これに対し、Xが即時抗告。

　原審（札幌高決令4・7・11民集77巻2号229頁）も同様、本件破産管財人がした上記①〜③を通じて本件各被担保債権が存在する旨の認識を表示したことが、債務の承認に当たり、本件被担保債権の消滅時効を中断する効力を有するから、本件被担保債権の消滅時効は完成していないとして、本件申立てを却下した。Xが抗告許可の申立てをし、原審が抗告を許可。

## ●──判旨

　抗告棄却。

　「時効の中断の効力を生ずべき債務の承認とは、時効の利益を受けるべき当事者がその相手方の権利の存在の認識を表示することをいうのであって、債務者以外の者がした債務の承認により時効の中断の効力が生ずるためには、その者が債務者の財産を処分する権限を有することを要するものではないが、これを管理する権限を有することを要するものと解される（〔平成29年改正前〕民法156条参照）。

　そして、破産管財人は、その職務を遂行するに当たり、破産財団に属する財産に対する管理処分権限を有するところ（破産法78条1項）、その権限は破産財団に属する財産を引当てとする債務にも及び得るものである（同法44条参照）。破産管財人が、別

除権の目的である不動産の受戻し（同法78条2項14号）について上記別除権を有する者との間で交渉したり、上記不動産につき権利の放棄（同項12号）をする前後に上記の者に対してその旨を通知したりすることは、いずれも破産管財人がその職務の遂行として行うものであり、これらに際し、破産管財人が上記の者に対して上記別除権に係る担保権の被担保債権についての債務の承認をすることは、上記職務の遂行上想定されるものであり、上記権限に基づく職務の遂行の範囲に属する行為ということができる。

そうすると、破産管財人が、別除権の目的である不動産の受戻しについて上記別除権を有する者との間で交渉し、又は、上記不動産につき権利の放棄をする前後に上記の者に対してその旨を通知するに際し、上記の者に対して破産者を債務者とする上記別除権に係る担保権の被担保債権についての債務の承認をしたときは、その承認は上記被担保債権の消滅時効を中断する効力を有すると解するのが相当である。」

## ●——研究

### 1 本決定[1]の意義と検討の前提

#### (1) 本決定の意義

まず、本決定は、平成29年改正民法施行前の民法（以下、改正前民法）の適用事案（平成29年改正民法附則10条2項）であり、破産管財人による一定の行為が、債務承認行為として時効中断効（改正前民147条1項3号）を生じるかが問題となった[2]。本決定の時効中断効についての判断は、債務承認による時効の更新（民152条）にも妥当する。

民法147条1項4号は、破産手続参加による完成猶予を規定する。そして、破産手続において、破産債権者が債権届出をして破産債権が確定した場合には、時効の更新が生じる（民147条2項）。しかし、改正前民法152条が規定していたように、破産手続参加は、債権者がその届出を取り下げ、却下されたときは、中断の効力を生じない。本件は、破産手続廃止の決定がなされた事案についてのものであり、結果的に破産手続参加そのものによる時効中断の効力が生じなかったことが前提となっている[3]。

本決定は、債務の承認には、承認主体に「財産を管理する権限」が必要であることを前提に、破産管財人による、①本件交渉、②本件事前通知及び③本件放棄通知をするに際し、相手方に対して本件各被担保債権が存在する旨の認識を表示した行為は、破産管財人の管理権限に基づく職務の遂行の範囲に属

する行為であるとして、上記被担保債権の消滅時効を中断する効力を有すると判断した。本決定は、破産管財人の一定行為に伴う債務の承認に時効中断効を認めた初の最上級審という点に加え、債務承認が権限に基づく職務遂行範囲内行為であるとして時効中断効を有すると判断した理由付けにも意義がある。

### 2 債務の承認

#### (1) 債務の承認の意義

本決定は、債務の承認を「相手方の権利の存在の認識を表示すること」と定義する。一般に債務の承認は、意思表示ではなく、観念の通知であり[4]、債務の存在を積極的に認める行為のほか、債務の存在を前提とする行為も債務の承認に該当し、明示・黙示を問わず、方式の限定もないとされる[5]。なお、ある行為が債務の承認であるか否かの判断には、意思表示の解釈と同様、表示者の認識のみならず、ある行為が「債務の存在を前提とした行為」と相手方に受け止められるべきか否かに関する規範的評価が介在する[6]。本件の事実について、本件の原審と別の裁判体による札幌高裁（札幌高決令4・10・11公刊物未登載）の判断とで結論が分かれたのは、この点に関する評価の違いによると推測される[7]。

#### (2) 債務の承認に必要とされる権限

債務者自身は、固有の財産管理権により、原則、債務承認をなしうることに疑いはない。民法152条2項は、債務承認にあたり、「相手方の権利について[8]の処分につき行為能力の制限を受けていないこと又は権限があることを要しない」と規定している。同条は、改正前民法156条と同趣旨とされ、この反対解釈から[9]、債務承認主体たりうるには、債務者の権利について管理権限を要すると解されてきた。その理由として、「承認による時効中断は、処分行為そのものではなく、すでに存在する相手方の権利を認めることによる不利益にすぎないので、能力や権限は必要としない」[10]などの説明がなされる。しかし、同条制定に至るまでの議論を参照すると、ここでは、本来、「積極財産たる金銭を用いて消極財産たる債務を弁済するような行為を含む、総体としての財産の管理行為を行う権限」[11]が問題とされていたことがわかる。

### 3 債務承認と破産管財人の権限範囲

#### (1) 破産管財人の権限が及ぶ範囲（㋐）

それでは、破産管財人に債務承認の権限があったといえるか。この点に関し、本決定に沿って、2つの分析視角を設定しうる。すなわち、破産管財人の権限にはいかなる範囲の財産に及びうるのか（㋐）、

と（債務承認と解釈されうる）当該行為が「職務を遂行する」にあたってなされたといえるか（④）、である[12]。⑦に関し、本決定は、破産管財人「の権限は破産財団に属する財産を引当てとする債務にも及び得るものである」と述べ、破産管財人の権限が及ぶ「財産」に債務（ないし消極財産）が含まれると解している。破産法学の多数見解[13]は本決定に同様に考えるようである。なお、破産債権である指名債権の譲渡を破産管財人に対抗するには譲渡人がこれを（破産者ではなく）破産管財人に通知し又は破産管財人が承諾することを要するとした最一判昭49・11・21民集28巻8号1654頁を援用するものもある[14]。

ただ、「消極財産」ないし「債務」の管理権限と言うとき、その内実はあまり明確ではない。その内実には、ⓐ債務負担行為の権限、ⓑ既存の、あるいはその存在が不確定な債務について訴訟担当として確定する意味での権限、ⓒ積極財産を用いて弁済するなどして総体財産に変動をもたらすレベルでの権限、（さらには、より端的にⓓ債務の認識を表明して債務を承認する権限）なども含まれうる。民法152条2項で本来、問題とされていた管理権限の意義に照らすならば、債務弁済の原資に充てるために、一定の目的と手続的制約のもと、債務者の（金銭などの）積極財産を利用する権限（上記ⓒ）が存在することを確認すべきであるるようにも思われる[15]。

**(2) 破産管財人の債務承認と職務遂行関連性（④）**

破産管財人の破産財団に属する財産に対する管理処分権限は職務遂行に関連する限りにおいて付与されるべきものであるから、破産管財人がした行為が債務の承認として時効中断効を生ずるためには、当該行為が破産管財人の職務の遂行の範囲に属するものであることが必要[16]である。まず、破産管財人が破産債権者に対して任意弁済することは手続の基本構造に反するものとして無効とされる（破産法100条参照）[17]。また、別除権についても、対象となる担保物は破産財団に帰属しており、その被担保債権も破産債権であることからすると、別除権に関する破産管財人の行為についても職務行為性を個別に検討する必要がある[18]。まず、①任意売却のための受戻し（破産法78条2項14号）に向けてその条件等を交渉し、交渉の方向性を左右するような別除権に関する自己の認識を表示することも、破産法上当然に予定されている[19]との指摘がある。次に、別除権者に対し、破産財団からの放棄を行う（破産法78条2項12号）にあたり、被担保債権の存在の認識

は必須とまではいえないが、本件被担保債権の存在の認識を表示しつつ放棄に至った経緯の説明を付加するなどして上記各不動産を破産財団から放棄する（した）旨の通知をすることも（②③）、破産管財人の職務遂行の手法の一つとして裁量の範囲内の行為とされる[20]。そして、それぞれが、破産法等で予定された行為であり、その遂行にあたり、債務の存在の認識を明らかにすることが必要ないし有用である点が、債務の承認の職務遂行関連性を基礎づけている。この職務遂行関連性は、破産管財人の権限のいわば客観的範囲を画しているともいえる[21]。

**4　その他の問題[22]**

本判決と大判昭和3・10・19民集7巻801頁（以下、「昭和3年大判」）との整合性はどうか。昭和3年大判は、旧商法破産篇適用下の破産事件であり、破産管財人が、破産手続を簡易に終了させるために、既に異議を述べていた破産債権について、異議の撤回の手続を経ることなく当該破産債権について債務の承認をして破産債権者に当該破産債権を取り下げさせた行為について、債務の承認を認めなかったものである。ここでの破産管財人の行為は、破産管財人の職務の遂行の手法として正当ではなかったという事案であり、職務遂行範囲を超えており、本決定とは事案を異にするとされる[23]。

なお、本決定で問題とされた破産管財人の交渉や通知に際し、（「これは、いかなる意味においても、債務を承認するものではない」と付言するなど、）債務の存在についての認識を留保することは可能か否か。平成29年民法改正で新設された「協議を行う旨の合意による時効の完成猶予」（民法151条1項柱書）の前提となっている（時効の更新を伴わない）「協議」の像に照らしても、債務の認識を留保することにより債務承認を回避する運用を一律に否定すべきではないであろう。

いくつかの評釈は、「放棄にあたり債務の存在を認めることは不可欠ではないが」と指摘する[25]。そうすると、必要不可欠ではない行為によって、債務の承認を行い、結果的に時効の更新の不利益をもたらしたことで、債務者との関係で義務違反の問題が生じるか[25]。本来は、破産手続開始決定により、時効の完成猶予が生じ（民147条1項4号）、破産債権が確定した場合に、時効の更新が生じる（民147条2項）。また、「破産管財人は、職務を執行するに当たり、総債権者の公平な満足を実現するため、善良な管理者の注意をもって、破産財団をめぐる利害関係を調整しながら適切に配当の基礎となる破産財団を形成すべき義務を負」っている（最一判平18・

12・21 民集 60 巻 10 号 3964 頁。現行破産法 85 条 1 項も参照)[26]。一般論としては、職務関連行為である限りにおいて、破産管財人には広範な裁量が認められ、債務承認行為について、（権限濫用意図や害意がない限り）債務者との関係で義務違反は認められにくいであろう。他方で、個々の職務との関連で債務承認の必要性が乏しい、あるいは明らかに破産手続廃止が見込まれるなどの場合において、（債務承認を回避する実務の可否とその運用の定着の度合いも勘案しつつ、）義務違反の問題が生じる余地は否定できない。

（こう・ひでなり）

1) 本決定の評釈として、石毛和夫「本件判批」銀行法務 21・897 号（2023 年）69 頁、加藤哲夫「本件判批」判例秘書ジャーナル（文献番号 HJI100175）（2023 年）、小島庸輔「本件判批」新・判例解説 Watch33 号（2023 年）91 頁、米倉暢大「本件判批」新・判例解説 Watch33 号（2023 年）227 頁、田中洋「本件判批」法学教室 519 号（2023 年）152 頁、伊東俊明「本件判批」・法学教室 520 号（2023 年）117 頁、中嶌諏訪「本件判批」ジュリスト 1591 号（2023 年）112 頁、山本和彦「本件判批」金融法務事情 2225 号（2024 年）54 頁、加藤新太郎「本件判批」NBL1259 号（2024 年）97 頁。

2) 山本・前掲注 1)54 頁も参照。

3) 本決定は、平成 29 年改正前商法 522 条が適用され、問題となる債権の時効期間は 5 年である。履行期の到来は平成 26 年（2014 年）5 月であり、本来の時効消滅時点は令和元年（2019 年）5 月となる。しかし、問題となった破産管財人の行為は令和元年（2019 年）5 月であり、もしこれに時効中断効が認められると、競売申立時の令和 4 年（2022 年）1 月には、時効は完成していないことになる。

4) 川島武宜編『注釈民法 (5)』［川井健］（有斐閣、1967 年）120 頁。

5) 大判大 3・12・20 民録 20 輯 1067 頁は、債務承認を「権利存在の事実を認識する相手方の一方的行為」としている。判例にあらわれた債務の承認と認められた行為の具体例については、米倉・前掲注 1)229 頁に詳しい。

6) 山本敬三『「契約の解釈」の意義と事実認定・法的評価の構造──債権法改正の反省を踏まえて』法曹時報 73 巻 4 号（2021 年）36 頁。は、民 152 条の法定効果規範の該当性に関し、一定の自然的事実の認定に続き、同事実の債務承認の意味づけを行うことで、要件該当性が判断されるという構造を示す。

7) なお、中嶌・同 112 頁によれば、本件の関連事件として、本件の原審と別の裁判体による札幌高決令和 4・10・11 公刊物未登載があり、同決定は、①〜③による上記認識の表示は、本件被担保債権の消滅時効を中断する効力を有しないとして、上記仮処分命令の申立てを認容する旨の決定を認可する決定をし、本件の原審とは異なる判断を示したとされている。

8) この文言につき、我妻榮『民法講義 I 新訂 民法総則』（岩波書店、1965 年）472 頁は、「相手方の中断される権利を自分で持っていたと仮定して、これを処分する権限又は能力を有しない者の承認も、中断の効力を生ずるということである」とする。

9) 旧民法証拠編 122 条および法典調査会における原案には、積極的に「管理の能力又は権限」を要求する趣旨の規定が示されていたが、最終的に削除された。その理由は、同規定に先立つ 4 カ条が否定形で規定されていたことに合わせたと推測されている（川島編・同 123 頁）。ここから、旧民法証拠編や原案の趣旨は、現行法においてもなお妥当するとされる（山本・前掲注 1)57 頁。改正前民法については、大判大 8・4・1 民録 25 輯 643 頁）。

10) 川島編・前掲注 4)123 頁［川井］。山本・前掲注 1)57 頁は、債務承認行為を一種の処分行為（事実上の債務負担行為）と見る余地を示しつつ、「判旨は、消滅するはずであった債務の残存は、承認の直接的な効果ではなくあくまでも反射的効果（不利益）にとどまるという理解かと思われる」とする。

11) 田中・前掲注 1)132 頁による、梅謙次郎『民法要義巻之一総則編〔訂正増補第 33 版〕』392 頁以下の簡明な要約。

12) 山本・前掲注 1)56 頁による。

13) この点につき、山本・前掲注 1)56 頁も参照。破産管財人の管理処分権に含まれる行為の具体例として「債務の承認」を挙げるものとして、斎藤秀夫ほか編『注解破産法〔第 3 版〕（上）』（青林書院、1998 年）80 頁［小室直人＝中殿政男］。伊藤眞は、破産管財人が当事者適格を有しうる訴訟の範囲から、権限が及ぶ範囲は、法定財団のみならず、現有財団にも及ぶとする（伊藤眞『破産法・民事再生法〔第 5 版〕』〔有斐閣、2022 年〕212 頁）。また、消極訴訟については、現有財団を意味するとする理解として、山本克己ほか編『新基本法コンメンタール破産法』（日本評論社、2014 年）111 頁［垣内秀介］。加藤・前掲注 1) 6 頁は、破産管財人による破産財団に影響を及ぼす一切の行為をなす権限の対象が消極財産に及ぶことは財産権債権や別除権の承認（破産法 78 条 2 項 13 号）の規定や、債務につき和解ができること（同 13 号）からも明らかで、とする。

14) 中嶌・前掲注 1)113 頁。破産管財人の配当権限があることを前提として、旧破産法上の通説も同様の立場をとる（輪湖公寛・最判昭和 49 年度 625 頁も参照）。ただし、旧破産法 190 条には破産管財人への郵送物の配達の義務的嘱託の規定が存したが、現行破産法 81 条 1 項では「嘱託することができる」と変更されている。

15) ⓒの弁済権限が認められる場合には、当然、債務承認権限も包摂されて認められていると言えるし、3(2)（ⓓ）を踏まえて、破産管財人の職務遂行として期待される業務の不可欠の前提として「債務の認識を表明すること」が予定されている場合には、端的に債務承認権限（ⓓ）が認められているという説明もありうる。

16) 中嶌・前掲注 1)113 頁。

17) 伊藤眞ほか『条解破産法〔第 3 版〕』（弘文堂、2020 年）769 頁、伊藤・前掲注 15)297 頁。

18) 山本・前掲注 1)58 頁。

19) 中嶌・前掲注 1)113 頁、米倉・前掲注 1)230 頁、山本・前掲注 1)59 頁。

20) 中嶌・前掲注 1)113 頁、米倉・前掲注 1)230 頁、山本・前掲注 1)59 頁。

21) 職務遂行関連性が認められない場合、民法 110 条類推による時効更新効が認められうるかにつき、米倉・前掲注 1)230 頁注 3)。

22) 本決定の射程に関し、ⓐ別除権以外の債権等の類型（破産債権、財団債権、取戻権等）、②破産手続以外の倒産手続（民事再生、会社更生等）について、山本・前掲注 1)62 頁は、職務遂行範囲に関する本決定のは基本的に妥当するという。

23) 中嶌・前掲注 1)114 頁。山本・前掲注 1)61 頁は、昭 3 年大判の事案は、現行法では破産廃止となるべき事案であり、債権届出の取下げを求める必要はそもそもないと指摘する。

24) 中嶌・前掲注 1)113 頁、山本・前掲注 1)59 頁。

25) 小島・前掲注 1)94 頁は、破産管財人の行為の職務関連性につき、その善管注意義務や公平忠実義務などを考慮した検討の余地を指摘する。ただし、同 94 頁は、債務承認そのものの義務違反性を問題にするわけを問うものではない。

26) なお、抗告理由（民集 77 巻 2 号 193 頁）では、破産管財人は債務者の代理人とは言えず、公平中立義務を負っており、債務の承認をなしえない、との主張がなされていた。これに対し、破産管財人の法的地位論は、本決定の問題の解決の採否に直結するものではないとされる（中嶌・前掲注 1)114 頁）。

# 担保　建物建築の下請負人による敷地に対する留置権の主張の可否

大阪地判令5・1・19
平28(ワ)9097号、工作物収去明渡等請求事件
令3(ワ)3589号、土地明渡等請求事件等
判タ1512号173頁、金判1674号38頁

**田髙寛貴**　慶應義塾大学教授

現代民事判例研究会財産法部会担保パート

## ●──事実の概要

X₁社は、グループ企業であり代表取締役を同じくするX₂社から本件土地を賃借し、同地に有料老人ホームとして使用する本件建物の建築工事をA社に請け負わせた（第１請負契約）。その後、AはB社に、BはC社に、CはD社に、DはE社に、それぞれ上記工事の下請負をさせる契約が順次締結された（第２～第５請負契約）。なお、第１～第３請負契約の当事者間では脱税工作のやりとりが度々されていた。また、第４・第５請負契約に関しては、Eが設立直後で資本力に不安があったため、EがDに相談して「C→D→E」の形がとられた、という経緯があった（以下、DEを「Dら」という）。

Aは、X₁から代金の前払を受け、その一部でBに前払をしたが、破綻状態のBはこれを別の経費に充てたため、CはBから支払を受ける見込みがなくなった。そのため、CはDからの出来高分の支払請求を拒否し、Dは工事を中断した。

以上のような事実のもと、まずX₁がDらに対して、①X₁の不動産賃借権に基づく妨害排除請求権またはX₂の所有権に基づく返還請求権の代位行使として、本件土地上に残置された建前や廃棄物の除去と本件土地の明渡しを請求し、また、②本件土地の不法占有のため老人ホーム事業の収入が得られなかったとして、不法行為に基づく損害賠償金の支払を請求した。その後、同事件の訴訟継続中にX₂が権利主張参加し、X₁と同様、Dらに対して、明渡請求及び賃料相当損害金の支払請求等をした。

## ●──判旨

一部訴え却下、一部認容。

### 1　X₁の明渡請求について──却下

債権者代位権は債務者が自らその権利を行使している場合には行使できないから、物権的請求権について所有者兼賃貸人であるX₂が行使している以上、賃借人であるX₁が債権者代位権を行使することはできず、X₁のDらに対する明渡請求は債権者代位の要件を欠く不適法な訴えである。

### 2　X₂の明渡請求について──認容

(1)　建物全体に関する被担保債権を有し、建物を留置できる場合に、留置の物的範囲が当該建物に限定され、当該建物の敷地に及ばないとすると、建物の留置もできないこととなってしまう。そのため、留置権の効力は目的物の留置に必要不可欠な他の物にも及ぶと解すべきであり、土地上に存在する建物に生じる留置権の効力は、建物の留置に必要な限りでその敷地の留置も認められると解すべきである。

(2)　「留置権は担保物権であって、債権者以外の第三者に対しても主張できるのが原則であり、本件のように、建物新築工事について、注文者・元請、元請・下請と順次請負契約が締結された場合に、注文者が元請に代金を支払っていないために元請が下請に代金の支払ができないときには、元請がその請負代金債権を被担保債権として請負契約の目的物である建物及びその敷地を留置することができるのと同様に、下請もこれらを留置することで注文者に対して代金支払を間接的に強制することが許されるが、注文者が元請に代金を支払済みであるにもかかわらず元請が下請に代金を支払っていないときには、元請が注文者に留置権を行使できない以上、注文者との関係で元請の履行補助者的立場にある下請も同様に留置権を行使することができないと解すべきである。仮に後者の場合に下請に留置権を認めた場合、注文者が元請と下請に二重に代金を支払うことを間接的に強制され、元請の無資力のリスクを注文者が負担することになってしまうことになるが、このように下請の債権を注文者の犠牲の下で保護す

ることは、当事者の公平を図るという留置権の上記
趣旨を超えるものである。」

本件では、第1・第2請負契約の請負代金について出来高を超えた支払が既にされているから、本件鉄骨基礎を所有し本件土地を賃借する$X_1$との関係でDが留置権を行使することはできない。

3 $X_1$・$X_2$の損害賠償請求について——棄却

判決は、Dらが不法占有により損害を生じさせたことを認めつつ、$X_1$と$X_2$いずれの請求も斥けた。$X_2$の請求については、本件土地の利用価値は$X_1$からの賃料収入によって回収されているから損害が生じたとは認められないとした。他方、$X_1$からの請求については権利濫用として許されないとした。その理由は以下のとおりである。

Aは、Bの経営状況が悪化し、Bの下請業者から直接代金の支払を求められる状況にあったことから既払額を明確にするために公正証書まで作成しておきながら、$X_2$グループの脱税工作に協力する見返りとして、第2請負契約では出来高払とされていたために本来応じる必要のない工事代金の前払の要求に応じ、Bが破綻した後は、Bの下請への支払に充てられることがないことが明らかであったにもかかわらず、Bやその関連会社に代金等の支払をしている。そして、BのCに対する支払が滞った結果、Cから支払を受けられないDが本件建物の建築工事を中断し、留置権を主張するに至ったのであり、これについてはAが自ら招いた事態ということができる。そして、$X_1$もAも$X_2$グループの一員ないしそれと同視すべき関係であるのみならず、$X_1$のAへの支払が、AのBへの支払の原資となるような額・時期にされていたことからすれば、$X_1$も上記の状態の作出についてAと同様の関与があったことが推認される。また、$X_1$は、(本件土地に廃棄物を不法投棄した)Fからの廃棄物撤去の申出を拒否し、本件土地上での有料老人ホームの設置運営の実現を阻害する要因を除去しないまま放置し、不法投棄に全く関係のないDらにその撤去を求めるに至っている。

これらの事情を考慮すると、$X_1$が本件土地上で有料老人ホームを設置運営できないのは、脱税という不法な目的の実現に関与し、その結果として、Dの工事の中断・留置権の主張という事態を招いたことに加え、帰責性のないDらによる廃棄物の撤去に固執する余りその存在を現在まで放置していることがその主たる要因というべきであり、そうであるにもかかわらず、Dらに対して有料老人ホームの設置運営に係る利益を損害賠償として請求するのは権利の濫用であり、認められない。

● ——研究

1 はじめに

本判決は、下請負代金債権を被担保債権とする留置権につき、代金既払の注文者に対する下請負人の主張を斥けたものである。留置権の成否をめぐっては、とくに債務者以外の第三者に対する主張の局面において議論が錯綜しており、本判決は、そうした類型にある一事例を扱ったものとして注目される。

本判決は下請負人の地位を元請負人の履行補助者的立場にあるとする最高裁判決(最三判平5・10・19民集47巻8号5061頁)をふまえたものであり、一般論としては是認しうる。しかし、$X_1$の損害賠償請求を権利濫用とするだけの事情があることに鑑みると、本判決でも一般論と同じ帰結をとるのは、留置権の制度趣旨である「公平」に則ったものといえず、賛成できない。以下、留置権の牽連性要件の捉え方に関する一般論から考察を始めたい。

なお、本件においては、新設された423条の5の適用下における代位訴訟への債務者の参加の取扱いや、その場合の代位訴訟の帰趨も問題となるが(→判旨1)、その検討は紙数の関係で割愛する。

2 留置権の「牽連性」要件の再考

牽連性に関しては、「債権がその物自体から発生した場合」「債権が物の返還請求権と同一の法律関係または同一の事実関係から発生した場合」としばしば説明されるものの、これが留置権の成否を決する基準として機能しているとはいい難い。それは、本来的意味での債権と物との牽連性[1]のほかに、「効力の及ぶ物的範囲」「効力の及ぶ人的範囲」に関する判断が混入していることが原因であると考える。

「効力の及ぶ人的範囲」について若干敷衍する。債務者に対する留置権の主張は是認しえても、第三者に対する主張は認めがたい、という事案は少なくない。例えば本件でも、Dは、$X_1$には留置権を主張できないとしても、債務者Cからの明渡請求に対しては問題なく留置権の主張が認められてよいだろう。このことを物と債権の牽連性で捉えるのには無理があり、ゆえに留置権の効力の及ぶ人的範囲の限界として整理されるべきと考える[2]。なお、効力の及ぶ人的範囲の限界を超えるという判断は、条文の文言上さしあたり、牽連性がない、という形で表さざるをえないだろう。ともかくも、牽連性要件には効力の及ぶ人的範囲として捉えるべき要素が含まれている、というのが筆者の見解である。

3 建物建築請負代金債権に基づく敷地の留置

建物建築請負代金債権は建物との牽連性がある

から、建物には留置権が認められるのは当然として、敷地も留置をすることができるか（→判旨2(1)）。前述した「効力の及ぶ物的範囲」の問題である。

学説には、牽連性のない以上、敷地には留置権が成立しないとする見解もあるが[3]、多数説は、建物の留置に必要な範囲での敷地の留置を認める。一般論としても、留置権の実効性を確保するのに必要不可欠な範囲で、留置権の効力が牽連性のある物以外にも及ぶことは是認されるべきと考える[4]。本件においては、被担保債権が建物本体に直接関わるものだけに、敷地の留置は当然認められてよい[5]。

### 4　債務者以外の第三者に対する留置権の主張

### (1)　第三者に対する留置権の主張の可否

債務者以外の第三者に対する留置権の主張の可否が問題となる事案の典型としては、転売事例（Aから購入した物をBが代金未払のままCに転売）があげられる。判例は、Aが、Bに対する代金支払請求権をもってCに留置権を主張することを、留置権が物権であることを理由として是認している（最一判昭47・11・16民集26巻9号1619頁）。Bの転売によってAの留置権の主張が封じられるべきではなく、実質面からみてもこの帰結は妥当なものといえよう。

他方、二重譲渡事例（BがAに不動産を売却し占有を移転させた後、Cにも売却しCが対抗要件を具備）につき、判例は、AがBに対する損害賠償請求権をもってCに留置権を主張することは認めない（最一判昭43・11・21民集22巻12号2765頁）。転売事例と二重譲渡事例とで結論が相違する論拠については種々の見解があるが、後者の場合は物の引渡拒絶の相手方と被担保債権の債務者が当初から別人であることを理由とするものが目立つ[6]。しかし、譲渡に伴って生じた損害賠償請求であっても、留置権が認められるべき場合はありうるのであって[7]、第三者の出現が留置権成立の前か後かという基準では、留置権主張の可否を適切に決することはできない。

こうした形式的基準ではなく、むしろ直截に、第三者に対して留置権を主張することによって債務者に対する履行の強制が図られるべきといえるかを、各当事者の関係性等をふまえ、実質に立ち入って判断すべきではないかと考える。

### (2)　下請負契約の特殊性

本件は、契約の連鎖のなかで留置権を主張する者と相手方の登場順が逆ではあるが、転売事例と類似する。それでも本判決が転売事例と異なる結論としたのは、下請負人の地位に着目したことによる（判旨2(2)）。前掲・最高裁平成5年判決は、注文者と元請負人との間で出来高部分の所有権の帰属につい

て約定があれば、下請負人は所有権を主張しえないとしたものである。下請負契約の締結という請負人側の事情いかんで注文者の権利状態が左右されるのは妥当ではない。留置権主張の当否についても、元請負人が無資力で下請負人に未払であるからといって、代金を支払済みの注文者にしわ寄せさせるべきではないのは当然といえよう[8]。

そのことをふまえつつ、さらに検討されるべきは、①留置権が否定されるべきは下請負契約に限ったことなのか、②下請負人からの留置権の主張はすべて否定されるべきなのか、という2点である。

### (3)　三者の関係性を考慮することの要請

本件で留置権の主張が否定されたのは、下請負契約の当事者（債権者−債務者）と請負契約の当事者（債務者−第三者）とでは、前者のほうが近接した関係にあることに起因する、ともいえる。こうした各関係当事者間の距離関係の相違は、第三者に対する留置権の主張の可否を判断する際、一般的に考慮されるべき事項となるのではないか。

転売事例にしても、第1売買の当事者（売主−買主）が、第2売買の買主（転得者）からみて内部関係と目されるような近接性をもつ場合、例えば、流通過程にある自動車販売の所有権留保（ディーラー−サブディーラー−顧客）のような事例では、別の結論となることが想定される[9]。サブディーラーがディーラーに代金を未払であったとしても、顧客がサブディーラーに代金を完済しているのなら、ディーラーが顧客に対して留置権を主張し引渡しを拒むことはできないものと解される。中間者（サブディーラー）の無資力のリスクは、ディーラーにおいて引き受けるべきものといえるからである。

このように考えると、債務者以外の第三者に対する留置権の主張の当否については、留置権を主張する相手が、債務者の無資力を引き受けるべき、すなわち留置権を主張される不利益を強いて、債務者に支払を促し、債務の履行について責任を負うべき立場にあるか否かで判断されるべきと考える。債権者と債務者の関係が密であれば第三者に対する留置権の主張は否定され、債務者と第三者の関係が密であれば留置権の主張は肯定される、ということがいえるのではなかろうか。

### 5　本件におけるDの留置権主張の可否

### (1)　本件事案における特殊事由

$X_1$の損害賠償請求を権利濫用とした理由（判旨3）にも示されているとおり、かねてより$X_2$グループとAは、Bを巻き込んで脱税工作を重ねていた。$X_1$からA、AからBの代金前払は、便宜を図った見返

りとしてされたものである。しかも、前払した工事代金がBの下請への支払に充てられる見込みがないことを両者は承知していた。さらにいえば、本稿では紹介を割愛したが、（請負契約とは無関係の名目とされ、「還流」とするDの主張は斥けられているものの）X₁がAに支払った請負代金の額に匹敵する金員がAからX₁に交付されてもいる。こうした事情をふまえ、本判決は、「X₁のほか、AもX₂グループの一員ないしそれと同視すべき関係」と断じている。

DはAやX₁の脱税工作に巻き込まれ、支払を受けられなくなったのであり、そのDが、脱税の一翼を担うBの無資力のリスクを負担せねばならないというのは、いかにも不当である。CからDへの支払を実現させるために、A、そしてその背後にいるX₁こそが積極的に策を講ずるべきである。留置権は、約定担保を利用しがたい債権者を保護するために用意された法定担保であり、X₁ABの脱税工作・Bの延命の策に巻き込まれたDこそ、留置権による保護が与えられるべきである。

脱税工作をはかる密接な協力関係にあったという事実は、X₁の損害賠償請求を権利濫用とするのみならず、Dによる留置権の主張を是認するための判断要素に入れられるべきものというべきであろう。

**（2）留置権による保護をDに与える必要性**

留置権は、引受主義に起因する事実上の優先弁済効ゆえに、抵当権の実行を脅かす存在にもなりかねず、安易にその成立が認められるべきではない。本判決がDらの留置権を否定したのは、そうした一般的危惧が影響したのかもしれない。また、損害賠償請求を斥ける判断に至らしめた諸事情は、留置権の被担保債権を生じさせた契約関係に直結するものばかりではなく、そうした背景事情を留置権の成否の判断に入れることへの躊躇があった可能性もある。

Dの賠償金の支払を不要としたのは、結果的には不法占拠としては評価しないという見方にも通じ、その意味では、Dの留置権の主張を半ば認めたに等しいといえなくもない。しかし、X₁からの損害賠償請求は権利濫用として斥けられても、X₁が本件土地の賃借権を第三者に譲渡した場合には、この譲受人から不法占拠による損害賠償を請求されれば、Dは応じざるをえないだろう。そうした事態を想定すると、請負代金の支払を確保する方途として第三者効をもつ留置権の主張をDに認める必要性があるのは明らかであろう。

**6 おわりに**

留置権の主張の当否判断については、茫漠とした公平なるものに依存せず、基準の明確化が目指されるべきではある。とはいえ、とくに債務者以外の第三者に対する主張においては、主張する相手に被担保債権にかかる債務の履行を間接的に強制する負担を及ぼしてよいかという見地から、諸般の事情を総合考慮し、各人の立場や利害関係から実質的に判断することが必要になると考える。転売事例だからとか、下請負人の主張だから、といった形式的な面だけで判断するのでは、公平に適った結論が導けない可能性がある。本判決は、このことを認識させる好個の素材として受け止められるべきであろう。

（ただか・ひろたか）

---

1) 筆者の私見は、物との牽連性がある債権として、(a) 物の価値の維持・増加に関わる債権、(b) 物の交換価値を体現する債権、(c) 物から生じた損害に関わる債権の3類型を掲げる（後藤巻則他編『プロセス講義民法Ⅲ担保物権』〔信山社、2015年〕234頁以下〔田髙執筆〕）。

2) 牽連性ではなく、人的範囲の問題として債務者以外の第三者に対する留置権の主張の当否を捉えるものとして、道垣内弘人『担保物権法〔第4版〕』（有斐閣、2017年）31頁、松岡久和『担保物権法』（日本評論社、2017年）252頁以下。私見もこの立場に与する（田髙『クロススタディ物権法』（日本評論社、2008年）166頁以下等）。

3) 栗田哲男「建築請負における建物所有権の帰属をめぐる問題点」金法1333号10頁、山崎敏充「建築請負代金による敷地への留置権行使」金法1439号63頁等。

4) 道垣内・前掲注2)31頁、松岡・前掲書245頁、安永正昭『講義物権・担保物権法〔第4版〕』（有斐閣、2021年）517頁等。なお、以前の学説・裁判例では、敷地を留置できることを「留置権行使の反射的効果」と説明するものが多くみられた（最一判平9・7・3民集51巻6号2500頁の原判決、澤重信「敷地抵当権と建物請負報酬債権」金法1329号25頁、淺生重機「建物建築請負人の建物敷地に対する商事留置権の成否」金法1452号19頁等）。

5) 判例は、建物買取代金請求権による敷地の留置を肯定するが（大判昭14・3・24民集18巻877頁）、建物の費用償還請求権による敷地の留置を否定する（最一判昭44・11・6判時579号52頁）。被担保債権と建物の牽連性の度合いは様々であり、判例には、被担保債権に比し目的物の範囲が過大にならないようにする姿勢をみてとることができる。

6) 高木多喜男『担保物権法〔第4版〕』（有斐閣、2005年）24頁、近江幸治『民法講義Ⅲ担保物権〔第3版〕』（成文堂、2020年）24頁等。

7) 判例は、譲渡担保権者が第三者に譲渡した場合において、弁済期後譲渡により生じた清算金支払請求権による留置権の主張は肯定するのに対し（最二判平9・4・11集民183号241頁）、弁済期前譲渡により生じた損害賠償請求権によるものは否定する（最一判昭34・9・3民集13巻11号1357頁）。しかし、設定者の要保護性の見地からすれば、前者で留置権が認められるなら、後者ではなおのこと認められてよい（田髙・前掲注2）289頁。道垣内・前掲注2)25頁も同旨）。

8) 下請負人が履行補助者的立場にあることを理由に、下請負人から注文者に対する留置権の主張を退けた下級審裁判例として、京都地判平13・12・21（2001WLJPCA12219007）がある。

9) 最二判昭50・2・28民集29巻2号193頁は、所有権留保特約付売買がディーラー－サブディーラー－顧客間で順次された場合につき、ディーラーのユーザーに対する引渡請求を権利濫用として否定したもの。本文で想定したのは、目的物の占有をディーラーが続けていた場合であり、この判決の事案とはその点で前提を異にする。

# 不動産　他の土地へのガス管の設置が認められた事例
## ——民法213条の2が適用されるとどうなるか

東京地判令4・3・23
平31(ワ)5964号、令2(ワ)6416号
私道掘削等請求、訴訟承継参加事件
判時2559号39頁

秋山靖浩　早稲田大学教授

現代民事判例研究会財産法部会不動産パート

●——事実の概要

本件に関係する土地の現況は、次のようである。

136番4、136番5の各土地はZ1（原告訴訟承継参加人）[1]が、136番6の土地はXがそれぞれ所有している。Z1とXは夫婦であり、136番5の土地上の本件建物1（Z1所有）および136番6の土地上の本件建物2（X所有）を自宅として使用している。

121番2の土地はY1とY2が共有している。121番2の土地のうち、136番4・136番6の土地などに接する幅員4メートルの範囲は建築基準法42条1項5号による道路位置指定（本件道路位置指定）を受けている。本件土地部分は、本件道路位置指定を受けた土地の範囲に含まれており、現在、道路として使用されている。また、本件土地部分には、既存ガス管と既存街灯柱がそれぞれ存在している。

これらの土地等の位置関係を簡略化したものが【図】である。

Xらは、本件各建物の建替えに際して、本件土地部分の一部を深度1mまで掘削し、既存ガス管・既存街灯柱の撤去および新設ガス管の埋設をして、これを埋め戻し原状回復するための工事（本件工事）をする必要があったが、Yらはこれに反対する意向を示している。そこで、Xらは、下水道法11条および民法209条以下の相隣関係の趣旨の類推に基づき、本件土地部分に新設ガス管を埋設することについて法定導管設置権を有しており、また、それに伴う既存ガス管・既存街灯柱の撤去を承諾しないことは相隣者一般に期待される信義則に反した不作為に当たり許されないと主張して、Yらに対し、上記工事に対する将来の妨害行為の禁止を請求した[2]。Yらは、本件各建物の建替え自体が不要であると反論した他、仮に法定導管設置権が認められるとしても、その根拠となる民法211条1項・下水道法11条1項に照らすと、別の土地に新設ガス管を設置するのが最も損害の少ない部分・方法であるなどと反論した。

【図】

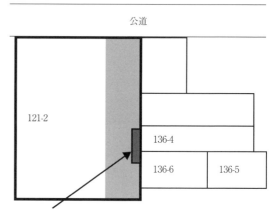

公道

121-2

136-4

136-6　　136-5

既存ガス管・既存街灯柱
※121番2の土地の色付き部分：本件土地部分

●——判旨

本判決は、次のように判示してXらの請求を認容した（なお、以下の①～④は叙述の便宜のために評釈者が付したもの）。

民法220条・221条は、「同法制定当時にも日常生活上不可欠なライフラインとして存在した水に関し、特に井戸など敷地内の設備によって処理することが難しい人工的排水や通水につき、上記利用の調節に基づく当然の互譲として、他人の所有地の利用や同地上にある設備の使用を認めた趣旨と解される。

上記趣旨に鑑みると、民法は、人工の排水や通水に限らず、上水道のための導管の設置や、また、ガスや電気など水以外の日常生活上不可欠なライフラ

インの導管の設置のために、他人所有の隣接地を利用する必要があれば、上記の当然の互譲として同利用を認める趣旨と解することができる。そして、下水道法11条1項が、公共下水道の共用が開始された場合（同法10条）において他人の土地に排水設備を設置することなどを認めていることに鑑みると、民法は、他人所有の隣接地上の導管の使用にとどまらず、同地上に導管を設置することも許容するものと考えられる。

　以上によれば、民法220条及び221条の趣旨の類推により、日常生活上不可欠なライフラインであるガスの導管設置のために、同設置場所を他人所有の隣地とすることも含め隣地使用をすることができる権利（導管設置権）が認められるものと解される（①）。ただし、上記導管設置権は、当該隣地の所有権の制限を伴うことに鑑み、〔1〕当該他人所有の隣地に導管を設置しなければガスの供給を受けることができないこと（②）、〔2〕導管を設置する場所及び方法は、導管の設置のために必要かつ合理的であり、当該他人所有の隣地のために損害が最も少ないものであること（同法220条参照）（③）が要件となるものと考える。」

　136番4、136番5、136番6の各土地は、「いずれも公道に通じない袋地であって、現状では本件土地部分が公道につながる唯一の道路であることから、Yら所有の本件土地部分に導管を設置しなければ、本件各建物においてガスの供給を受けることができなくなる」。そして、本件工事は、「本件土地部分を縦（南北方向）3.5 m、横（東西方向）1 m、深度1 mまでの範囲で掘削して既存街灯柱及び既存ガス管を撤去し、新設ガス管を埋設した上で上記掘削部分を埋め戻して原状回復をするものであり、予定工期は1日である。このように掘削範囲が限定されており、予定工期も1日という比較的短期間にとどまることに鑑みると、……本件土地部分のために損害が最も少ないものと推認することができる」。

　以上によると、Xらは、本件工事によって新設ガス管を本件土地部分に設置することにつき、民法220条・221条の趣旨の類推により導管設置権を有するものと認められる。既存街灯柱・既存ガス管の撤去についても、「新設ガス管の設置と一体を成す作業とみることができることから、上記導管設置権に基づいて認められる……」（④）。そして、Yらは本件工事を妨害するおそれがあるから、Xらは、Yらに対し、民法220条・221条の趣旨の類推により、本件工事に対する妨害禁止を請求することができる。

●——研究

## 1　本判決の位置づけ

　今日では、土地を利用するに当たり、上下水道、ガス、電気等のライフラインの供給を受けることが必要不可欠であるが、他の土地に囲まれているなどの状況のために、他の土地に水道管・下水管・ガス管・電線等（以下「導管等」という）を設置しなければライフラインの供給を受けることができない土地も存在している[3]。Xらの土地はまさにそのような土地に当たる。

　令和3年法律第24号による改正（以下では単に「改正」という）前の民法は、このような土地の所有者がライフラインの供給を受けられるための手当てをほとんどしていなかった[4]。そこで、判例・学説は、他の土地に導管等を設置しなければライフラインの供給を受けられない土地の所有者は、改正前民法209条、210条〜213条、220条等および下水道法11条の類推適用を根拠として、ライフラインとの接続のため、他の土地に導管等を設置することができると解していた[5]。本判決も、他人の隣地に導管を設置しなければガスの供給を受けられない場合に、ガスの導管設置のためにその隣地を使用することができる権利（導管設置権）を認める点で、従来の判例・学説の解釈に沿ったものだといえる。

## 2　根拠規定の不明確さと民法213条の2の新設

　本判決は、導管設置権を導くに当たり民法220条・221条の趣旨に依拠しているが、民法221条を持ち出した点にはやや疑問が残る。民法221条は、他人が設けた通水用工作物を使用することに関する規律であって、他の土地に工作物を設置することには触れていないからである。従来の判例・学説でも、導管設置権の根拠として221条を挙げるものは少ないように見受けられる。

　この点にも現れているように、（本判決を含めた）従来の判例では、導管設置権が認められることについては異論がないものの、その根拠として類推適用される規定が様々であるなど、解釈の内容が必ずしも定まっておらず、その結果、土地所有者に不都合が生じていることが指摘されていた[6]。そこで、改正により、従来の判例・学説の解釈を踏まえつつ、民法213条の2が新設された。すなわち、他の土地に設備を設置しなければ電気・ガス・水道水の供給その他これらに類する継続的給付を受けることができない土地の所有者は、継続的給付を受けるため必

要な範囲内で、他の土地に設備を設置する権利（設備設置権）を有することが明文化され、あわせて、関連規定も整備された。これらの規定を設けることによって上述の不都合を解消しようというわけである。

### 3　民法213条の2と今後の実務

今後、本件と同種の事案が起きた場合には、民法213条の2が適用されることになる。そこで、設備設置権に関する同条の規律内容を、本判決が提示した解釈と比較しておこう。両者の間で異なる点があるとすれば、今後の実務において留意する必要があるだろう。

#### (1)　設備設置権に関する民法213条の2の規律内容

設備設置権の要件は、(a) 他の土地に設備を設置しなければ、電気・ガス・水道水の供給その他これらに類する継続的給付を受けることができないこと、(b) 設備の設置が継続的給付を受けるために「必要な範囲内」であること、である（同条1項）。そして、これらの要件を満たして成立する設備設置権の内容は、(c) 設備の設置場所・方法が他の土地のために損害が最も少ないものでなければならない（同条2項）。

さらに、設備設置権を行使するための手続として、(d) 設備の設置に際して、あらかじめ、その目的・場所・方法を他の土地の所有者および他の土地を現に使用している者に通知することが要求されている（同条3項。以下では「事前通知」と呼ぶことがある）。

設備設置権の効果として、土地所有者は、(e) 他の土地に設備を設置することができる（同条1項）。また、土地所有者は、(f) 設備の設置工事などのために他の土地を一時的に使用することも可能である（同条4項。この使用については隣地使用権に関する209条1項ただし書および2項から4項までの規定が準用される）[7]。

#### (2)　本判決が提示した解釈との比較

本判決が提示した解釈を以上の規律内容に照らし合わせると、判旨に付した①〜④のうち、①が上記(e)に、②が上記(a)に、③が上記(b)(c)にそれぞれ対応している。また、④が新設ガス管の設置と一体を成す作業として既存街灯柱・既存ガス管の撤去を認めたことは、これらの撤去工事のためにYらの土地を一時的に使用することを認めるものであり、上記(f)に当たるといえるだろう。

これらに対して、本判決の判旨には、上記(d)の

事前通知に対応する判示は見当たらない。従来の判例・学説においても、他の土地に設備を設置するに際して事前通知が必要であることを（少なくとも正面から）主張する見解は存在していなかったのではないかと思われる。その意味で、上記(d)の事前通知は、（本判決を含む）従来の判例・学説の解釈において提示されることのなかった規律であり、213条の2の新設に伴って新たに設けられた特徴的な規律であると評価することができるだろう。

#### (3)　事前通知（213条の2第3項）の意義と課題

仮に本件に213条の2が適用されるとした場合に、Xらは、Yらに対し、上記(d)の事前通知をしていたといえるか。

XらとY₁との間で、Y₁の承諾を得ることなく本件工事をしない旨の念書が交わされていることなどからすると[8]、Xらは、Yらに対し、本件工事に関して何らかの申入れをしていたと推測される。

しかし、単なる申入れが、同条3項の意味での事前通知に当たるわけではない。事前通知の趣旨は、設備の設置に際してあらかじめ「その目的、場所及び方法」を他の土地の所有者等に通知することによって、他の土地の所有者等に対し、当該設備の設置が要件を充足するか否かを判断する機会、別の場所や方法を選択するように土地所有者に提案する機会、当該設備の設置を受け入れる準備をする機会などを与えるところにある。以上の趣旨からすると、事前通知では、他の土地の所有者等に対してこれらの機会が与えられる程度に、目的・場所・方法を特定して通知することが求められている[9]。

そうすると、Xらの申入れが事前通知に当たるといえるためには、上記の程度の特定性を備えたものでなければならない。Xらが申入れをしたとしても、その内容が上記の程度の特定性を備えていない場合には、適式な事前通知が行われていないと評価されることになる[10]。

#### (4)　自力救済の禁止

本件では、213条の2の規律のうち、上記(a)〜(c)は満たしていると考えられる。そこで、Xらが上記(d)の事前通知をしていたならば、213条の2が適用されるとしても、Xらは設備設置権に基づいてYらの土地にガス管を設置することができると解される。

もっとも、Xらが設備設置権を有するとしても、Xらの自力救済が容認されるわけではない[11]。例え

ば、Xらから事前通知を受けたYらが自己所有地への立入りを拒否している場合には、Xらがこれを排除してYらの土地に立ち入るためには、妨害の差止め・排除の請求の訴えを提起する等の手続を経て、債務名義に基づいて強制執行の手続をとる必要がある。これらの手続を経ずにXらがYらの土地にガス管を設置すると、個別の事案によってはこれが違法と評価される可能性がある、と説明されていること

とにも留意するべきだろう[12]。Xらとしては、上述の手続をとることによって設備設置権の実現を図る必要がある。

（あきやま・やすひろ）

---

1) 136番4、136番5の各土地（および本件建物1）は、元はZ₂の所有であり、Z₂がXと共に本件訴訟の原告となっていたが、その後、Z₂がこれらの土地・建物を子のZ₁に譲渡するとともに、本件訴訟から脱退し、Z₁が承継参加している。

2) X・Z₁はさらに、Yらに対し、(1)本件建物の解体と建物の新築の工事のために工事車両や工事関係者が本件土地部分を通行する必要があることから、建築基準法42条1項5号所定の道路位置指定に伴う反射的利益としての通行権に基づき、上記工事に係る工事車両および工事関係者の通行のための使用に対する将来の妨害行為の禁止、(2)上記工事をするためにYらが本件電柱の撤去を東京電力にしてもらう必要があることから、民法209条以下の相隣関係の趣旨の類推に基づき、東京電力が本件電柱を撤去することについての承諾および東京電力が上記撤去に係る工事を行うことに対する将来の妨害行為の禁止もそれぞれ請求している。
　本判決は、(1)について、最一判平9・12・18民集51巻10号4241頁の提示した解釈に従い、請求を認容した。本件土地部分は本件道路位置指定を受けて現実に開設されているところ、本件各建物を建て替えることはXらの居住継続のために必須であり、本件各建物の建替え工事をするためには工事車両や工事関係者が本件土地部分を通行のために使用することが不可欠であるから、Xらは、上記工事に係る工事車両や工事関係者が本件土地部分を通行のために使用することにつき日常生活上不可欠の利益を有している。そして、上記工事は不合理に長期にわたるものではなく、本件各建物を建て替えることは単にXらの個人的利益にとどまらず、Yらの所有地を含む周辺地域の安全確保の観点からも必要なものであるから、YらがXらの上記使用による利益を上回る著しい損害を被るとはいえない。したがって、Xらは、Yらに対し、上記使用に対する妨害禁止を請求する人格的権利を有すると判示した。また、(2)についても、請求を認容した。Xらは妨害禁止を請求する上述の人格的権利を有していることに加えて、民法209条以下の相隣関係の規定の趣旨を併せ鑑みると、Yらが本件電柱の撤去およびそのための工事の実施につき承諾を拒否することは、Xらの建替え工事を妨害する行為に他ならず、信義則上許されない。Xらは、Yらに対し、相隣関係の規定の趣旨に鑑み、信義則を根拠として、(2)を請求することができると判示した。

3) さらに、他人が所有する導管等を使用しなければライフラインの供給を受けることができない土地も存在しており、このような土地の所有者が他人所有の導管等を使用することができるかも論じられてきた。もっとも、本判決では、他の土地に設備を設置することができるかが争われていることから、導管等の使用権には触れない。

4) 排水のための低地の通水（民法220条）や通水用工作物の使用（同221条）の規定は存在するが、これらの規定の適用場面はかなり限定されている。また、下水道法11条は、公共下水道の排水区域内の土地所有者等は、他人の土地を使用しなければ下水を公共下水道に流入させることが困難であるときは、他人の土地に排水設備を設置することができる旨を規定しているが、これも、公共下水道の排水区域内の土地所有者等が下水を公共下水道に排水する場合のみを対象とするにとどまる。

5) この解釈を直接判示した最高裁判決は存在しないが、最二判平5・9・24民集47巻7号5035頁は、土地所有者に導管設置権が認められることを前提にしていると理解されていた。以上については、文献の所在も含めて、小粥太郎編『新注釈民法(5)物権(2)　180条～294条　占有権・所有権・用益物権』（有斐閣、2020年）390-391頁〔秋山靖浩〕を参照。

6) 村松秀樹＝大谷太編著『Q&A令和3年改正民法・改正不登法・相続土地国庫帰属法』（金融財政事情研究会、2022年）33-34頁。具体的には、(1)他の土地の所有者が設備の設置を拒んでいる場合や所在等不明である場合などに、土地所有者が設備を設置することが実際上困難であること、(2)設備設置権の有無・内容が不明確であるために、土地所有者が他の土地の所有者から不当な承諾料を要求されることもあり、土地の円滑な利用が阻害されていることが挙げられている。

7) さらに、土地所有者は、設備の設置に伴って他の土地に生じた損害に対して、また、設備の設置工事などのために他の土地を一時的に使用することによって他の土地の所有者または他の土地を現に使用している者に生じた損害に対して、それぞれ償金を支払わなければならない（前者は民法213条の2第5項、後者は同条4項・209条4項）。もっとも、償金の支払は本件で争点になっていないことから、比較の対象から除外した。

8) ただし、本判決は、諸事情を総合的に考慮すると、Yらがこの念書を根拠にXらの請求を拒むことは信義則に反し権利濫用に当たるものであって許されないと判断している。

9) 村松＝大谷・前掲注6)39頁。さらに、事前通知の際に、口頭による説明で補うことや、他の土地の所有者等から求めがあれば、土地の図面や施工業者の説明書などを利用して説明することなども想定されている。

10) この延長上の問題として、土地所有者が事前通知をしないまま他の土地に設備を設置した場合の法律関係はどうなるか。これについては、当該設置が損害の最少性の要件（民法213条の2第2項）を客観的に満たしている限りは違法でないと解する見解と、当該設置は原則として違法であると解する見解とが主張されており、今後の検討課題となる（隣地使用権に関する民法209条3項に基づく事前通知についての分析ではあるが、根本尚徳「隣地使用権・竹木の枝の切除請求権および枝・根の切除権」潮見佳男ほか編『詳解改正民法・改正不登法・相続土地国庫帰属法』〔商事法務、2023年〕25-27頁を参照）。

11) ここで自力救済の禁止が強調されているのは、土地所有者が自己の有する設備設置権を濫用的に行使する事態を防ぐためである。後掲注12)も参照。

12) 村松＝大谷・前掲注6)42-43頁。そこで挙げられている例を本件に即していうと、次のようになる。例えば、①Yらが本件土地部分を住居敷地として使用している場合に、Xらが、Yらの同意なく門扉を開けるなどしてYらの土地に侵入しガス管を設置することは、Yらの平穏な使用を害するものとして違法な自力救済に当たるおそれがある。他方で、②本件土地部分が空き地である場合において、本件土地部分を実際に使用している者がおらず、かつ、本件土地部分へのガス管の設置を妨害しようとする者もいないときは、本文記述の手続を経ていなくても、XらはYらの土地に適法にガス管を設置することができる。もっとも、③Yらがガス管の設置を拒絶する旨を明確にしている場合には（本件はこれに該当するだろう）、Yらが実際に妨害行為に出るかどうかを問わず、後日の紛争を回避するために、設備設置権の確認の訴えを提起するなどの法的措置をとることが適切であるケースが多いと説明されている。

# 不法行為 1

## 音楽教室における生徒の演奏の主体は音楽教室ではなく、音楽教室に対する演奏権侵害を理由とする不法行為等損害賠償請求権は存在しないとした事例

最一判令4・10・24
令3(受)1112号、音楽教室における著作物使用に関わる請求権不存在確認請求事件
民集76巻6号1348頁、判時2561=2562号85頁、金法2217号70頁
第一審：東京地判令2・2・28判例時報2519号95頁
原審：知財高判令3・3・18判例時報2519号73頁

杉山真一　弁護士
現代民事判例研究会財産法部会不法行為パート

●——事実の概要等

1　訴訟に至る経緯の概要

一般社団法人日本音楽著作権協会JASRACは、その管理する著作権（演奏権）を使用する音楽教室等に対し、使用料の支払いについて協議を求めていたが、合意に至らず、2018年1月1日以降演奏権に関する使用料を徴収することとして、文化庁長官に使用料規程「音楽教室における演奏等」の届出をした。音楽教室の運営者は、個人から大手まで様々であるが、大手として代表的な運営者は、一般財団法人ヤマハ音楽振興会（以下「ヤマハ」という。）や株式会社河合楽器製作所（以下「カワイ」という。）である。

このようなJASRACの動きに対抗して、ヤマハやカワイを含む、音楽教室を運営する法人及び個人が原告となり、JASRACを被告として、被告が原告らの音楽教室における被告管理著作物の使用に係る請求権（音楽教室における教師及び生徒の演奏による著作権侵害に基づく損害賠償請求権または不当利得返還請求権）を有しないと主張して、その不存在確認訴訟を提起した。

2　一審・控訴審及び本判決の概要

著作権法22条の定める演奏権侵害に基づく不法行為の成否については、まず問題となる演奏の主体が誰かを（自然的物理的判断ではなく規範的判断により）確定し、当該利用主体による演奏が法22条の目的等の要件を満たすかどうかを検討して判断する手法が、多くの裁判例を通じて定着している。たとえば、カラオケ店における客の歌唱（演奏）について、店の経営者の歌唱（演奏）と同視し得るとして店の経営者の演奏権侵害を認めたクラブキャッツアイ事件判決（最三判昭63・3・15民集42巻3号199頁。）が代表例である。

では音楽教室における楽曲の利用について、誰が演奏の主体であるのか。物理的・自然的観点からは、教師の演奏と生徒の演奏が存在するが、音楽教室の運営者が演奏の主体・利用主体であると規範的に判断できるのか。

教師の演奏については、本件第一審判決と本件控訴審判決のいずれも、音楽教室の運営者が演奏の主体・利用主体であると判断し、演奏権侵害を認めた。しかし、音楽教室の生徒の演奏の利用主体が音楽教室であるか否かについて、本件第一審判決（肯定）と本件控訴審判決（否定）とで結論が分かれた。本判決は、本件控訴審判決を支持し、生徒の演奏の利用主体は音楽教室ではないとした、この点に関する初めての最高裁の判断である。また演奏権の利用主体性を否定した初めての最高裁判決でもある。

本件判決は、結果的に、演奏権者（JASRAC）は、音楽教室の生徒の演奏についてはだれにも使用料を請求できないとの帰結を導くことになり、実務上も重要である。すなわち、本件上告審判決の判示は上記の限度であるが、本件控訴審判決は、音楽教室の生徒の演奏の利用主体は生徒自身であるとし、もっぱら音楽教師に聞かせることを目的とするものであるから著作権法22条の「公衆性」の要件を満たさないとして、演奏権行使（侵害行為）に該当しないと判示した。仮に同条に該当するとしても、生徒の演奏は著作権法38条（報酬を受けない演奏）に該当するので、生徒自身を演奏の利用主体とする限り、音楽教室における生徒の演奏については、演奏権の侵害は存在しないことになる。

## ●──判旨

　本件控訴審判決に対しては、原告と被告双方が上告・上告受理申立てをなしたが、最高裁は、被告JASRACの上告申立理由中の「生徒の演奏による著作物の利用主体に係る法律判断の誤り」に限って上告を受理したうえで、以下のように論じて、上告を棄却し、原判決を維持した。

　「3　所論は、生徒は被上告人らとの上記契約に基づき教師の強い管理支配の下で演奏しており、被上告人らは営利目的で運営する音楽教室において課題曲が生徒により演奏されることによって経済的利益を得ているのに、被上告人らを生徒が演奏する本件管理著作物の利用主体であるとはいえないとした原審の判断には、法令の解釈適用の誤り及び判例違反があるというものである。

　4　演奏の形態による音楽著作物の利用主体の判断に当たっては、演奏の目的及び態様、演奏への関与の内容及び程度等の諸般の事情を考慮するのが相当である。被上告人らの運営する音楽教室のレッスンにおける生徒の演奏は、教師から演奏技術等の教授を受けてこれを習得し、その向上を図ることを目的として行われるのであって、課題曲を演奏するのは、そのための手段にすぎない。そして、生徒の演奏は、教師の行為を要することなく生徒の行為のみにより成り立つものであり、上記の目的との関係では、生徒の演奏こそが重要な意味を持つのであって、教師による伴奏や各種録音物の再生が行われたとしても、これらは、生徒の演奏を補助するものにとどまる。また、教師は、課題曲を選定し、生徒に対してその演奏につき指示・指導をするが、これらは、生徒が上記の目的を達成することができるように助力するものにすぎず、生徒は、飽くまで任意かつ自主的に演奏するのであって、演奏することを強制されるものではない。なお、被上告人らは生徒から受講料の支払を受けているが、受講料は、演奏技術等の教授を受けることの対価であり、課題曲を演奏すること自体の対価ということはできない。

　これらの事情を総合考慮すると、レッスンにおける生徒の演奏に関し、被上告人らが本件管理著作物の利用主体であるということはできない。」

## ●──研究

### 1　本件判決の意義
　第1に、演奏主体の判断に関する一般論（理論構成）として、本件一審判決及び本件控訴審判決と同様、いわゆるカラオケ法理（前掲クラブキャッツアイ事件判決）ではなく、総合考慮法理（最一判平23・1・20民集65巻1号399頁・ロクラクⅡ事件判決及び金築補足意見参照）を採用したといえる点である。

　第2に、上記一般論のあてはめとして、本件で問題となった音楽教室における生徒の演奏について、その行為態様を重視して、音楽教室の演奏主体性を否定するという判断をしたことである（その結果、既に述べたとおり、音楽教室における生徒の演奏の主体は、生徒自身の演奏であり、著作権法22条の公衆性の要件を欠くため演奏権侵害はないとした控訴審判決が維持され、その部分について、JASRACは使用料を請求できないこととなった）。

### 2　本判決に対する筆者の評価
　筆者は、本判決の結論に賛成したい。もっとも、本判決の理論構成では、利用主体に関する裁判所の判断の予測がおよそ困難であるという批判は免れないだろう。司法判断における行為類型の分析及び判断の蓄積に加え、結論の実質的価値判断の妥当性についての検証、さらには立法論・制度論からの検討が必要であると考える（司法判断による解決の限界を率直に認めたうえでの検討が必要と考える）。

### 3　一般論（理論構成）に関する従前の議論
　カラオケ店での歌唱、ライブハウスでの演奏、さらには本件で問題となった音楽教室における教師や生徒の演奏の主体は、物理的・自然的に観察すれば、カラオケ店の客、ライブハウスの出演者、音楽教室の教師や生徒である。にもかかわらず、規範的判断により、演奏の主体をカラオケ店、ライブハウス、さらには音楽教室と判断すべきかどうかが問題となるのは、著作権法の定めの空隙を埋めようとしたからであると考えられる。すなわち、著作権法は、著作権侵害となるべき行為を細かく列挙しているものの、それらの直接の侵害行為を誘発したり支援したりする行為（特許権でいえば間接侵害に当たる行為）については、一部罰則規定等を除き、民事的責任に関する規定を基本的に欠いている。しかし、現実の社会では、様々な形で著作権の物理的な利用を支援・促進し、そこから利益を得るビジネスが現れている（カラオケ店など）。そこで、そのような物理的利用を支援・促進する者（カラオケ店事業者など）を、法的には利用行為をしていると評価して使用料を徴収すべきではないかという議論がなされるようになった[1]。

上記のような問題意識に基づき、JASRCがカラオケ店、ライブハウスなどに使用料請求をするようになり、これに対抗する事業者との間で裁判例が積み重ねられてきた[2]その理論構成としては、従前、いわゆるカラオケ法理（前掲クラブキャッツアイ事件判決）として下級審に対にて定着していた判断手法があったが（①管理要件、すなわち物理的利用行為又は利用者に対する管理・支配、及び②利益要件、すなわち利益が帰属することを要件とする規範的判断）、これに対して「（行為主体の判断においては）単に物理的、自然的に観察するだけで足りるものではなく、社会的、経済的側面をも含め総合的に観察すべきものであって、考慮されるべき要素も、行為類型によって変わり得るのであり、行為に対する管理、支配と利益の帰属という二要素を固定的なものと考えるべきではない」とするいわゆる総合考慮法理を採用した最高裁判決（前掲ロクラクⅡ最高裁判決及び金築補足意見）が出された。

## 4　本件判決の一般論（理論構成）について

本判決は「演奏の目的及び態様、演奏への関与の内容及び程度等の諸般の事情を考慮する」としており、カラオケ法理の管理要件や利益要件に言及していないので、本件一審判決や本件控訴審判決と同じく、総合考慮法理を採用したと理解してよいであろう。

もっとも、いわゆるカラオケ法理と総合考慮法理は、判断過程の可視化という点では異なりうるものの、どちらを採用するかにより具体的な結論の違いを導きうるかどうかは不明である。

いずれにせよ、本件判決の「……等の諸般の事情を考慮する」との文言からすれば、裁判所が考慮しうる事情に明示的な限定はないのであるから（例示列挙された事情との類似性という歯止めがあるものの）、演奏の主体の判断については、裁判所による評価の幅が広いことになり、音楽教室等以外の事案についての予測可能性はほとんどないという正当な批判を招く[3]。

## 5　本件判決のあてはめについて

本判決は、いわゆる総合考慮法理を使い、音楽教室の生徒の演奏という行為類型に着目して、音楽教室が行為主体ではないとの判断を導いている。

すなわち、本判決は、音楽教室の生徒の演奏の目的（自身の技術の向上）、演奏はその手段にすぎないこと、演奏を強制されるものではなく自主的なものであること（雇用ないし業務委託をされた教師の演奏

が法的義務に基づくことの対比と考えられる）、対価はレッスンに対する対価であって自身の演奏の対価ではないこと、などを挙げる。しかし、本件一審判決のように、異なる諸事情の指摘（通常は、音楽教室が演奏の場所及び機材を提供し、練習する楽曲の用意及び選択をし、教師＝音楽教師の指示に従って演奏をし、演奏を含むレッスンの対価を取得する等）及び異なる評価のレンズを通して、生徒の演奏も、教師の演奏同様、音楽教室の演奏とみなすという結論を導くことも不可能ではない。

したがって、行為類型に着目した分析は、それだけでは決め手にはなりにくいと考えられる。

## 6　本判決の実質的価値判断の検証について

以上からすれば、本件判決の評価は、その価値判断、すなわち「音楽教室の生徒の演奏については、演奏権を有する創作者の権利を制限し、生徒の著作権の利用と音楽の普及を優先する」という実質的価値判断の当否にかかるというべきであろう。

このような実質的価値判断の当否判断については、例えば社会学的調査や、著作権の最適利用水準についての経済学的見地の分析などが参考になる（なお、本件判決の実質的価値判断は、判決理由中には明示されていないが、これを推測し、その当否を判断するための材料は、訴訟における一連の主張立証中にも多数現れている）。

この点、社会学的なアンケート調査の結果として、音楽教室における演奏については、消費者のみならず著作権者側である創作者ですら、その多数が無償利用を認容していると示されている[4]。このような調査結果を前提とすれば、音楽教室における指導者と生徒の関係が、音楽の利用普及に重要な役割を果たしているという共通の認識があり、少なくとも生徒の演奏については無料利用を認容するという本判決は、社会学的な裏付けを持つ。

また、著作権の最適利用水準という経済学的見地からは、JSRACによる著作権の保護行動が結果として最適利用水準を超えているとの指摘もなされている[5]（むろんJSRACの存在や機能自体については積極的な評価が前提である）。例えば、本件とは異なる事例だが、ジャズ喫茶や音楽喫茶に対する請求が、結果としてジャズや音楽の伝道師（普及のための重要な拠点との意味）たる当該喫茶店の閉店・廃業を招くとすれば、それは最適利用水準を超えるということになりうる[6]。本件についてみると、確かにヤマハやカワイは音楽教室の展開により相当な利益を上げていることが証拠上示されており、適切な

使用料負担である限り最適使用水準を超えることはないとの議論も説得力がある。しかし、小規模な法人事業者や個人事業主にはそのまま当てはまらないであろう。それは、結局、どの程度の使用料を、どのような方法で（たとえば過去に遡って一括で請求するのか否か）などにより結論が左右される問題である。料率や請求方法によっては、小規模な事業者らが、廃業、閉業に追い込まれるおそれもあり、その場合は著作権の最適利用水準を超えることになりうる。また、ヤマハのような大きな音楽教室は廃業には追い込まれないにしても、ピアノ販売より創出される教育需要を内制化することで、結果的に公的資源を投入することなく、ピアノ演奏の普及と文化の発展に多大の貢献をしているとの指摘もある[7]（最適利用水準で考慮されるべき事情ということになろう）。たしかに、日本におけるピアノ演奏者の数の多さや世界的な演奏者の存在は事実であり、またその相当程度がいわゆる音楽教室の出身者であることも事実で、説得力のある指摘である。また、本件でJSRACが定めて文化庁長官に届け出た使用料の適切さについても検証が必要である。この点、当該使用料は音楽教室の売り上げの2.5％とされているが、音楽教室が教材に使う楽曲の多くはクラッシック（多くは著作権保護期間を経過している）ことから、現代曲とクラッシックの割合を1：4とすれば、実際には現代曲一曲当たりの利用料金は5倍（12.5％）の負担となり、コンサートにおける使用料5％を越えて過大である（音楽教室は現代曲を使わなくなり音楽文化の普及に望ましくない）との指摘もある[8]。

　以上の諸事情を前提とすれば、少なくとも、音楽教室の音楽普及機能の原点ともいうべき生徒の演奏

について、JASRACによる使用料請求を否定する結論を導いた本件判決は、実質的価値判断として正当な裏付けがあるといえるのではないか[9]。

## 7　さいごに

　以上の検討でも明らかなとおり、著作権の保護（創作者のインセンティブ確保）と、著作物の利用・普及および文化の発展との調和点を探るという作業は、演奏の主体や「公衆性」の司法判断を通じて行うだけでは限界がある。立法論や制度論からの検討、すなわち、著作権法の改正、JASRCの組織改革、著作権管理事業法による規律の改善、使用料決定方法の改善も検討されるべきである[10]。本判決は、そのような検討の必要性を示唆したものともいえ、今後の議論に期待したい。また、裁判所も、今後、類似の問題の利用主体（ギター教室、ダンス教室、バレエ教室など）の問題についての判断が求められるだろう。その際には、本判決が演奏権の侵害認定に歯止めをかけた事実を踏まえて、行為類型の分析検討はもとより、実質的かつ説得的な理由が示されることを期待したい。

（すぎやま・しんいち）

---

1)　田村善之「音楽教室における生徒の演奏の行為主体が音楽教室ではないとした最高裁判決について——最高裁令和4年10月24日判決　音楽教室事件」知的財産法政策学研究 Vol.68（2023年）258頁

2)　詳細については、前掲田村258頁以下、劉楊「音楽教室における楽曲の使用による著作権侵害の成否——ヤマハ音楽教室事件」知的財産法政策学研究 Vol.62（2022年）326頁以下を参照

3)　田村・前掲注1)273頁以下。なお、田村教授は、カラオケ法理の二要件による判断のほうが予測可能性があると主張される。確かに判断過程がより可視化されるとはいえるが、結論の違いが予測可能かどうかは疑問なしとしない。

4)　田中辰雄「著作権集中管理団体の功罪をめぐる論争について——JASRACの『音楽教室からの料金徴収問題』を題材に」知的財産法政策学研究 Vol.51（2018年）68頁以下

5)　田中・前掲注4)81頁以下

6)　田中・前掲注4)86頁。アンケート調査の方法は、対象者の設定（一般人と、音楽の創作者側など複数の群を設定している）及び質問の設定（問い方のバイアスを考慮した複数の質問を設定している）からみて、適切なものと考えられる。

7)　田中・前掲注4)109頁注29

8)　田中・前掲注4)108頁

9)　田村・前掲注1)283頁、この点、田村教授は本判決の結論に疑問を覚えるとして、生徒の演奏についての音楽教室の利用主体性を裁判所が一律否定してよいのか。その分も（ある程度は）創作者に還元すべきではないか、使用料の多寡の問題として議論すべきであり、著作権管理事業法による規律に委ねるという処理を志向すべきであったのではないかと指摘する。傾聴に値する見解であるが、現実の使用料の（実質的）料率の適切さ、著作権管理事業法による規律及び運用の適切さ、及びそれらの改善可能性の評価により意見が分かれるであろう。本判決は、少なくとも音楽教室の生徒の演奏については、司法判断による介入を決断し、それ以外の問題については著作権管理事業法等による規律に委ねたものであり、その限度では適切といえるのではないか。

10)　田中・前掲注4)109頁以下は、大人向けの教室と子供向けの教室を分け、大人向けの教室のみ使用料を徴収するという方法を提案している。

# 不法行為 2

## 新聞社が記事において被疑者の住所を番まで公表した行為についてプライバシー侵害の違法性が否定された事例

東京高判令3・11・18
令3(ネ)2839号、損害賠償等請求控訴事件
判時 2569 号 25 頁、判タ 1511 号 162 頁
原審：静岡地判令3・5・7判時 2515 号 63 頁

岩川隆嗣　慶應義塾大学准教授

現代民事判例研究会財産法部会不法行為パート

●——事実の概要

平成 30 年 6 月 20 日、ブラジル国籍の夫婦であり、静岡県内に居住し自営業を営んでいた X₁・X₂（原告）は、薬物を密売するグループのリーダーである等の嫌疑をかけられ、覚せい剤および大麻の所持の罪で逮捕・勾留された。

同年 7 月 5 日、Y（被告、静岡新聞社）は、その朝刊において、両名が覚せい剤および大麻の所持の罪で逮捕された旨の記事を、その氏名・年齢、職業、住所、国籍を記して掲載した（「本件記事〔1〕」）[1]。このとき、住所は、その番[2]までが掲載された。

しかし、同月 10 日、X₁・X₂ は処分保留のまま釈放され、後に両名は嫌疑不十分により不起訴となった。

X₁・X₂ が、本件記事〔1〕について、住所の番までの公表によるプライバシー侵害を理由として、不法行為に基づく損害賠償を請求、Y を提訴した。

原判決は、プライバシー侵害の違法性を肯定した。X₁・X₂ および Y が、それぞれ控訴。

●——判旨

Y の控訴認容（X₁・X₂ の控訴・請求棄却）。確定（最一決令4・11・24LEX/DB25594593）。

本判決は、プライバシー侵害を認め、その侵害の違法性は比較衡量により決せられる、との後述の最高裁判例を踏襲した一般論を示しつつ（ここまでは原判決と同様）、その当てはめの結論として、プライバシー侵害の違法性を否定した。以下、この当てはめ部分のみを引用する。

1　住所一般について

「住所それ自体は、秘匿されるべき必要性は必ずしも高いものではないが、本件記事〔1〕の住所記載は、覚せい剤及び大麻の営利目的所持の被疑事実により逮捕されたという X₁・X₂ らの名誉や信用に直接関わる事項とともに公表されるのであるから、プライバシー保護の観点からは秘匿される必要性は相応に高い。X₁・X₂ らは、本件記事〔1〕が本件新聞に掲載された当時、いずれも、住所記載地の自宅建物において自営業を営み、子らと生活する外国籍を有する一般の成人夫婦である……。本件新聞は主に静岡県内で相当数の発行部数を有する日刊新聞であり、X₁・X₂ らの住所を含む被疑者特定情報が掲載されることにより、本件新聞（朝刊）の読者を中心として広範に伝達されて、X₁・X₂ らの私生活上の平穏が害されるおそれもある。

他方で、本件記事〔1〕は、X₁・X₂ らが覚せい剤及び大麻の営利目的所持の被疑事実で逮捕されたことを報道するものであり、その掲載の目的は、重要な公益を図ることにあったと認められる。また、……被疑者の特定は、公共の利害に関する重要な事項として報道される必要性が高く、これによって、報道内容の真実性が担保され、捜査機関による捜査の適正を確保されることが期待されるのであり、周辺地域における無用な犯人捜しや風評被害を防止する効果があることも否定し難い」。

2　番について

住所の番の公表は、被疑者の特定可能性を高める一方で、必ずしも不可欠な情報とは言えないこと等や、報道機関の取り扱いも一定でないことを指摘した上で、「このように住所の地番[3]を公表することの利害得失の諸事情や報道機関の取扱いの方針が一定ではないことなどをみてくると、プライバシー保

護をより求める社会の意識の変化、インターネット等を通じての風評被害の拡大、逮捕された被疑者が不起訴となる事例が増えてきているなど社会状況が変化していることや、今後もそのような動きが進展していくことが考えられることから社会的な議論が期待されるところではあるが、少なくとも本件記事〔1〕の掲載時点において、逮捕された被疑者を特定して報道する場合に、住所について地番を公表することが一律に許されないとする社会通念があるとまではいえないというべきである。……

これらの事情を踏まえて本件記事〔1〕をみると、……住所につき町名まででなく地番を記載している点についても、地番の記載の有無により、私生活上の平穏が害されるおそれに格段の違いがあったかは、本件全証拠によっても必ずしも明らかとはいえない。X₁・X₂らは、地番を公表することは、不特定者からの嫌がらせの郵便物がそのまま届くことになるから格段の違いがあると指摘するが、そのことが違法か否かの分水嶺となるとは即断できない。なお、事後的な事情となるが、現実には、本件記事〔1〕の掲載後、X₁・X₂らの住所記載地である自宅宛てに嫌がらせの郵便物が届いたことはなく、第三者が薬物を売って欲しいと言って自宅を訪問してきたことが1回あるのみであることが認められる……」。

## ●──研究

### 1 本判決の意義

本判決は、犯罪報道として、被疑者の住所を番まで記した記事を掲載した新聞社の行為は、プライバシーを侵害するが、その違法性は否定される、との判断を示したものである[4]。

本判決の意義は、次の二点にある。第一に、従前の裁判例の多くは、被疑者の氏名を記した新聞記事[5]、テレビ報道[6]および週刊誌の記事[7]につき、プライバシー侵害の違法性を否定していた。また、氏名と共に住所の一部を記した新聞記事につき、プライバシー侵害の違法性を否定した例も存在していた[8]。しかし、これら従前の裁判例では、住所の公表は独立の争点とはされなかった。本判決には、住所の公表が独立の争点とされた点に、意義が認められる。

第二に、本判決は、比較衡量の結果としてプライバシー侵害の違法性を否定し、原判決と判断を異にした。原判決と対照的な本判決には、被疑者の住所の公表の必要性とそれにより被疑者に生じる不利益

につき再検討の契機をもたらす点に、意義が認められる。

### 2 法律上保護される利益

まず、Xらが侵害された「法律上保護される利益」（民法709条）は何か。

#### （a）先例

先例によれば、何人も、憲法上（憲法13条）[9]、および私人間において[10]、「個人に関する情報」、「個人のプライバシーに属する事実」をみだりに第三者に開示又は公表されない自由・利益を有する。これは、民法709条の「法律上保護される利益」に該当すると解される。

そして、この一般的な「情報」あるいは「事実」の中でも、特に①犯罪事実および②住所については、個々に判例の蓄積がある。

①犯罪事実は、個人のプライバシーに属する事実であり、人の名誉・信用に直接に関わるから[11]、みだりに他人に知られたくない事実である[12]。そのため、犯罪事実をみだりに公表されない利益は、「法律上保護される利益」に当たる。

②住所は、自ら開示することが多いし、名誉・信用との関わりは薄いから、秘匿されるべき必要性は高くない[13]。しかし、自己が欲しない他者に知られると、個人の私生活上の平穏が害されるおそれが生じ、心理的な負担や不安が生じる[14]。そのため、開示されないことへの期待は保護されるべきであって[15]、住所をみだりに開示（および公表）されない利益は、「法律上保護される利益」に該当する。

#### （b）本判決

以上の先例を踏まえると、本件記事〔1〕における住所の公表は、①犯罪事実と②住所をみだりに公表されない利益という、二つの利益を同時に侵害する行為として位置付けられる。

①犯罪事実の公表は、匿名であってもプライバシー侵害となりうる[16]。つまり、氏名は、プライバシー侵害に必須の情報ではなく、被疑者の特定可能性を高め、プライバシー侵害の程度を高める情報である[17]。そうすると、氏名と共に付された住所は、被疑者の特定可能性を更に高め、プライバシー侵害の程度を更に高める情報として位置付けられる。

②住所それ自体にも、みだりに公表されない利益が存在する。そのため、この利益の侵害は、①犯罪事実の公表とは別個のプライバシー侵害として位置付けられる[18]。

## 3 違法性の判断基準

次に、違法性の判断基準について。

先例によれば、プライバシー侵害の違法性は、「その事実を公表されない法的利益とこれを公表する理由とを比較衡量し、前者が後者に優越する」か否かで決せられる。これは、①犯罪事実の公表に関する判断基準が一般化されたものである[19]。本判決も、この判断基準を踏襲している（本評釈では省略した部分の判旨）。

本件で同時に侵害されている②住所をみだりに公表されない利益に関しても、前掲注13)最二判平15・9・12の「みだりに」という文言や、同最判が実際に諸般の事情を考慮していることすると、やはり同様に比較衡量が判断基準となる、と解される[20]。

## 4 比較衡量

比較衡量について（判旨）。

### (a) 住所を公表する理由

先述の通り、住所は氏名と共に、被疑者の特定可能性を高める情報である。では、なぜ犯罪報道において被疑者の特定可能性を高めるべきなのか。氏名については、被疑者の実名報道の理由として議論があるので、住所にその議論を応用する形で検討していこう。

実名報道がされる理由は、概ね次の通りである[21]。第一に、被疑者を知る者から、報道機関が情報提供を受けられるようになる。それにより、報道内容の真実性や正確性が担保され、被疑者を知る者と共に、捜査機関の捜査の適正や恣意的な情報操作を監視することができるようになる。第二に、犯罪の抑止効果がある。第三に、周辺地域内での無用な犯人捜しを防止できる。第四に、公共あるいは周辺住民の関心事であり、国民の知る権利に資する。第五に、記事の訴求力を高められる。第六に、公人や社会的に影響力のある私人に対する批判や評価の資料を、国民に提供できる。第七に、事件を歴史として記録すべき場合がある[22]。

では、住所を公表する理由は何か。以上のうち、第六および第七の点は、住所の公表とは関係しない。第五の点も、殆ど関係しないであろう。ゆえに、住所の公表は、第一から第四までの点の効果を高める意味を持っている、と考えられる（判旨1参照）。

しかし、氏名が併せて公表されているのであれば、住所の公表で更に高められる効果は、僅かと言える。

また、住所の公表の効果は、都道府県名や市区町村名、あるいは丁目までが示されていれば、十分に果たされると言えよう。

そうすると、犯罪報道で住所を公表する理由は重要とは言い難く、特に番まで公表する理由は殆ど無い、と考えられる。実際にYも、本件を受けて番までの公表を取り止め、丁目までとする方針に変更したところである。

以上の理解は、原判決と本判決に共通していると見られる[23]。つまり、原判決と本判決の結論は、住所を公表されない法的利益の評価の相違によって分かれた、と解される[24]。

### (b) 住所を公表されない法的利益

これも、被侵害利益を区別して論ずるのが適当である。まず、①犯罪事実をみだりに公表されない利益の侵害については、氏名や年齢・職業・国籍が公表されていれば、個人の特定可能性は十分に高い。ゆえに、住所が併せて公表されることで、同利益の侵害の程度が高まるとしても、その程度は僅かと言える[25]。

そのため、②住所をみだりに公表されない利益が、比較衡量で主として考慮される利益となる。以下、この利益について具体的に検討していこう。

第一に、同利益の意味内容について。同利益の侵害は、心理的な負担や不安を生じさせる、私生活上の平穏が害されるおそれ（可能性）が生じれば認められる。事後的に実際に私生活上の平穏が害されたことは、必須ではなく[26]、比較衡量における考慮要素の一つとなるに留まる[27]。

第二に、本件におけるおそれについて。原判決は、このおそれを重視した。第三者の訪問や郵便物送付などによって私生活上の平穏が害される可能性がある、Xらは未成年の子らと共に生活しており悪影響が大きい、居住地域に情報が知れ渡る、などの事情に基づく。

これに対して本判決は、このおそれを重視しなかった（判旨2）。住所の番までの記載により、私生活上の平穏が害されるおそれに格段の違いがあったか明らかでない、嫌がらせの郵便物がそのまま届くことが違法性の分水嶺とは即断できない、という。

しかし、おそれに「格段の違い」が生ずることは必要でない。住所が番まで記載されると、住所が特定されやすいことは否定できないであろう。また、嫌がらせの郵便物は現に到着してしまう。さらに、現在のデジタル社会においては、SNSやキュレー

ションサイトなどで情報が拡散されやすく、誹謗中傷や嫌がらせも行われやすい[28]。

第三に、本件における実際の被害について。本判決は、Xらの自宅宛てに嫌がらせの郵便物が届いたことはなく、第三者が薬物を売って欲しいと言って自宅を訪問してきたことが1回あるのみである、と認定している（判旨2）。

しかし、この事実を「のみ」と評するのは、過小評価であろう。心理的な負担や不安のために、以後自宅に住み続けることを困難にする事情のように思われる。

（c）結論

一方で、住所を番まで公表する理由は殆ど無い。他方で、私生活上の平穏が害されるおそれは存在する。現在のデジタル社会においては、そのおそれは一般的に高くなっている。事後的に実際の被害も生じている。

以上より、本件では、プライバシー侵害の違法性が肯定されるべきであった、と解される。

（いわかわ・たかつぐ）

---

1) 翌日付けの「本件記事〔2〕」も争訟の対象となったが、こちらは名誉毀損にのみ関係するので、検討を省略する。

2) 原告および原判決は、これを「地番」と表記していた。しかし、地番と、住居表示における街区符号（住居表示法2条1号）である番（丁目と号の間の数字）は、異なる概念である。本判決も、「地番」との表記を残しつつ、これを住居表示上の「番地」の意としている。本評釈では、「番」の語を用いる。

3) 注2）の通り、本判決中の「地番」は、住居表示における街区符号である番の意味である。

4) 先行評釈として、角本和理「判批」リマークス66号（2023年）54頁。

5) 津地判昭63・7・21判時1300号108頁、同控訴審名古屋高判平2・12・13判時1381号51頁。名誉毀損に関して、東京地判平2・3・23判時1373号73頁。肯定例として、大阪地判昭50・10・27判時825号77頁。

6) 福岡高那覇支判平20・10・28判時2035号48頁。名誉毀損に関して、同原審那覇地判平20・3・4判時2035号51頁。

7) 大阪高判平12・2・29判時1710号121頁。肯定例として、同原審大阪地判11・6・9判時1679号54頁。

8) 東京地判平27・9・30LEX/DB25541496、同控訴審東京高判平28・3・9LEX/DB25542147、東京地判平28・8・4LEX/DB25537163。専ら名誉毀損に関するが、東京高判昭62・3・31判時1239号45頁も参照。
　以上の従前の裁判例については、角本・前掲注4）56頁、山田隆司「被疑者実名報道と名誉毀損・プライバシー侵害」創価法学48巻1号（2018年）87頁、93頁以下を参照。

9) 最一判平20・3・6民集62巻3号665頁〔住基ネット訴訟。人格権に基づく差止請求〕、最大判昭44・12・24刑集23巻12号1625頁〔京都府学連事件。公務執行妨害の公務性〕。

10) 最三決平29・1・31民集71巻1号63頁〔Google検索結果削除請求事件。人格権に基づく差止請求〕、最二判令4・6・24民集76巻5号1170頁〔Twitter投稿削除請求事件。同〕。

11) 最三判平6・2・8民集48巻2号149頁〔ノンフィクション逆転事件。損害賠償請求〕、最三判昭56・4・14民集35巻3号620頁〔前科照会事件。国賠請求〕。

12) 前掲注10）最三決平29・1・31、同最二判令4・6・24。

13) 最二判平15・9・12民集57巻8号973頁〔早稲田大学江沢民講演会事件。損害賠償請求〕。また、前掲注9）最一判平20・3・6。

14) 下級審裁判例であるが、東京高判平14・1・16判時1772号17頁〔早稲田大学江沢民講演会事件・別件訴訟。損害賠償請求〕。

15) 前掲注13）最二判平15・9・12。

16) 最二判平15・3・14民集57巻3号229頁〔長良川リンチ殺人報道事件。損害賠償請求〕、最二判令2・10・9民集74巻7号1807頁〔家裁調査官論文公表事件。国賠請求〕参照。

17) 前掲注6）福岡高那覇支判平20・10・28の言う、「逮捕された事実を正当な理由なく実名で報道されないという利益」は、同趣旨と解される。

18) そのため、本判決は②に関する前掲注13）最二判平15・9・12のみを引用しているが（本評釈では省略した部分の判旨）、①に関する諸判例も引用されるべきであった、と解される。

19) 前掲注11）最三判平6・2・8、前掲注16）最二判平15・3・14、同最二判令2・10・9、前掲注10）最二判令4・6・24。ただし、同最三決平29・1・31。

20) 前掲注14）東京高判平14・1・16、前掲注9）最一判平20・3・6参照。

21) 裁判例として、前掲注8）東京地判平27・9・30、同東京高判平28・3・9。報道機関の見解として、日本新聞協会研究所編『新・法と新聞』（日本新聞協会、1990年）145-146頁、日本新聞協会編『実名と報道』（日本新聞協会編集委員会、2006年）1頁以下、朝日新聞社編『事件の取材と報道2012』（朝日新聞出版、2012年）15-16頁、日本新聞協会編『取材と報道〔改訂5版〕』（日本新聞協会、2018年）11頁など。それらの詳細な検討として、山田・前掲注8）90頁以下。

22) ノンフィクション作品につき、前掲注11）最三判平6・2・8。

23) 原判決は、専ら第三の点（無用な犯人捜しの防止）に着目して、住所を番まで公表する必要性は高くないとする。本判決も同様に解していると考えられる（判旨2参照）。

24) 本判決が他に考慮している事情は、次の通りである。第一に、一律に住所の公表が許されないとする社会通念が無いという（判旨2）。しかし、一律かは問題でない上、逆に公表が許されるとする社会通念も無い。現状追認のおそれもある（角本・前掲注4）57頁）。また、これは行為の社会的相当性であって、住所を公表する理由ではない。第二に、被疑事実が重大犯罪という（本評釈では省略した部分の判旨）。しかし、重大犯罪であれば公表の理由が強くなるとしても、同時に住所を公表されない法的利益の侵害の程度も高まるから、比較衡量の決め手とはならない。第三に、報道の速報性を考慮すべきという（同じく省略部分）。しかし、速報性は報道内容の不正確性という、犯罪事実の真実性に関わる事情であるから、名誉毀損にのみ関係しよう。

25) その他、本判決は、本件は逮捕報道であるところ、不起訴事例が近時増えていることを指摘している。これも報道内容の不正確性という、犯罪事実の真実性に関わる事情として、専ら名誉毀損に関係しよう。

26) 前掲注14）東京高判平14・1・16、前掲注13）最二判平15・9・12。

27) 前掲注16）最二判平15・3・14、同最二判令2・10・9。

28) この点に関する本判決の判旨とその評価については、角本・前掲注4）57頁。

# 家族 1　　子の連れ去りと不法行為責任

東京地判令4・3・25
判時 2554 号 81 頁
平 31(ワ)20 号、損害賠償請求事件

松久和彦　近畿大学教授
現代民事判例研究会家族法部会

## ●——事実の概要

　原告 X（元夫）と被告 Y$_1$（元妻）は、2003 年 1 月に婚姻し、子 A・B をもうけた。2015 年 1 月に、X と Y$_1$ は、離婚に向けた協議を行い、A・B の親権者を X と定めて協議離婚をした。離婚後、X は、自宅において A・B を単独で監護していたが、同年 5 月から Y$_1$ が自宅に戻る形で、X・Y$_1$・A・B との同居を再開し、同年 6 月頃からは、X の転勤に伴い他県へ転居した。

　2016 年 1 月、Y$_1$ は、A・B を連れて Y$_2$（Y$_1$ の母）がいる Y$_1$ の実家に戻り、Y$_1$・Y$_2$・A・B の同居を開始した（以下、「本件別居」）。本件別居の翌日、被告 Y$_3$・Y$_4$（弁護士）は、X に対して、Y$_3$・Y$_4$ が Y$_1$ の代理人となったこと、今後 Y$_1$ に対する連絡は Y$_3$・Y$_4$ に行い、Y$_1$ と直接連絡しないこと、などを記したメールを送付した。また、本件別居にあたり、Y$_3$・Y$_4$ は、Y$_1$ に対して、A・B を連れて別居することを肯定する助言（以下、「本件助言」）をした。

　Y$_1$ は、Y$_3$・Y$_4$ を手続代理人、X を相手方として、A・B の親権者指定の審判を申し立てた。これに対して、X は、Y$_1$ を相手方として、子の引渡しの審判を申し立てた。東京家庭裁判所は、Y$_1$ の申立ては却下、X の申立ては認容され、Y$_1$ に対し、A・B の引渡しを命じる審判をした。Y$_1$ が即時抗告をしたが、同抗告は棄却された。

　2017 年 8 月、X は、Y$_1$ を拘束者、A・B を被拘束者として東京地方裁判所に対して、人身保護請求をした。X の請求は認容され、X に A・B を引き渡す旨の判決がなされた。A・B は、一旦は X に引き渡されたものの、後日 A・B は Y$_1$ のもとに帰った。X は、B のみを非拘束者として再度東京地方裁判所に対して、人身保護請求をし、2018 年 3 月に、Y$_1$ が X に対し、同年 3 月 24 日限り B を引き渡すことなどを内容とする和解（以下、「本件引渡和解」）を

した。X は、本件引渡和解に基づき、B の引渡しの強制執行（直接強制）を申し立て、執行官が Y$_1$ の実家に赴いたが、執行不能として終了した。また、X は、間接強制を申し立て、東京地方裁判所は、Y$_1$ に対し、B の引渡しまで 1 日につき 1 万円の割合による金員の支払を命じる決定をした。

　2019 年 1 月、Y$_1$ は、Y$_3$・Y$_4$ とは異なる弁護士を手続代理人として、X を相手方として親権者変更の審判等を申し立てた。なお、B は、同年 9 月に、Y$_1$ のもとから X のもとに戻っている。

　X は、① Y$_1$ による A・B の連れ去り、② Y$_3$・Y$_4$ による本件助言、③ Y$_2$ が Y$_1$ を援助し、Y$_1$ による A・B の連れ去りに協力したことが、それぞれ X に対する不法行為となるとして、Y$_1$～Y$_4$ に対して損害賠償を請求した。

## ●——判旨

　一部認容、一部棄却

　①について、「A・B の親権者をいずれも X と定めた本件離婚は有効であるということができ、本件別居時において、A・B は、X の単独親権下にあったものといえる」とした。

　また、本件別居の違法性について「親権者は、その親権の一部として子らとその意に反して不法に引き離されることがないという利益を有し、同利益は法律上保護されると解されるところ、……Y$_1$ が本件別居時に A・B を連れ出した行為は、A・B と不法に引き離されることのないという X の法律上保護される利益を侵害するものであったというべきであり、X が単独で A・B を監護することが明らかに子らの幸福に反するというべき事情が存しない限り、不法行為法上違法となると解すべきである」とした上で、X による A・B の単独監護状況について、家庭裁判所調査官による調査報告書の内容、同居時に、X と Y$_1$ は、双方がそれぞれ相応の役割を担い、協

力しながらA・Bを監護しており、専らY₁が監護を担っていたという状況にはなかったことなどをも併せ考慮すると、XがA・B単独で監護することが明らかにA・Bの幸福に反するというべき事情を認めることはできないとして、Y₁がA・Bを連れて本件別居に及んだことは、XのA・Bに対する親権を違法に侵害するものとした。

さらに、故意・過失について、「非親権者が親権者のもとから未成年である子を連れ出す行為は、人身保護法上原則として違法となることは判例上確立している（最一判昭43・7・4民集22巻7号1441頁、最三判昭47・7・25集民106号617頁、最二判昭61・7・18民集40巻5号991頁参照）ことからすると、上記行為が対親権者との関係でも違法となり得ることは容易に想定でき」、弁護士の助言を受けていたことを勘案してもなお、本件別居に及ぶことに違法性がないと判断したことには過失があるとして、Xに対する不法行為となるとした。

②について、「自力救済が原則として違法となることに照らしても、裁判外での実力行使については慎重な検討を要」し、「本件助言が前提とする解釈は少なくとも人身保護法についての確立した判例と整合せず、……本件助言は、Y₃・Y₄の独自の見解に基づいて違法な実力行使を助言したものといわざるを得ず、不法行為法上違法となる」とした。

本件別居と本件助言には主観的にも客観的にも関連共同性が認められ、Y₁・Y₂・Y₃は、Xに生じた損害につき、共同不法行為責任を負うとして、Y₁・Y₂・Y₃に対して、連帯して110万円及び遅延損害金をXに支払うよう命じた。

なお、③については、Y₂の本件別居への関与が、Xに対する不法行為を構成する程度のものであったことを認めるに足りないとして、請求を否定した。

## ●──研究

### 1 本判決の意義

親の一方が、他の一方の適切な同意等を得ずに、子どもを連れて出ていく、いわゆる子の連れ去りについては、民事法に限らず、刑事法の分野においても研究が進められている[1]。子の連れ去りの態様は、離婚を前提とした別居を行う際に、親権を取りたい親の一方が、家庭裁判所での離婚後の親権者指定の基準の1つである「継続性の原則」を念頭において、監護の実績作りのために行う場合[2]や、親の一方からの児童虐待・DVから逃れるために、他の一方が無断で子を連れて別居を開始する場合などがある[3]。

このような子の連れ去りがあった場合に、連れ去った親に対して、他の一方が親権または監護権が侵害されたとして不法行為責任を問う裁判例がみられる。本判決は、以下の点に特徴があり、検討の意義がある。第一に、離婚後親権者とならなかった親の一方が子の連れ去りを行ったものである。第二に、不法行為の被侵害利益について、抽象的な親権・監護権の侵害ではなく、「子らと不法に引き離されることのないという原告の法律上保護される利益」を判示している。第三に、子の連れ去りを助言した弁護士についても不法行為責任を認めている。本判決は、新聞等でも報道され[4]、注目されたものである。

### 2 学説・裁判例

#### (1) 学説[5]

学説の多くは、連れ去り行為自体を一概に違法であるとは判断せず、子の年齢や意向、連れ出すにあたっての経緯・態様などを総合的に考慮士、暴力的な態様でなされるなどの事情がない限り、不法行為を構成しないとする[6]。特に、DVや児童虐待などにより別居を決意した場合には、違法ではないと判断される傾向が強いとされる[7]。これらの見解では、親が子どもを置いて家を出ることは心情的に難しいことや[8]、家庭内暴力の対策が極めて貧弱な日本において子を連れて出ていく必要があること[9]などが指摘されている。

他方、子の連れ去りは、連れ去られた親の監護権の侵害であり、本来は違法と評価されるべきであるとの見解も有力に主張されている[10]。

#### (2) 裁判例

データベースによる検索結果から近時の裁判例（15件）を概観すると、不法行為の成立を否定する裁判例が12件（①東京地判令5・3・2 LEX/DB文献番号〔以下同じ〕25608971、②東京地判令4・12・2 LEX/DB25607986、③東京地判令4・11・28LEX/DB25609250、④東京地判令4・5・16LEX/DB25605875、⑤東京地判令4・3・28LEX/DB25605160、⑥東京地判令3・9・1 LEX/DB25601696、⑦東京地判平31・2・26LEX/DB25580265、⑧東京地判平30・1・25LEX/DB25551767、⑨東京地判平28・11・2 LEX/DB25538240、⑩大阪高判平28・7・21LEX/DB25544905、⑪東京地判平26・11・25LEX/DB25522796、⑫東京地判平24・1・17LEX/DB25491398）である。12件のうち、11件は「子の連れ去り」行為当時、別居中もしくは離婚係争中であり、共同親権者間での紛争である。これらの裁判例では、表現の違いはあるものの、監護権を含む親権は、一次的には子の利益のためのものであって、

共同親権者の一方が、共同監護下にある子を連れて別居し、自らが子の単独監護者となったからといって、そのことのみから、直ちに他の一方の「親権または監護権」を侵害し、不法行為を構成するものと評価することは相当ではないとする解釈論を提示した上で（①②③⑤⑥⑧⑨）別居に至る経緯、別居前の共同監護の状況や、別居後の監護状況などの事情を考慮して、不法行為の成否を判断する。

また、考慮される事情として、被告（連れ去った親）の事情として、従来主たる監護者であったか（①②③⑤⑥⑧⑨）、連れ去り時に有形力を行使していないか（②③⑤⑨⑩）、連れ去りが子の意思に反していないか（①③⑥）、連れ去り後の監護状況に問題がないか（①②③⑤⑥⑧⑨）、面会交流を容認しているか（②⑥⑧⑨）などが挙げられる。

原告（連れ去られた親）の事情として、原告から子・被告等への暴力がある場合（①⑥⑫）には、被告が子を連れた別居に至ったことについて、子らに対する適切な監護という観点から不相当とはいえない（①）や合理的な理由がある（⑥）と判断して、被告の不法行為責任は否定されている。その他にも、子の治療のために緊急に入院等の措置をとる必要がある場合（④⑦）も、原告の親権または監護権を侵害しないとして被告の不法行為責任は否定されている。

なお、本事案同様、離婚後単独親権者と非親権者との間での紛争は②である。協議離婚において、子の親権者を父親と定め、監護者を母親とすることに合意、離婚後も父親と母親が協力して子の監護を行なっていたが、父母間の金銭トラブルから、母親が父親に対して本訴（不貞行為を理由とする損害賠償請求）を提起したのに対して、父親が反訴として親権及び監護権侵害に基づく損害賠償請求を提起したものである。反訴理由がないとして反訴請求は棄却されている。

他方、肯定例は3件（⑬東京地判平24・1・16LEX/DB25491398、⑭東京地判平21・12・16Westlaw Japan文献番号2019WLJPCA12168007、⑮大阪地判平9・7・28判時1636号103頁）であり、離婚後非親権者となった被告（母親）が、調停において合意した面会交流の具体的な実施方法を無視して、原告（親権者・父親）宅に1人でいた子を連れ去り、最終的に強制執行によって子が父親の元へ戻った事案（⑬）、連れ去り行為時婚姻中であったが、連れ去った被告（母親）と別の男性及び子が各地を転々とし、11ヶ月間子が未就学状態に置かれたことが親権の濫用と認められた事案（⑭）、原告（父親）に無断で被告（母親）が子を連れ出し、宗教施設（オウム真理教）に入信したことが父親の親権を侵害したと認めた事案（⑮）である。

**3 検討**

（1）本判決について

本事案は、離婚後単独親権者であったXと非親権者Y₁との間での争いであり、かつ、XのA・Bの監護状況に特段の問題も認められていない。Y₁は、裁判の中で、XからY₁やA・Bへの家庭内暴力、心理的虐待があり、そのような状況からA・Bを保護するために別居に至ったことを主張するが、仮に、その主張のように、XからA・Bへの虐待やY₁へのDVの危険があるのであれば、なぜ別居後同居するに至ったのか、疑問が生ずる。また、虐待などの疑いがあり、Xが親権者として適切でないのであれば、親権者変更や監護者指定の審判を申し立て、仮処分申請をして子の引き渡しを求めるべきであろう。さらに、緊急性が高いのであれば、児童相談所の一時保護といった手段を取ることができたはずである。現行法[11]は、離婚後、親のどちらか一方を親権者・監護者と決めなければならない。適正な協議または手続きにより定められる必要があるが、協議離婚が約9割を占める日本において、このような協議が保障されているとは言い難い。ジェンダーによる婚姻当事者間の力関係や格差によって適正な協議が実現できないまま、親権者・監護者が決められてしまうこともあろう。このような制度の下では、親権者・監護者と決められた者が常に優れた親であり、非親権者・非監護者が親として不適格者であることを意味するものではない。当事者間の合意内容や家庭裁判所における親権者・監護者の決定基準が適切でないのであれば、まずは法的手続きの中で、その問題を指摘し、改めて判断を求めるべきである。それにもかかわらず、これらの法的な手段を用いることなく、「連れ去り」という実力行使を行ったことは、いかなる理由によっても正当化することはできないだろう。本判決の判断は妥当であると考える。他方で、本判決は、全ての子の連れ去りについて不法行為責任を認めるものと解することはできない点に留意する必要がある。

（2）被侵害利益について

本判決は、親権者には「その親権の一部として子らとその意に反して不法に引き離されることがない」法律上保護される利益（以下、「本件保護法益」）があり、本事案ではY₁らによる連れ去り行為によって、Xの有するこの利益が侵害されたとする。上述の裁判例とは異なり、「親権または監護権」といっ

た一般的・抽象的な権利から具体的な保護法益の判示を行っている。

本事案は、離婚後単独親権者と非親権者との間の紛争であり、上述の裁判例でみられるような共同親権者間の紛争の場合には「別途の考慮が必要となる」との指摘がある[12]。しかし、権利者対無権利者の場合と両者とも権利を有する場合のように、紛争当事者の違いによって、判断基準を区別する必要はあるのだろうか。また本事案は、単独親権者であるXからA・Bが連れ去られたものであり、本件保護法益があることを認定しやすい事案であった。このような利益は、離婚後単独親権者にのみ認められるものであろうか。婚姻中の共同親権者間においても、監護状況に何ら問題のない同居親から子を連れ去ることは、親権者である同居親からすれば、「子らとその意に反して不法に引き離される」ことになるのではないだろうか。さらに、家庭裁判所においては、「離婚後共同親権」が施行された場合には、どちらの親が子と同居して監護教育の義務を担うことが子の利益に適うのかという観点から、同居親を定める運用が求められよう。本件保護法益は、親権の有無によってではなく、具体的な監護状況に基づいて認められるものと解すべきではないだろうか。婚姻中であれ、「離婚後共同親権」によって、離婚後双方の親が親権を有する場合であれ、具体的な監護状況に基づいて本件保護法益の存否が認められ、特に、連れ去り時の有形力の行使の有無や連れ去りが子の意思に反していないかによって不法行為責任の可否が判断されることになろう。

親権は、民法820・821条おいて、親権者が子に対して負う義務であることが明確に示されている。

親権の義務性から本件保護利益をみると、本件保護利益が「意に反して不法に引き離されることがない」ことを中核に置いているとすれば、むしろ本件保護法益は、子と同居親との関係においても認められうるものである。すなわち、同居親との監護養育の状況が明らかに子の福祉に反するというべき事情がないのにもかかわらず、別居親等の連れ去り行為によって、同居親との関係が「意に反して不法に引き離されること」になり本件保護法益を侵害したとして、連れ去り行為をした別居親等に対する子からの損害賠償請求を根拠づけることも考えられる。

本判決は、抽象的・一般的な「親権または監護権」から実質化・具体化した本件保護法益を判示したが、この利益は「親権の一部」のみを根拠として基礎づけられるのかなど、なお検討の余地が残されている。

### (3) 本件助言について

弁護士は、依頼者の利益を図るために活動し、まずは依頼者からの相談・主張を前提として法的主張等を検討するものと推測される。しかし、本事案では、家裁調査官などの調査等でも監護状況に大きな問題がなく、A・B共にXに対して親和的な態度をとっていた。それでも子の連れ去りを助言したことは疑問と言わざるを得ない。子を実力で奪取する行為は、「子の利益」を害するという理由から許されないということが認識されるべきであろう[13]。

【付記】本稿は、科研費・基盤(C)（課題番号：20K01384）による研究成果の一部である。

（まつひさ・かずひこ）

1) 深町晋也ほか編著『親による子の拐取を巡る総合的研究』（日本評論社、2023年）など。
2) 監護開始の際に違法な行為（面会交流中に無断で連れ去るなど）がある場合には、親の適格性が疑われ、このような違法な行為によって開始した監護については、監護の実績として評価されない（梶村太市ほか『家族法実務講義』〔有斐閣、2013年〕170頁以下〔榊原富士子〕、二宮周平『家族法〔第5版〕』〔新世社、2019年〕118頁以下、深町他・前注(1)380頁〔石綿はる美〕）。
3) 前者と後者を区別し、後者については「避難」という概念を用いることが指摘されている（木附千晶＝福田雅章＝CRC〔子どもの権利条約〕日本版監修『「子どもの権利条約」に基づいた子どもが幸せになるための、別居・離婚・面会交流のすべて』〔自由国民社、2023年〕255頁など）。
4) 朝日新聞2022年3月31日・夕刊（東京版）9面。控訴審について、https://www.asahi.com/articles/ASR1V4639R1TUTIL04G.html（最終閲覧：2024年2月27日）。
5) 学説の整理については、深町他・前注(1)380頁〔石綿〕参照。
6) 梶村他・前注(2)268頁〔榊原〕、二宮・前注(2)120頁、松本哲泓「子の引渡し・監護者指定に関する最近の裁判例の傾向について」家月63巻9号（2011年）30頁、山口亮子「子の奪い合い紛争事件における判断基準について」産大法学45巻3=4号（2012年）210頁。
7) 山口亮子「子の引渡し（監護紛争）の解決手段」二宮周平編代『現代家族法講座第2巻婚姻と離婚』（日本評論社、2020年）361頁。
8) 二宮・前注(2)120頁。
9) 水野紀子「民法と社会的・制度的条件」公証法学47号（2017年）29頁。
10) 井上武史「離婚した父母と子どもとの法的関係」法時93巻1号（2021年）98頁。
11) 離婚後も親双方が子の親権を有する、いわゆる「離婚後共同親権」制度を盛り込んだ、民法等の一部を改正する法律案（第213回国会（常会）閣法47号）が、2024年4月16日に衆議院本会議で可決された。
12) 判時2554号の匿名コメント82頁。
13) 山口・前注7)373頁。DVなどの家庭内暴力からの「避難」については、DV防止法やその運用の改善なしに解決することは不可能であり、その対策なしに子の連れ去りのみを刑罰化・違法化しても無意味であることは自明である。

# 家族 2　子の引渡しにおける債務者の履行すべき義務と間接強制の可否

大阪高決令 3・8・4
家判 47 号 72 頁
令 3 (ラ)728 号、間接強制決定に対する執行抗告事件
原審：和歌山家決令 3・6・3 家判 47 号 79 頁

稲垣朋子　三重大学准教授

現代民事判例研究会家族法部会

●——事実の概要

　X（母、原審申立人・抗告審相手方）と Y（父、原審相手方・抗告人）は、平成 25 年に婚姻し平成 27 年に長女 A をもうけたが、令和 2 年 2 月に Y が A を連れて実家に帰り別居した。翌月、X は和歌山家裁に、A の監護者を X と定めて A の引渡しを命ずる旨の審判を申し立て、同年 8 月に認容された。Y は即時抗告をしたが、同年 12 月、大阪高裁は抗告を棄却し、同審判が確定した。X は別居より間もない頃から、月 4 回程度、15 分から 1 時間程度、Y の実家で A と面会交流している。交流は概ね支障なく行われているが、A が X に早く帰るよう求めるなど、同人を遠ざける言動をすることもあった。

　X は、本件債務名義に基づき、A の引渡しの強制執行を和歌山家裁に申し立て、令和 3 年 1 月 22 日に執行官らによる直接強制が Y 方でなされた。執行官は、執行開始から 3 時間半後に A（当時 6 歳）の拒絶により執行不能と判断し、手続を終了した。そこで、同年 2 月 2 日、X は Y に対し、本件債務名義に基づき、決定告知日から 7 日以内に A を引き渡さないときは 1 日当たり 3 万円の間接強制金の支払を求める間接強制を申し立てた。なお、Y は、同月 6 日と 13 日にも X との交流を A に促している。しかし、A は X に対して拒否的な態度を示し、交流はできなかった。原決定（和歌山家決令 3・6・3）は、Y の意思によって A の拒絶を和らげ、引渡しを実現することができないものとはいえないとして、Y に対し、支払の始期を同決定送達日から 14 日以内とするほかは本件申立てと同旨の間接強制を命じた。6 月 8 日、Y が執行抗告をした。

　Y は原決定直後の同月 5 日、代理人弁護士を通じて、面会交流の場での A の引渡しを X に提案したが、3 時間近くかけても A の拒絶により引渡しが実現しなかった。また、同月 8 日付及び同月 11 日付の各文書により、Y は代理人弁護士を介して、A の心情を害さず X の下に送り出す適切な声掛けなどがあれば教示してほしい旨を X に連絡したが、回答はなかった。翌月の面会交流でも、A は公園に遊びに行こうと促す X を拒絶し、Y が一緒に行ってはどうかと促しても応じず、10 分程度で家の中に戻った。

●——決定要旨

　原決定取消し・却下、許可抗告不許可

　「間接強制は、債務不履行に対する制裁の告知により債務者に履行を動機付けるものであるから、債務者が自らの意思のみで履行できる債務であることを要し、第三者の協力又は同意を要するため債務者の意思では排除できない障害がある債務は、間接強制の発令要件を欠くことになる。」

　「本件のように、請求権者が子の被拘束場所に立ち入って子を連れ出すような場合、同請求権には、義務者に対し、請求権者が前記場所に立ち入って子を連れ出すという親権行使を妨害せずに受忍するよう求めるだけでなく、子の連れ出しに支障が生じないように一定の協力を求める内容が含まれる。とはいえ、一般に、義務者に求められる協力の内容は、当該子のために最低限必要な荷物を準備したり、請求権者の監護下で生活するようになっても引き続き親子交流は可能である旨告げるなどして、引渡しに伴う当該子の精神的負担を軽減すべく配慮するといった程度のものに留まると解される。」

　「以上をもとに検討するに、Y は、本件直接強制に対し、当初から執行官に A の引渡しに応ずる態度を明らかにし、A の荷物等を引渡しに備えて玄関先にまとめていたほか、Y の引渡しを妨害しない態度は一貫していた。」

　「そして、Y が、引渡しに拒否的な構えを崩さない A に対し、X や補助者の話を聞くよう促し、自分が同室することで支障があるならば席を外す旨補助

者に申し出、さらには執行官や補助者からの示唆を受け、暗にXの下に行くようAに促すことまでしても、Xに対するAの拒否的な構えは変わらず、執行官がこれ以上手続を続けることはできないと判断したことが認められる。」

「そうすると、本件直接強制に際し、Yが、XによるAの連れ出しを妨害せずに受忍し、これに支障がないように必要な協力を尽くしたことは明らかであり、本件直接強制は、債務者たるYの意思では履行できない状態に至ったというべきであるから、Yについて引渡債務の不履行があったとは評価できない。その後の経過をみても、母子交流をAに促し、Xに引渡しについて提案するなど、本件債務名義によって命ぜられたAの引渡債務を履行しようとするYの態度は基本的に一貫していると評価できるから、現時点において、Yに引渡債務に係る不履行のおそれを見出すことはできない。」

したがって、間接強制の発令要件を充たさないため、権利濫用の争点を判断するまでもなく却下するのが相当である。

## ●——研究

### 1 子の引渡請求と強制執行

子の引渡しを命ずる債務名義の執行方法については、従前は直接に定めた規定がなく、どのような執行方法が許されるかに関して議論があった。特に直接強制の可否につき見解が分かれていたが、令和元年の民事執行法改正（令和2年4月1日施行）により、直接的な強制執行（民執174条1項1号）と間接強制（同項2号）のいずれかにより行うものと定められた。もっとも、間接強制を経ずに直接的な強制執行の申立てができるのは、①間接強制の決定が確定した日から2週間を経過したとき（同条2項1号）、②間接強制を実施しても、債務者が子の監護を解く見込みがあるとは認められないとき（同項2号）、③子の急迫の危険を防止するため直ちに強制執行をする必要があるとき（同項3号）である[1]。

子の引渡しの給付の特定に関しては、面会交流とは異なり、「Yは、Xに対し、子を引き渡せ」という程度の記載で足りる[2]。任意の履行が奏功せず、あるいは債務者が履行勧告に応じないような場合には、債権者である親の申立てにより、債務名義に基づき強制執行が行われることになる。本件では、別居中の父母間で、子の引渡しを命ずる審判を債務名義とする間接強制の可否が問題となった。

### 2 間接強制の要件と債務者の履行すべき義務

債務者の意思に働き掛けて債務を履行させるとい

う間接強制の性質から、判例上、「債務者の意思のみによって履行できること」が間接強制の一要件とされてきた（大決大10・7・25民録27輯1354頁）。債務を履行するために第三者の協力や同意が必要な場面が想定されるからであるが、第三者の協力や同意が必要であることのみをもって、直ちに上記要件を充たさないと判断されるわけではない。学説では、「第三者の協力や同意を得ることができる見込みがないとき[3]」、やこれに加えて「第三者の協力や同意を得るために期待可能な行為をすべて行ったとき[4]」に上記要件を充たさず、間接強制が認められないものと解されている。

子の引渡しにおいては、子がある程度の年齢になれば、その債務の履行には子の協力を要するのが通常である。そこで、子の拒絶と間接強制の上記要件との関係が問題となる。すなわち、子が引渡しを拒絶するとき、債務者はいかなる内容の義務を尽くすことが求められるのか。この点については、一般に次の2つの捉え方ができるとされる[5]。①債務者の義務の内容を子の引渡義務（作為義務）と解するのであれば、引渡しという行為は子の意思に関わりなく履行することができるとは限らないため、子が拒絶すれば、もはや債務者の意思のみによって履行できない状況にあると評価できる。それに対し、②債務者の義務の内容を不作為義務と解するのであれば、子が拒絶をしても、債務者は子の引渡しを妨害しないという義務さえ履行すれば足りるのであり、間接強制の上記要件の充足性には影響しない。

### 3 従前の下級審裁判例

以下では、「債務者の意思のみによって履行できること」という間接強制の要件が、子の拒絶との関係で、裁判例ではどのように解釈されてきたのかを整理しておきたい[6]。

横浜家小田原支決平20・3・18家月61巻7号56頁は、監護者に指定された母が父に対し、長女の引渡しの間接強制を求めた事案である。父は、長女が母の下に行きたくないと言っていると主張していた。そこで、裁判所は、審判廷での引渡しのため長女を連れてくるよう父に指示したが、同期日に父が出頭しなかったため、間接強制を認めた。抗告審の東京高決平20・7・4家月61巻7号53頁は、長女（10歳）の拒否的な態度を考慮すると、父の意思のみによって債務を履行するのは困難であるとして、間接強制金を減額した。

和歌山家決平22・7・20家月63巻3号120頁は、監護者に指定された母が父に対し、子らの引渡しの間接強制を求めた事案である。2回の直接強制が子

ら（長女は当時 9 〜 10 歳、次女は 8 〜 9 歳）の強い拒絶で執行不能に終わっていた。裁判所は、債務者の義務について、「債権者の許に赴くか否かを未成年者らの意思に任せ、未成年者らが債権者の許に赴くことを積極的に妨害するような行為さえしなければ足りるとするものではなく、現在債務者の許にいる未成年者らが債権者の許に赴くことを拒んでいる場合には、債務者自ら、少なくとも、未成年者らが債権者の許に赴くための障害を取り除くべく、未成年者らの上記意思が形成される原因となった環境を改善し、また、側面から未成年者らに働き掛けるなどして、未成年者らの引渡しが円滑に実現するよう努めるべき」とし、間接強制を認めた。抗告審の大阪高決平 22・9・24 家月 63 巻 3 号 124 頁も、「むしろ、子らが監護すべき者によって監護されない不安定な状態が長く続くことは、子の福祉の見地から看過できない」として、原審の判断を維持した。

甲府家決平 22・12・24 家月 63 巻 12 号 100 頁は、監護者に指定された母が父に対し、長女の引渡しの間接強制を申し立てた事案である。直接強制は長女の拒絶で執行不能に終わっていたが、裁判所は、事前に引渡しの際の両親及び関係者の言動につき打ち合わせのない状況で執行されれば、子が動揺することはありうるとし、「7 歳の子の意思にすべての判断を委ねる債務者は、監護者として適切でなく、……債務者が、未成年者を適切に説得すべき義務がある」と判示し、間接強制を認めた。これに対して、抗告審の東京高決平 23・3・23 家月 63 巻 12 号 92 頁は、父は長女の気持ちを尊重する旨を一貫して述べており、長女を説得する環境作りに協力する姿勢が窺えるとして間接強制を否定した。

こうしてみてくると、従前の下級審では、債務者の履行すべき義務として、基本的に不作為（子の意思に委ねる）では十分でなく、引き渡すための具体的な行為（作為義務）が要求されていることがわかる。これは、2 で紹介した 2 つの捉え方の中間に位置する義務といえ、引渡義務（与える債務）ではないが、引渡しの実現のために必要な行為を行う作為義務（なす債務）[7] であるという立場と理解できよう。

## 4　権利濫用法理による判断

そのような中、最三決平 31・4・26 判時 2425 号 10 頁（以下、「平成 31 年最高裁決定」という。）は、監護者に指定された母が父に対し、長男の引渡しの間接強制を求めた事案で、3 でみた間接強制の要件解釈によるのではなく、権利濫用法理を用いて申立てを退けた。先行の直接強制は長男（当時 9 歳 3 か月）が拒絶し呼吸困難に陥りそうになり執行不能

とされ、人身保護請求も長男（当時 9 歳 7 か月）の拒絶を理由に棄却されていた。原々審（奈良家決平 30・5・8 家判 22 号 85 頁）及び原審（大阪高決平 30・9・3 家判 22 号 80 頁）は間接強制を認めた。

それに対して、平成 31 年最高裁決定は、「子の引渡しを命ぜられた者は、子の年齢及び発達の程度その他の事情を踏まえ、子の心身に有害な影響を及ぼすことのないように配慮しつつ、合理的に必要と考えられる行為を行って、子の引渡しを実現しなければなら」ず、「当該子が債権者に引き渡されることを拒絶する意思を表明していることは、直ちに当該審判を債務名義とする間接強制決定をすることを妨げる理由となるものではない」とした上で、本件については、「現時点において、長男の心身に有害な影響を及ぼすことのないように配慮しつつ長男の引渡しを実現するため合理的に必要と考えられる抗告人〔父〕の行為は、具体的に想定することが困難というべきである。このような事情の下において、……間接強制決定により、……長男の引渡しを強制することは、過酷な執行として許されない」と述べ、間接強制の申立てを権利の濫用に当たるとして却下した。

また、大阪高決令 3・8・4 の後、名古屋高金沢支決令 4・3・31 判タ 1510 号 194 頁（以下、「令和 4 年高裁決定」という。）、最三決令 4・11・30 判時 2561＝2562 号 69 頁（以下、「令和 4 年最高裁決定」という。）が、平成 31 年最高裁決定を踏襲し権利濫用法理によって間接強制の可否を判断している。

令和 4 年高裁決定は、監護者に指定された母が父に対し、二女の引渡しの間接強制を求めた事案である。引渡しの高裁での審判確定後 2 か月の間に、任意の引渡しが 3 回試みられたが、二女（当時 7 〜 8 歳）の拒絶のため奏功しなかった。原審（富山家決令 3・12・23 判タ 1510 号 198 頁）は間接強制の申立てを権利の濫用として却下し、抗告審も、「本件においては、上記最高裁〔平成 31 年〕決定の事案とは異なり、先行する手続における裁判機関等の判断が示されているものではないが[8]、本件審判確定後、債務者である相手方は本件審判に基づく義務の履行をしようと最大限努力をし」ており、「未成年者の心身に有害な影響を及ぼすことのないように配慮しつつ同人の引渡しを実現するため合理的に必要と考えられる相手方の行為を具体的に想定することが困難な状況にあることは共通する」から、間接強制の申立てが権利の濫用に当たるとした。

一方、令和 4 年最高裁決定は、監護者に指定された母が父に対して、長男の引渡しの間接強制を求め

た事案である。原々審（和歌山家決令3・7・13家判44号49頁）は間接強制の申立てを認容したが、原審（大阪高決令3・10・8家判44号46頁）は、引渡しの審判確定から約2か月の間に行われた2回の任意の引渡しの試みの際に長男（当時8歳）が明確に拒絶する意思を示したとして、長男の心身に有害な影響を及ぼすことのないように配慮しつつ長男の引渡しを実現するため合理的に必要と考えられる父の行為を具体的に想定することが困難であるとして、間接強制の申立てが権利の濫用に当たるとした。それに対し、抗告審は権利の濫用に当たるとはいえないとした。

## 5 本決定の位置づけ

このように、近時の公表裁判例が権利濫用法理を用いる中、本決定は従来の間接強制の要件解釈によっている。この判断枠組みの相違については、以下の見解がある。先述のように、債務者の履行すべき義務を引渡しの実現のために必要な行為を行う作為義務（なす債務）と捉えると、そうした義務は債務者の意思のみで履行可能であり、子の拒絶は、「債務者の意思のみによって履行できること」という間接強制の要件に影響を与えない。そのため、平成31年最高裁決定では、間接強制の要件解釈ではなく、権利濫用法理の法的構成が採られたという見方である[9]。

本決定は、「間接強制の発令要件を充たさないため、権利濫用の争点を判断するまでもなく却下するのが相当」としたが、上記の観点に基づけば、権利濫用法理により却下することも可能であったと思われる。本決定は、「義務者に求められる協力の内容は、当該子のために最低限必要な荷物を準備したり、請求権者の監護下で生活するようになっても引き続き親子交流は可能である旨告げるなどして、引渡しに伴う当該子の精神的負担を軽減すべく配慮するといった程度のものに留まると解される」とした上で、

当該義務が尽くされているかをYの具体的な言動に照らして判断しているからである。

権利濫用法理におけるメルクマールは、「子の心身に有害な影響を及ぼすことのないように配慮しつつ、引渡しを実現するため合理的に必要と考えられる債務者の行為を具体的に想定することが可能か」である。仮にこの基準を本決定に当てはめてみると、Yは、直接強制の際にAの荷物等を引渡しに備えて玄関先にまとめたり、Aに補助者の話を聞くように促したり、必要であれば自身が席を外すと申し出るなど、すでに可能な限りの行為を行っているといえる。また、間接強制の申立て後も、Yは複数回、X・Aの交流や任意の引渡しを試みている。紙幅の関係で詳述することはできないが、平成31年最高裁決定、令和4年高裁決定、令和4年最高裁決定の各認定事実と比較する限り、Yは執行手続内外で最も引渡しのための努力を行っていると思われる。

令和4年最高裁決定は、権利の濫用を否定し間接強制の申立てを認めたが、そこでは、「本件においては、相手方〔父〕には、長男の抗告人〔母〕への引渡しに協力する姿勢が見られるものの、長男の抗告人に対する強固な忌避感情を取り除く努力が十分であったとまではいえない」と述べられており、決定要旨からは、債務者である父からの働き掛けについては、第1回目の任意の引渡しの試みの際に約2時間にわたり母とともに子を説得したという事実しか読み取れない。確かにこの程度であれば、債務者には引渡しのためになすべき行為が残っていると考えられる[10]。したがって、令和4年最高裁決定と本決定とは結論を異にする理由がある。

以上のようにみてくると、権利濫用法理と間接強制の発令要件のいずれのアプローチを採るかに関しては別の考え方もありうるが、本決定が導いた結論は妥当であると考える。

（いながき・ともこ）

---

1) 本決定では民事執行法施行後にまず直接強制が申し立てられているが、間接強制が迂路に思える場合、直接的な強制執行の申立てをする債権者は少なくないと推測される。山本和彦編著『子の引渡手続の理論と実務』（有斐閣、2022年）246頁〔勅使川原和彦〕等。
2) 今津綾子「判批」新・判例解説Watch26号（2020年）158頁。
3) 兼子一『増補 強制執行法』（酒井書店、1951年）289頁、三ヶ月章『民事執行法』（弘文堂、1981年）421頁、奥田昌道編『新版注釈民法(10)債権(1)』（有斐閣、2003年）583頁〔奥田昌道＝坂田宏〕、福永有利『民事執行法・民事保全法〔第2版〕』（有斐閣、2011年）214頁。
4) 松本博之『民事執行保全法』（弘文堂、2011年）330頁、山本和彦「間接強制の活用と限界」曹時66巻10号（2014年）2729頁。
5) 山木戸勇一郎「判批」リマークス61号（2020年）136頁。
6) 子の意思尊重の判断基準や、そもそも間接強制手続において子の意思を考慮することが許されるかという議論もあるが、本稿では紙幅の関係上、取り扱う論点を絞る。
7) 子の引渡しにおける引渡義務と作為義務を区別する考え方について、山木戸・前掲注5）137頁。
8) 平成31年最高裁決定では、間接強制に先行する執行・裁判手続の不奏功も判断材料にはなっているが、権利濫用法理の判断にそれが不可欠とまでは明言していない。
9) 山木戸・前掲注5）同頁。
10) 安易に間接強制の申立てが権利の濫用に当たるとすれば、債務者による法的根拠のない監護継続を是認することになりかねないという指摘もある。安西明子・判例秘書ジャーナルHJ100177（2023年）9頁、羽生香織「判批」民商159巻5号（2023年）107頁。

# 環境　神戸石炭火力訴訟民事第1審判決

神戸地判令5・3・20
裁判所HP
平30(ワ)1551号、石炭火力発電所建設等差止請求事件

島村　健　京都大学教授

環境判例研究会

●——事実の概要

神戸製鋼所は、神戸市灘区において、出力140万kWの既設の石炭火力発電所と同じ敷地内に、出力130万kWの石炭火力発電所の増設を計画した（以下「本件新設発電所」という）。これに反対する周辺住民らは、2018年9月、人格権ないし平穏生活権の侵害を理由に、同社とその子会社（以下「被告・神鋼ら」という。）及び関西電力を被告として、本件新設発電所の建設・稼働の差止め等を求める民事訴訟を提起した（本稿では、関西電力に対する請求については割愛する）。提訴後、原告らは、被告・神鋼らに対し、本件新設発電所から排出される$CO_2$を、2040年までの間に漸次削減し、遅くとも2040年にはゼロとすることを求める予備的請求を追加した。

なお、本件新設発電所については、同発電所の建設工事にかかる環境影響評価手続に瑕疵があるとして、評価書確定通知（電気事業法46条の17第2項）の取消し等を求める行政訴訟も提起されたが、原告の請求を一部棄却・一部却下する判決が確定している（大阪高判令4・4・26判タ1513号98頁、最一決令5・3・9LEX/DB25595704）。

●——判旨

請求棄却。

1　大気汚染による権利侵害を理由とする差止請求

(1)　人格権に基づく差止請求の判断枠組み

「個人の生命、身体の安全は、極めて重大な保護法益であって、各人の人格に本質的なものである。また、環境汚染による生命、身体、健康に対する深刻な不安を抱くことなく日常生活を送るという法益は、生命、身体、健康に係る法益に密接に関連するものである。したがって、このような生命、身体、健康に係る人格権（原告らの主張するところの伝統的人格権）が侵害され又は侵害される具体的危険が

あるときや、そのために生命、身体、健康について深刻な不安に曝され、平穏に生活する法益が侵害されるときは、人格権に基づく妨害排除請求又は妨害予防請求として、当該侵害行為の差止めを求めることができる」。

(2)　伝統的人格権に基づく差止請求

「本件アセスの結果、$SO_2$、$NO_2$、SPM及び水銀が基準値を超えて原告らの居住地に到達する具体的危険があるとは認められず、また、PM2.5についても、その環境影響に係る直接の調査・予測・評価は行われていないものの、……本件新設発電所の運転に伴うこれらの物質［PM2.5の主な原因物質の一部と解される$SOx$、$NOx$及びばいじん］の年平均値及び日平均値の着地濃度はバックグラウンド濃度と比較して極めて小さいと予測され、寄与濃度をバックグラウンド濃度に加えた将来環境濃度も環境基準に適合していると評価されていたものであるから、この結果による限り、本件新設発電所の稼働により大量のPM2.5が新たに原告らの居住地に到達する具体的危険があるとは認められず、他の原因物質から二次生成した大量のPM2.5が原告らの居住地に到達すると認めるに足りる証拠もない。」

(3)　健康平穏生活権の侵害に基づく差止請求

「本件新設発電所の稼働によって、本件新設発電所PM2.5を含む大気汚染物質により原告らに環境汚染による深刻な不安を生じさせるだけの客観的事実が存在していることを認めることはできず、そうである以上、生命、身体、健康に直結する平穏生活権が侵害されているとは認められない」。

2　温暖化による権利侵害を理由とする差止請求

(1)　伝統的人格権に基づく差止請求の可否

①具体的危険の有無　「(a)［地球温暖化により］原告らが実際に生命、身体、健康を害されるほどの被害に遭うか否かは、……様々な不確定要素に左右され……現時点において、原告らの生命、身体、健

康に被害が生ずる具体的危険が生じていると認めることはできない。この点について、原告らは、気候変動による被害の具体的危険性の有無については、国際社会が目指す削減目標との関係で許容できないレベルでの危険をもたらすか否かによって判断すべきであると主張する。しかし、国際社会が目指す削減目標は、地球全体の温暖化を防止するためのものであるのに対し、原告らに生ずる被害の具体的危険性は、地球温暖化の影響が原告ら個々人に実際に生ずることの具体性をもって判断すべきものであるから、地球全体の温暖化の危険性をもって、原告ら個々人に生ずる具体的危険と同一視することはできない」。

「確かに、1.5℃目標の達成には現行の各国の貢献目標（NDC）では不十分とされ、また、CCSの商用化については悲観的な見通しの意見もあるが、(b)これらの取組みが国内外でされていることを踏まえると、現在の時点において、目標の達成が不可能であり、上記の予測どおりの事態が現実化すると直ちに認めることはできない。したがって、この点からも原告らの生命、身体、健康が地球温暖化によって害されることについての具体的危険が現に生じているとは認められない」。

「原告らは、本件新設発電所［が］……30年間稼働するとすれば、日本の残余のカーボンバジェットの3.2%を占めるから、確実に地球温暖化に寄与すると主張する。(c)しかし、そうであるとしても、現段階での国際合意は、平均気温の上昇が2℃を十分下回り、1.5℃にとどめることを目標とするものであるから、気候変動が現在より少しでも悪化することをもって、直ちに受忍限度を超える具体的危険が生ずるとはいえない。また、上記のような取組み［日本政府の気候変動対策の取組］が進められている中で、本件新設発電所の稼働によって直ちに上記の削減目標の達成が不可能になったと認めることはできない」。（以上の(a)～(c)は、筆者が挿入）

②因果関係の有無　「CO_2の排出と被害の発生との因果関係は、地球上のあらゆる人為的なCO_2の排出の総体と、気候変動によって地球上の人類に生ずるおそれのあるあらゆる被害の総体との間に存するものである。本件新設発電所［からのCO_2排出量は］それ自体としては大量といわざるを得ないとしても、地球規模で比較すれば年間エネルギー起源CO_2排出量の0.02%であるにとどまる。これらのことからすると、原告らに生ずるおそれのある被害と、本件新設発電所からのCO_2の排出との関係性は、極めて希薄であるといわざるを得ず、本件新設発電所からのCO_2の排出に、原告ら個々人に生

ずるおそれのある被害を当然に帰責できるだけの連関を認めることはできない」。

③他の汚染源との関連共同性　「原告らは、本件新設発電所は、他の新設大型石炭火力発電所と強い関連共同性があり、既設及び新設の石炭火力発電所とは弱い関連共同性があるとして、それらの全体と原告ら個々人に生ずるおそれのある被害との間には相当因果関係があると主張する。しかし、……CO_2の人為的排出源は、排出量の大小はあるにせよ、そのいずれもがCO_2を排出して地球温暖化に寄与している点で同質であり、上記プロセスとの関係では地理的な近接性や業種的な関連性は無関係である。そうすると、事業上の一体性がないにもかかわらず、全ての人為的な排出源から新設の又は既設を含めた石炭火力発電所のみを取り出して、それらを一括して本件新設発電所との関連共同性を認めるべき理由があるとはいえない」。

（2）CO_2に関する平穏生活権（安定気候享受権）に基づく差止請求

「安定気候享受権は、原告ら個々人の生活の平穏という利益を基礎とする形はとっているものの、実質的には、具体的危険が生ずる以前の段階で、安定した気候という環境の保全そのものを求める主張にほかなら［ず］……、原告らの個々人の人格権により保護されている法益と認めることはできない」。「また、この点を措くとしても、地球温暖化による被害について生ずる原告らの恐怖や不安を、本件新設発電所に一義的に帰責すること（は）できない」。

●——研究

## 1　本判決の位置づけ

本件は、石炭火力発電所の差止めを求める訴訟としては、仙台パワーステーション差止訴訟に続く、日本で2件目の事案である。しかし、同訴訟の第一審判決（仙台地判令2・10・28判タ1479号164頁）[1]及び控訴審判決（仙台高判令3・4・27判時2510号14頁）は、温暖化による権利侵害について正面から取り上げておらず、本判決が、日本の気候変動民事訴訟における初めての司法判断ということになる[2]。

## 2　大気汚染による権利侵害に関する判断

（1）権利侵害が生ずる蓋然性について

本件新設発電所の建設時の環境影響評価においては、PM2.5の影響について評価がなされていない。そこで、仙台パワーステーション差止訴訟と同様、本件訴訟でも、原告らが発電所から排出されるPM2.5などの大気汚染物質が周辺住民の健康に与える影響を、排出物質の拡散シミュレーションと、予

測濃度、疫学データ及び曝露人口データを組み合わせて行った健康影響評価により、定量的に明らかにしようとした。原告ら提出したCREA報告書によると、新設発電所の稼働による追加的な早期死亡者数は、年間52人（40年間稼働すると2080人）となる。しかし、本判決は、中央環境審議会の専門家会合の報告書などにおいて、PM2.5について「十分な予測精度が確保された予測手法が確立されているとはいえ（ない）」とされているなどとし、CREA報告書の結果どおりにPM2.5が拡散し、原告らの居住地におけるその濃度が有意に上昇すると認めることはできない、とした。そして、CREA報告書の結果を前提としても、PM2.5の年平均濃度は環境基準を下回り、日平均濃度は環境基準を上回るものの健康影響が出現する可能性が高くなるとされる注意喚起濃度を十分に下回っていることから、「PM2.5に閾値が存在しないことを前提としても、本件新設発電所の稼働によって、原告らに健康被害が生ずる具体的危険性があるとは認められない」とした。

しかし、PM2.5に閾値がないことを踏まえると、新設発電所の稼働に伴ってもたらされる危険の大きさを判断するためには、追加的な曝露量とそれによってもたらされる追加的な健康被害の大きさについて検討しなければならない。原告らは、これを、本件新設発電所の稼働に伴う大気汚染物質の排出による追加的な早期死亡者数を試算することによって定量的に示そうとしたのである。

「十分な予測精度が確保された予測手法」が確立されていなかったとしても、一定の予測精度をもつ予測手法により、PM2.5の影響評価を行うことはできた[3]。特に本件新設発電所の周辺地域は、大気汚染のバックグラウンド濃度が高く、近年でもPM2.5の環境基準を超過する測定局があった。そのような地域に大気汚染物質の大規模排出源を追加する以上、被告・神鋼らが環境影響評価の過程でPM2.5の影響予測を行う必要があったと考えるべきではないか。裁判所は、原告らが試算した影響評価の結果を安易に斥けるのではなく、被告・神鋼らに反証を促し、本件新設発電所から排出されるPM2.5によって惹起される危険の大きさについて判断すべきであったと思われる。

(2) 本判決の判断枠組みについて

原告らは、人格権に基づく差止請求の認否を判断する要件として、①権利の保有、②権利侵害の蓋然性ないし具体的危険、③（受忍限度を超える）違法性を挙げていた。前掲・仙台パワーステーション差止訴訟控訴審判決も、人格権・平穏生活権侵害を理由とする差止請求の判断枠組みとして「侵害の態様とその程度、被侵害利益の性質とその内容、侵害行為の社会的有用性ないし公共性、被害の防止措置の有無・内容・効果など様々な事情を比較衡量」によって決するとしており、「生命・身体に対する具体的な危険が存在しなくとも、利益衡量等により差止請求が認められる場合がありうるという考え方」[4]がとられていると指摘されている。これに対し、本判決は、もっぱら、生命、身体、健康に係る人格権が侵害される具体的危険があるか否かについて判断し、結論として具体的危険の存在を否定している。具体的危険の存在が認定されない場合には、健康平穏生活権侵害についてもほぼ自動的に否定される（判旨1(3)）。これでは、健康平穏生活権という権利を伝統的人格権と別に認めたことにはならないと思われる。

原告らは、石炭火力発電は相対的に環境負荷が大きい発電方法であり公共性を欠いていること、本件新設発電所は大気環境の悪い地域に立地するものであること、大気汚染物質による影響を受ける人口が多いことなどを指摘するとともに、閾値のないPM2.5に長期間曝されること自体が「不合理な健康リスク」にあたると主張した（さらに、そのような健康リスクの大きさを定量的に示そうとした）。しかし、本判決は、伝統的な人格権侵害を肯定しうるような具体的な危険の有無のみを判断の基準としたため、原告らが主張する「健康リスク」の性質や、仙台パワーステーション差止訴訟控訴審判決が挙げるような諸事情は、考慮の対象とされなかった。

**3 温暖化による権利侵害に関する判断**

**(1) 人格権侵害の具体的危険の有無**

本判決は、被告・神鋼らの主張を斥け、「$CO_2$の排出に起因する地球温暖化によって健康等に係る被害を受けないという利益」の権利性を肯定したが、原告ら個々人の生命、身体、健康が侵害される具体的危険がないと判断した（判旨2(1)①(a)～(c)）。

(a)については、原告一人ひとりが温暖化による具体的危険に直面するというような状況は、気候変動が不可逆的に進行するもはや手遅れの事態であり、そのような段階になってからでないと差止請求を認めないというのは不合理ではないか、という疑問がある[5]。また、原告らは、個別的な被害発生の不確定性に鑑み、伝統的人格権侵害の主張とは別に、被害を受ける可能性のある中で不安や恐怖のない生活を送る権利、あるいは生命・健康にかかる不合理なリスクにさらされない権利として、平穏生活権（安定気候享受権）の侵害を主張した。しかし、本判決は、

原告らの主張を「安定した気候という環境の保全そのものを求める主張」であると断定して安定気候享受権の権利性を否定した[6]。

(b)(c)については、気候変動のリスク、日本及び世界の気候変動対策の現状に対する裁判官の危機感のなさを露呈したものといわざるをえない。（本判決も認めるように）世界及び日本における温室効果ガス排出削減の取組は、パリ協定の1.5℃目標の達成を可能とするようなレベルに達していない。また、本判決は、被告・神鋼らがCCSの導入に向けた検討を継続的に行うとしていることについて言及しているが、原告らが立証したとおり、本件新設発電所においてそれが設置される可能性は現実的にはないと考えられる。

(2) 帰責性

本判決は、「原告らに生ずるおそれのある被害と、本件新設発電所からの$CO_2$の排出との関係性は、極めて希薄である」とする。温室効果ガスは世界の無数の排出源から排出されているため、本件新設発電所のような大規模排出源であっても、世界全体の温室効果ガス排出量（エネルギー起源$CO_2$）に占める割合は約5000分の1にとどまる。寄与率が低いことを理由に排出削減義務を否定する議論（判旨2(1)①(c)、②）は、「大海の一滴」論と呼ばれる。このような議論によると、いかなる排出源も削減義務を免れることになる。世界の気候訴訟に目を転じると、このような抗弁を排斥する裁判例が目立つ[7]。たとえば、ロイヤル・ダッチ・シェル（RDS）に対して、IPCCの1.5℃特別報告書が示した排出削減の経路を参考として2030年までに2019年比45％の温室効果ガス排出削減を命じたハーグ地方裁判所2021年5月26日判決は、RDSが危険な気候変動に対処する責任のある唯一の者ではないからといって、気候変動対策にかかる部分的な責任を免れることはできないと判示した（4.4.37段落）。

本件訴訟において、このような、気候変動を防止するための「部分的な責任」を追及するための理論構成が、分割的差止請求（予備的請求）であった。原告らは、主位的に、本件新設発電所は、他の石炭火力発電所との間で連帯的差止義務を負っていると主張していたが、予備的に、弱い関連共同性を有する日本のすべての石炭火力発電所とともに、$CO_2$排出量を漸次削減し、遅くとも2040年までに実質的にゼロにする分割的差止義務があると主張した。これに対し、本判決は、石炭火力発電所を括りだして関連共同性を認めるべき理由はないとして連帯・分割差止義務を否定した。この点、寄与度に応じた分割的差止請求の場合には、他者が負う責任を被告が負うことはないので、他の加害者との間の関連共同性は不要と考えられる。いずれにしても、このような判断がなされたことの背景には、日本では、セクター別の排出削減義務・目標が定められていないという事情もあろう[8]。本判決は、「［原告らに生ずるおそれのある被害を防止するための］$CO_2$の排出削減方法の選択・決定は、本来的に、エネルギー政策等を含めた政策的観点から、民主制の過程によって行われるべきものであり、その選択・決定なしに、多様な排出源のうちの特定のものを、原告ら個々人に生ずるおそれのある被害を帰責させる対象として法的に選択・特定することはできない」とする。もっとも、原告らの危機感は、民主政の過程が機能せず、政治部門が気候危機による被害を防ぐための役割を適切に果たしていないという点にあり、それゆえに、人権保護の最後の砦である司法に救済を求めているのである。世界各地の気候変動訴訟において、多くの裁判所は政府の政策的裁量を認めつつも、政治部門の決定を司法審査の対象としており、気候危機は人権侵害であるという認識から、本判決のような司法消極主義（「三権分立原則」論と呼ばれる）を斥けている[9]。国内外の判決の違いをもたらしているのは、気候危機がもたらす人権侵害と、気候変動対策の遅れに対する危機感に関する相違ではないかとも思われる。

（しまむら・たけし）

1) 桑原勇進・環境法研究14号（信山社、2022年）177頁以下、島村健・新・判例解説Watch28号（2021年）321頁以下参照。
2) 本判決の評釈として、杉田峻介『2022年度JELF論文集　環境と正義』（2023年）3頁以下、大坂恵里・新・判例解説Watch33号（2023年）317頁以下、池田直樹・法と政治74巻2号（2023年）131頁以下、同・環境法研究17号（信山社、2023年）175頁以下がある。
3) 前掲大阪高判令4・4・26は、本件新設発電所の環境影響評価の際に、PM2.5の予測・評価を「一定の精度をもって行うことは可能であ」り、「PM2.5の予測・評価をするという選択肢は十分あったと考えられる」としている。
4) 桑原・前掲注1)184頁。
5) 環境判例研究会における桑原勇進教授のご指摘。原告個々人が被害を受ける可能性については不確定ではあるものの、社会に広がる損害の総和が大きいことを考慮すべきではないかという指摘もある（池田・前掲注2)法と政治74巻2号151頁以下、同・環境法研究17号185頁以下）。
6) 批判的検討として、池田・前掲注2)法と政治74巻2号153頁、同・環境法研究17号198頁。
7) 浅岡美恵＝島村健「気候訴訟──世界の司法の潮流と日本の課題（下）」神戸法学雑誌73巻3号（2023年）1頁（7頁以下）。
8) それでも、前掲ハーグ地裁判決は、一企業に定量的な削減義務を課している。
9) 浅岡＝島村・前掲注7)17頁以下参照。

# 医事　デジタル証拠である電子カルテの改竄と証明力の立証

名古屋地判令4・3・11
平成29年(ワ)5299号
医療過誤による損害賠償請求事件

吉峯耕平　弁護士

医事判例研究会

## ●——事案の概要

Xが、平成20年5月7日、皮膚の痒みを理由にY₁医師の診療を受けたところ、同年7月5日から平成22年4月13日まで（約1年10か月）、ステロイド内服薬が処方され、その後、Xは両側大腿骨頭壊死症を発症した。Xは、Y₁とクリニックを運営する医療法人Y₂に対し、不法行為又は債務不履行に基づき、治療費、慰謝料等の合計4915万5480円及び遅延損害金を請求した。Xが主張する過失は、①適応がないステロイド内服薬を処方した注意義務違反、②ステロイド内服薬の中止・転院義務違反、③副作用の説明義務違反、の3点である。

過失③（説明義務違反）に関して、Yらは、平成20年7月5日にステロイド内服薬が処方される前の同年5月31日午後9時頃（診療時間外）の電子カルテの「症状が軽快しなかったらステロイド内服を処方。その副作用の可能性として滅多にないが；感染症誘発憎悪、続発性副腎機能不全、糖尿病、消化性潰瘍、膵炎、骨粗しょう症、骨頭無菌性壊死症、ミオパチー、緑内障、白内障、血栓症あり。次回まで可否の回答をいただく。拒否がなければ処方。」との記載（以下「本件記載」という。）を根拠に、Xに副作用を説明したと主張した。

電子カルテの提出については以下の経緯があった。

平成26年2月26日、XはY₁に対し、診療録等が改竄される危険が高いことを主張して、証拠保全を申し立て、同年3月26日に証拠保全手続が実施された。Y₁は、平成20年5月7日及び5月31日の部分を除く電子カルテのプリントアウトを提示し、同部分についてはパソコンのハードディスクが壊れたため、データとしては残っておらず、他のパソコンに移行したデータ又は書面が残っていれば後日提出すると述べた。

Xが、3度にわたり書面で未開示部分の開示を求めたところ、Y₁代理人は、平成26年6月5日、未開示部分を含む電子カルテ（以下「カルテ①」という。）を開示するとともに、処方と壊死症の間の因果関係が存在しないと主張した。その後、Xのより詳しい主張が記載された書面の送付を経て、Y₁は、別の代理人弁護士に交替し、平成28年6月9日、未開示部分を含む電子カルテ（以下「カルテ②」という。）を開示するとともに、因果関係に加えて、説明義務違反がないこと等を主張した。

本件記載はカルテ②に記載されているが、先に開示されたカルテ①には記載されていない。それ以外にも、記載内容が異なる箇所が、2箇所ある（カルテ①と比べて、カルテ②の記載の方が詳細である。）。

Xは、カルテ②は、原告の診療当時に存在したものではなく、信用性がないと主張した。

## ●——判旨

一部認容（控訴審で和解成立）。

裁判所は、過失①（適応違反）、過失③（副作用の説明義務違反）を認定し（過失②については過失①が認められることから「前提を欠く」ため判断しなかった。）、請求額の約5割にあたる2381万2230円と遅延損害金について因果関係のある損害を認めて、その限度で請求を認容した（遅延損害金についてXに有利な不法行為を認定）。

本件記載の証明力に関する判示は、以下の通りである。

カルテ②については、提出に至る経緯に鑑みると、「本件に関する紛争が具体化した後に、被告に有利なように虚偽の内容が書き加えられたものではないかとの疑いを生じさせるものであるといえる。」

Yらは、①平成20年5月頃、使用していた簡易

サーバに動作不良が生じ、業者に問い合わせたところ、不具合が生じる可能性があるから、電子カルテを印刷しておくようにアドバイスを受けた、②Y₁は、各患者の会計の都度、電子カルテを印刷し、一日の診療が全て終了した夕方以降に、必要な追記をして改めて印刷していた、③その結果、多数のプリントアウトが存在し、最新版が分からなくなっていた、④診療終了後に追記して印刷したカルテ②が最新版であったのに、誤って、追記前のカルテ①を交付したと主張し、Y₁もその旨供述するが、こうした経緯を「疑わしめるだけの的確な証拠もない。」

もっとも、電子カルテの変更履歴によると、カルテ①と②の変更箇所には入力時刻に違いがあるが、本件記載に関してだけ入力時刻が同じとなっており、「なぜそのような違いが生じるかについては、本件証拠上明らかではない。」

電子カルテの提出経緯に関する疑義、カルテ①と②の違いを考慮すると、上記Y₁の説明を踏まえても、「これ（本件記載）が実際の診療経過をそのまま記載したものであると直ちに信用することには躊躇を覚える。」

## ●──研究

### 1 デジタル証拠の改竄と形式的・実質的証明力

近時の訴訟においては、デジタル証拠（デジタルデータによって組成された証拠）が一般化しており、用いられない方が珍しいほどである。伝統的に証拠方法は人（証人、当事者、鑑定人）か物（検証物、文書）に限られていたが、民訴法IT化改正（令和4年5月25日法律48号）においては、「電磁的記録に記録された情報の内容に係る証拠調べ」（231条の2）として、デジタルデータそのものが証拠方法として認められている（この証拠方法としてのデジタルデータを「電子文書」[1]と呼ぶことができる。）。

デジタル証拠は、文書等の従来型の証拠と比べて、①完全一致性、②改変可能性、③非確定性、④非可読性、⑤膨大性といった特性がある[2]。そして、デジタルデータは容易に変更することができ、その痕跡を全く残さないこともできるという、②改変可能性の観点から、改竄の有無について特別の考慮が必要になる。

民事訴訟では、文書について「成立が真正」（民訴228条1項）の立証が必要だが、これは「文書が挙証者の主張する作成者によって作成されたこと」（秋山幹男ほか『コンメンタール民訴法IV 第2版』〔日本評論社、2019年〕378頁）を意味し、形式的証明力と呼ぶ。改竄の有無については、それが同じ作成者（例えば主治医）によるものであれば、形式的証明力に影響せず、実質的証明力の問題として考慮されるに過ぎない。

電子文書についてもこの規律は準用されるが（改正民訴231条の3・228条1項）、私文書の署名押印による真正の推定規定（228条3項）は準用から除外されている。そして、デジタル証拠の改竄については、文書と異なる取扱いが必要になるのではないかという問題が生じる。この点、大阪高判平21・5・15判タ1313号271頁は、陳述書に添付されたメールのプリントアウトについて「電子記録はその性質上改ざんしやすいものであるから、これを証拠資料として採用するためには、①その記録が作成者本人によって作成され、かつ、②作成後に改ざんされていないことを確認する必要がある。」（丸数字は引用の際に附記）とした上で、その証拠価値（証明力）は低いと判断した。デジタル証拠については、成立の真正（作成者の一致）だけではなく、改竄のないことの立証が必要であることを、特に判示しているのである。非改竄の事実を独自の補助事実と位置付けたものと考えることもできるが、実質的証明力の問題に過ぎないとしても、特別な考慮が必要なことは間違いないといえる。

### 2 改竄の立証の程度

改変可能性があるデジタル証拠に対して、「改竄された可能性がある」と主張されることがあるが、抽象的な主張のみでは証明力は否定されないことが通例であり、改竄の痕跡を具体的に主張立証することが必要である。刑事裁判例だが、東京地判平17・3・25判タ1213号314頁は、「かかる可能性をうかがわせる具体的な事情は何ら存在しない上、第三者が被告人のアクセス記録をことさらに作出する必要性もないことから、アクセスログは正確に被告人のアクセスを記録していると認められる。」と判示して、抽象的な主張を排斥している。非改竄の立証責任は挙証者にあるが、相手方は反証を提出する必要を負担しているといえ（事実上、立証責任が転換されている）、これを具体的弾劾の原則と呼ぶことができる。

電子カルテの事例を除く裁判例としては、改竄否定例として、①知財高判令2・2・26平31(行ケ)10059号、②大分地判平27・2・23判時2352号36頁、③東京地判平28・3・23平25(ワ)21911号、④東京地判令3・3・30平31(ワ)3093号がある。また、改竄肯定例としては、⑤大阪高判平21・5・15判

タ 1313 号 271 頁（前掲）、⑥知財高判平 19・3・26 平 18(行ケ)10358 号、⑦東京地判平 30・8・17 平 28(ワ)15812 号、⑧東京地判令 4・1・25 令 3(ワ)9574 号、⑨東京地判令 3・7・7 令 2(ワ)27783 号、⑩大阪高判平 20・6・13 先物取引裁判例集 52 号 263 頁、⑪東京高判平 21・3・27 判タ 1308 号 283 頁、⑫名古屋地判令 4・10・5 判タ 1508 号 183 頁がある[3]。

裁判例の傾向としては、否定例では改竄を主張する理由を抽象的にしか提示できていないのに対し、改竄肯定例では、具体的な改竄の疑いを根拠づけるだけの事情が主張立証されている。例えば、裁判例⑥では、Wayback machine という履歴サイトについて、異なる時刻に保存された画像が表示される可能性を実例で示しているし、裁判例⑫では、動画データのダンプリストが「極めて整って」いることから、音声データが論理的に記録されていない可能性が指摘されている。

実務的には、デジタル証拠の弾劾のために、改竄の具体的な痕跡を発見することが重要である。分類すると、①技術的な痕跡（編集・改竄による音声波形や画像のつぎはぎなどのデータの外形的な痕跡）、②来歴上の痕跡（証拠の来歴の不自然な点）、③内容上の痕跡（記録内容の不自然・不可解な点、他の証拠との齟齬）が考えられる[4]。

### 3　技術的措置

デジタル証拠は、改竄によって事実認定を誤らせるリスクが高いので、これに対しては、改竄が不可能・困難とさせる予防的な技術的措置が導入されている。技術的措置は、(a) 電子署名方式、(b) システム方式の 2 種類に大別される[5]。

(a) 電子署名方式とは、デジタルデータのファイル自体に施される技術的措置であり、ファイルのみで無改竄等を保証するものである。その典型例は、電子署名法に規定される電子署名であり、「電磁的記録……に記録することができる情報について行われる措置」であって、作成者の確認と非改竄の確認ができるものと定義されている（電子署名法 2 条）。時刻情報を記録したタイムスタンプ（時刻認証）[6]も、電子署名の一種である。

(b) システム方式とは、ファイル単独で非改竄を保証するものではなく、事業者が運営するシステムにデータを保存し、システム運用者がデータの非改竄を保証する方式である。その典型例は、電子カルテをはじめとする医療情報システムや、建築士法上の設計図書[7]がある。法令に基づかないシステムも、

システム運営者の助力がなければ、改竄は困難なことが多い。

このような技術的措置が取られている場合には、当該データが改竄されていないことを確認することは容易であるため、改竄の有無についての争点が問題になることは稀である。もっとも、全てのデジタルデータについて技術的措置を要求すること、すなわち、技術的措置の取られていないデジタル証拠の証拠能力を否定することは、（立法論としても）困難である。技術的措置の欠けたデジタル証拠も証拠提出されるのであり、その場合にどのように証明力を評価するのかが、訴訟法における重要な問題として残ることになる。

### 4　電子カルテの技術的措置と改竄認定

医事関連法令では、医師法 24 条が医師及び医療機関に診療禄保存義務を課しているほか、他の法令にも医療記録の保存義務が定められている[8]。この診療禄のことを「カルテ」といい、電子的に保存したものを「電子カルテ」という。また、「医療に関する患者情報（個人識別情報）を含む情報を取り扱うシステム」が、「医療情報システム」と呼ばれており[9]、具体例としては、電子カルテの他、レセプト作成システム（レセコン）、オーダリングシステム、画像システム（PACS）、遠隔診療システムなど、多様なものが存在する。

紙で情報を保存、作成等する義務について、デジタル形態で代替することを認めたのが e-文書法[10]である。その要件は省令に委任されているところ、一般的な省令は見読性のみを要件として規定している。これに対し、電子カルテやその他の医療情報の保存義務については、見読性、真正性、保存性という特別な要件が規定されており（厚生労働省 e 文書法省令[11] 4 条 4 項）、「電子保存の三原則」などと呼ばれている[12]。特に重要なのは、「電磁的記録に記録された事項について、保存すべき期間中における当該事項の改変又は消去の事実の有無及びその内容を確認することができる措置を講じ、かつ、当該電磁的記録の作成に係る責任の所在を明らかにしていること」（同 2 号）という「真正性」である。この「真正性」は、電子保存の通達[13]に由来し、作成者の一致のみを問題とする民事訴訟法上の成立の真正（形式的証明力）とは異なる概念である。証拠評価の基準というより、技術的措置（システム方式）を法令上強制する事前規制と位置付けられる。

なお、上記の規律は法令上の保存・作成義務のある情報についてのものだが、義務がない場合であっ

ても、医療情報システムは真正性要件を満たすように構築されていることが多い。

　紙のカルテ（診療録）でも、カルテに記載がある場合は、その記載に即した事実があるとの推定が働くとされている[14]。さらに、電子カルテの改竄[15]については、前述の通りの技術的措置が採用され、改竄は不可能又は極めて困難なのが通例であり、その弾劾は困難である。実際に、電子カルテの記載について改竄が認められなかった事例として、高松高判平28・11・30平27(ネ)10号、東京地判平30・5・24平27(ワ)25696号などがある。

　もっとも、電子カルテの改竄検知機能が機能していないことを示す個別的事情の立証によって、電子カルテの改竄を立証すること可能であり、大阪地判平24・3・30判タ1379号167頁（変更履歴が残らないように電子カルテの設定が変更された事例）、東京地判令4・3・25平30(行ウ)383号（電子カルテの記載自体の改竄ではないが、医師が「0.00」という極端に低い基準値〔通常の基準値は「0.90」〕を電子カルテに登録することで、通常であれば陰性となる検査結果を陽性と表示させていた事例）がある。

　本件も、個別的事情によって電子カルテの改竄が例外的に認められた事例である。すなわち、証拠保全では初診時を含む非開示部分が存在し、後日、一部は記載の異なる複数の電子カルテ（カルテ①②）が提出されたという事情があった。非改竄についての電子カルテの高い実質的証明力は、システムの改竄検知が機能していることが前提になるのだが（上記の大阪地判では設定によりシステムが停止しており、東京地判は検査の基準値を変更することで検知機能を潜脱したといえる。）、本件では複数の相互に矛盾したバージョンを提出したことで、機能不全を自ら示したことになる。そのような疑義が生じた以上、医療側が、システムの変更履歴によって記録・変更の過程を説明することが必要だったが、入力時刻について齟齬する部分と一致する部分が混在し、明確な説明はなされなかったようである。

　本件は、技術的措置が法令上強制されている電子カルテについて、例外的に改竄が認められた一事例を加えたものといえる。

（よしみね・こうへい）

---

1) 法制審議会民事訴訟法（IT化関係）部会資料6（https://www.moj.go.jp/shingi1/shingi04900001_00029.html）は、「電磁的記録……であって情報を表すために作成されたもの」を「電子文書」と定義している。ただし、この用語は、その後の資料では用いられていない。

2) 高橋郁夫ほか編『第2版 デジタル証拠の法律実務Q&A』（日本加除出版、2023年）13頁

3) 高橋ほか・前掲注2)303、320頁

4) 高橋ほか・前掲注2)322頁

5) 高橋ほか・前掲注2)298頁

6) 電子計算機を使用して作成する国税関係帳簿書類の保存方法等の特例に関する法律施行規則2条6項2号ロ、総務省「タイムビジネスに係る指針」（平成16年11月5日）3頁。
なお、「タイムスタンプ」という法律用語は多義的であり、ファイルシステム等に記録された時刻情報を意味する場合と、上記の時刻認証を意味する場合がある。

7) 公益社団法人日本文書情報マネジメント協会「建築設計業務における設計図書の電磁的記録による作成と保存のガイドラインVer.2.0」（令和5年11月1日）

8) 保険医療機関及び保険医療養担当規則22条、医療法21条、医療法施行規則20条10号等。詳細は、厚生労働省「医療情報システムの安全管理に関するガイドライン第6.0版（企画管理編）」6〜8頁。また、吉峯耕平ほか「医療情報システムと情報セキュリティ体制（上）」Business Law Journal127号96頁参照

9) 厚生労働省「医療情報システムの安全管理に関するガイドライン第6.0版（用語集）」2頁

10) 民間事業者等が行う書面の保存等における情報通信の技術の利用に関する法律

11) 厚生労働省の所管する法令の規定に基づく民間事業者等が行う書面の保存等における情報通信の技術の利用に関する省令

12) 厚生労働省「医療情報システムを安全に管理するために」15頁

13) 平成11年4月22日「診療録等の電子媒体による保存について」（健政発517号、医薬発587号、保発82号）

14) 石丸将利「診療録等」福田剛久ほか『最新裁判実務大系第2巻 医療訴訟』（青林書院、2014年）261頁

15) 電子カルテの改竄については、長島光一「電子カルテの法的課題と民事訴訟における取扱い」法律論叢90巻4=5合併号（2018年）126頁を参照

# 労働

## 定年後再雇用者と正職員との労働条件の相違の不合理性——名古屋自動車学校事件

最一判令5・7・20
労経速 2529 号 3 頁
令 2(ネ)769、地位確認等請求事件
第一審：名古屋地判令 2・10・28 労経速 2434 号 3 頁
原審：名古屋高判令 4・3・25 労判 1292 号 23 頁

大槻健介　弁護士

労働判例研究会

●——事実の概要

### 1　概要

会社を定年退職した後に再雇用され、有期雇用の嘱託職員として勤務していたXら（一審原告ら）が、定年前後における基本給・賞与の相違は労働契約法 20 条[1]に違反するものであったと主張して、会社に対し、不法行為等に基づき、上記相違に係る差額について損害賠償等を求める事案である。

### 2　時系列

最高裁判決で言及されている主な事実関係は、以下のとおりである。

(1)　Xらは、30 年超の期間、正職員としてY社で教習指導員として勤務し、定年退職時には主任の役職にあった。60 歳で定年退職（$X_1$ は 2013 年 7 月 12 日、$X_2$ は 2014 年 10 月 6 日）後、再雇用され、約 5 年間、嘱託職員として教習指導員の業務に従事した。

(2)　基本給・賞与等

(a)　正職員は、役職に就き、昇進することが想定されている。正職員の賃金は、基本給、役付手当（主任以上の役職に就いている場合に支給される）等で構成されており、管理職以外の正職員のうち所定の資格取得から 1 年以上勤務した者の基本給の平均額は以下のとおりであり、勤続年数に応じて増加する傾向にある。

・全体平均：月額 14 万円前後
・勤続年数が 1 年以上 5 年未満のもの（「勤続短期正職員」）：月額約 11 万 2000 円～約 12 万 5000 円
・勤続年数が 30 年以上のもの：月額約 16 万 7000 円～約 18 万円

(b)　正職員に対しては、年 2 回、賞与が支給され、勤続短期正職員の賞与の平均額は、1 回当たり約 17 万 4000 円～約 19 万 6000 円であった。

(c)　会社は、定年退職する正職員のうち希望者については、期間 1 年の有期労働契約を締結し、原則 65 歳まで更新して嘱託職員として再雇用していた。嘱託規程では、嘱託職員の賃金体系は勤務形態によりその都度決め、賃金額は経歴、年齢その他の実態を考慮して決める旨や、再雇用後は役職に就かない旨が定められていた。嘱託職員の有期労働契約では、勤務成績等を考慮して嘱託職員一時金を支給することがある旨が定められていた。

(d)　Xらの基本給・賞与の推移は以下のとおりである。

|  | 退職時 | 再雇用後 |
|---|---|---|
| $X_1$ | 〔基本給〕<br>月額 18 万 1640 円<br><br>〔賞与〕<br>1 回当たり約 23 万 3000 円<br>（定年退職前 3 年の平均） | 〔基本給〕<br>月額 8 万 1738 円<br>（再雇用後の 1 年間）<br>月額 7 万 4677 円<br>（その後の 4 年間）<br>〔嘱託職員一時金〕<br>1 回当たり<br>8 万 1427 円<br>～ 10 万 5877 円 |
| $X_2$ | 〔基本給〕<br>月額 16 万 7250 円<br><br>〔賞与〕<br>1 回当たり約 22 万 5000 円<br>（定年退職前 3 年の平均） | 〔基本給〕<br>月額 8 万 1700 円<br>（再雇用後の 1 年間）<br>月額 7 万 2700 円<br>（その後の 4 年間）<br>〔嘱託職員一時金〕<br>1 回当たり<br>7 万 3164 円<br>～ 10 万 7500 円 |

(e)　Xらは、再雇用後、厚生年金保険法及び雇用保険法に基づき、老齢厚生年金及び高年齢雇用継

続基本給付金を受給した。

(3) 労使交渉

(a) $X_1$は、再雇用後である2015年2月24日、会社に対し、自身の嘱託職員としての賃金を含む労働条件の見直しを求める書面を送付し、同年7月18日までの間、会社との間で書面によるやり取りを行った。

(b) $X_1$は、所属労組の分会長として、2016年5月9日、会社に対し、嘱託職員と正職員との賃金の相違について回答を求める書面を送付した。

## ●──判旨

### 1 第1審

第1審は、長澤運輸事件（最二判平30・6・1民集72巻2号202頁）を引用しつつ、「原告らは、正職員定年退職時と嘱託職員時でその職務内容及び変更範囲には相違がなかった」という認定のもと、以下のとおり、生活保障の観点を強調して、不合理性が認められると判断した。

(1) 基本給

退職時の賃金が「賃金センサス上の平均賃金を下回る水準であった中で」、Xらの嘱託職員時の基本給は「若年正職員の基本給をも下回るばかりか、賃金の総額が正職員定年退職時の労働条件を適用した場合の60％をやや上回るかそれ以下にとどまる帰結をもたらしている」という「帰結は、労使自治が反映された結果でもない以上」、「労働者の生活保障の観点からも看過し難い水準に達している」として、嘱託職員時の基本給が定年退職時の基本給の60％を下回る限度で、不合理性が認められると判断した。

(2) 賞与

「賃金の総額が正職員定年退職時の労働条件を適用した場合の60％をやや上回るかそれ以下にとどまる帰結」は、「労使自治が反映された結果でもない以上」、上記の評価障害事実を踏まえたとしても、「労働者の生活保障という観点からも看過し難い水準に達している」として、嘱託職員一時金の支給額が、Xらの基本給を定年退職時の60％の金額であると仮定して各季の正職員の賞与の調整率を乗じた結果を下回る限度で、不合理性が認められると判断した。

### 2 控訴審

控訴審も、一審の結論と判断枠組みを概ね踏襲した。ただし、一審が賃金センサスとの比較をしていた部分は控訴審判決で削除された。また、「賃金総合計（役付手当、賞与及び嘱託職員一時金を除く。）も、正職員定年退職時の労働条件を適用した場合の60％をやや上回るかそれ以下にとどまる」、「一審原告らの嘱託職員一時金を含めた嘱託職員時の支給総額は、一審原告らが嘱託職員であった期間全体で、一審原告らの定年退職前の賞与の平均額を含めた支給総額の54.5％（一審原告$X_1$）又は59.2％（一審原告$X_2$）である」など、不合理性判断に当たって、賃金総額の比較がなされている。

### 3 最高裁

基本給及び賞与に係る損害賠償請求につき、会社敗訴部分を破棄差戻しした。

(1) 判断枠組み

最高裁は、長澤運輸事件ではなく、メトロコマース事件（最三判令2・10・13民集74巻7号1901頁）を引用し、「有期労働契約を締結している労働者と無期労働契約を締結している労働者……の間の労働条件の相違が基本給や賞与の支給に係るものであったとしても、それが同条（筆者注：労働契約法20条）にいう不合理と認められるものに当たる場合はあり得るものと考えられる。……その判断に当たっては、他の労働条件の相違と同様に、当該使用者における基本給及び賞与の性質やこれらを支給することとされた目的を踏まえて同条所定の諸事情を考慮することにより、当該労働条件の相違が不合理と評価することができるものであるか否かを検討すべきものである」という判断枠組みを示した。

(2) 基本給

「正職員と嘱託職員である被上告人らとの間で基本給の金額が異なるという労働条件の相違について検討する。……正職員の基本給は、勤続年数に応じて額が定められる勤続給としての性質のみを有するということはできず、職務の内容に応じて額が定められる職務給としての性質をも有するものとみる余地がある。……基本給は、職務遂行能力に応じて額が定められる職能給としての性質を有するものとみる余地もある。……嘱託職員は定年退職後再雇用された者であって、役職に就くことが想定されていないことに加え、……嘱託職員としての基本給が勤続

年数に応じて増額されることもなかったこと等から
すると、嘱託職員の基本給は、正職員の基本給とは
異なる性質や支給の目的を有するものとみるべきで
ある」。

「労使交渉に関する事情を労働契約法20条にいう
「その他の事情」として考慮するに当たっては、労
働条件に係る合意の有無や内容といった労使交渉の
結果のみならず、その具体的な経緯をも勘案すべき
ものと解される。……原審は、上記労使交渉につき、
その結果に着目するにとどまり、上記見直しの要求
等に対する上告人の回答やこれに対する上記労働組
合等の反応の有無及び内容といった具体的な経緯を
勘案していない。」

「以上によれば、正職員と嘱託職員である被上告
人らとの間で基本給の金額が異なるという労働条件
の相違について、各基本給の性質やこれを支給する
こととされた目的を十分に踏まえることなく、また、
労使交渉に関する事情を適切に考慮しないまま、そ
の一部が労働契約法20条にいう不合理と認められ
るものに当たるとした原審の判断には、同条の解釈
適用を誤った違法がある。」

（3）賞与

「正職員と嘱託職員である被上告人らとの間で賞
与と嘱託職員一時金の金額が異なるという労働条
件の相違について検討する。……嘱託職員一時金
は、……正職員の賞与に代替するものと位置付けら
れていたということができるところ、原審は、賞与
及び嘱託職員一時金の性質及び支給の目的を何ら検
討していない。……$X_1$の所属する労働組合等との
間で、嘱託職員としての労働条件の見直しについて
労使交渉を行っていたが、原審は、その結果に着目
するにとどまり、その具体的な経緯を勘案していな
い。」

「上記相違について、賞与及び嘱託職員一時金の
性質やこれらを支給することとされた目的を踏まえ
ることなく、また、労使交渉に関する事情を適切に
考慮しないまま、その一部が労働契約法20条にい
う不合理と認められるものに当たるとした原審の判
断には、同条の解釈適用を誤った違法がある。」

## ●——研究

### 1 破棄差戻しとなった趣旨——比較対象の是正と、生活保障や総額比較の観点の否定

第1審や原審は、Xらの定年退職直前と再雇用後
の労働条件を比較し、賃金の支給総額でみても6割
以下の水準まで減少していることなどを強調して、
労働者の生活保障の観点からも看過し難い水準に達
しているとして、基本給や賞与が定年退職時の水準
の6割を下回る限度で不合理性を肯定した。

他方、最高裁判決は、「正職員と」嘱託職員であ
るXらとの間の「労働条件の相違について検討する」
という判断枠組みを明示しており、比較対象となる
べきなのが、定年退職直前のXらではなく、「正職
員」であることが明確化された。最高裁は、不合理
格差禁止法理の本来的枠組みに沿って、長期にわた
る制度全般に妥当する基本給・賞与の性質や支給の
目的を検討するよう促しているものと解される（神
吉知郁子「正職員と定年後再雇用有期嘱託職員との基
本給格差の不合理性」ジュリスト1592号72頁、76頁）。
そして、最高裁は、賃金センサスなどの外部労働市
場的な水準との比較や、生活保障的な観点に全く言
及しておらず、そうした立場を否定したものとみる
べきであろう（前掲神吉78頁、末啓一郎「時言」〔労
経速2529号（2023年）2頁）。

### 2 差戻審での判断の方向性

認定事実によれば、Xらは、定年退職を機に主任
という役職に就かなくなり、その後は役職に就くこ
とが想定されていないというのであるから、Xらの
職務内容及び変更範囲は定年の前後で変わっている
というべき事案である。この点において、一審や原
審が「原告らは、正職員定年退職時と嘱託職員時
でその職務内容及び変更範囲には相違がなかった」
と整理していたことには大きな問題がある。他方
で、最高裁はそのような整理を行っていない（相違
があると判断している）と考えられる（和田一郎＝小
川英郎＝山本圭子「ビジネスと人権にかかる判例と課
題」〔労判1297号（2024年）6頁〕和田発言〔14頁〕）。
差戻審においても、この点に着目した主張・立証及
び判断が行われることが期待される。

また、再雇用型の事案においては、有期労働者が
定年退職後に再雇用されたものであることを不合理

性の判断において「その他の事情」としてどのように考慮すべきか、という点も、非常に重要な論点である。しかしながら、最高裁判決では、Xらが定年退職後に再雇用された者であることを不合理性の判断においてどのように考慮すべきかの指針は示されなかった。差戻審においては、判断枠組みとして、（賃金センサスとの比較や生活保障的な観点によることなく）基本給・賞与の性質や支給の目的を踏まえ、「その他の事情」としてXらが定年退職後に再雇用された嘱託職員であることを十分に意識した適切な判断がされることが期待される。

基本給等の性質や支給の目的については、最高裁判決で「嘱託職員の基本給は、正職員の基本給とは異なる性質や支給の目的を有するものとみるべき」と断定されていることは重要であろう。賞与に関して大阪医科薬科大事件（最三判令2・10・13労判1229号77頁）、退職金に関してメトロコマース事件（最三判令2・10・13労判1229号90頁）で判示されていたように、正社員の賞与や退職金には、「正社員としての職務を遂行し得る人材の確保やその定着を図る」という支給の目的が認められるのが通例である。正社員としての有為人材確保の目的は、基本給にも同様に当てはまる場面が多いと思われる。本件において、基本給が勤続年数を経るにしたがって漸増していることや、基本給に金額が比例する賞与が支払われていることは、正社員の基本給や賞与に人材確保の趣旨があることの現れとみるべきであろう。他方で、定年後再雇用は5年までの契約更新し

か想定されておらず、長期の勤続確保という趣旨が当てはまらないことは明らかであろう。

また、最高裁判例の事実関係の概要において、（判断理由では特に言及がないにもかかわらず）勤続年数が1年以上5年未満の正職員を「勤続短期正職員」と定義していることや、Xらが老齢厚生年金及び高年齢雇用継続基本給付金を受給していたことを記載していることも注目に値する。すなわち、（60歳から65歳までの5年間に限った雇用継続が想定されている）嘱託職員と近い立場にある正職員（あるべき比較対象）として、最高裁は「勤続短期正職員」を想定しているのではなかろうか。本件において、Xらの待遇は「勤続短期正職員」より若干低い待遇になっているが、そのことは定年再雇用であること（及び、Xらが、再雇用後、老齢厚生年金及び高年齢雇用継続基本給付金を受給していたこと）に照らして正当化し得る。

以上のような点に鑑みれば、差戻審において、Xらの待遇相違について不合理性は認められないという判断に至る可能性も十分にあるように思われる。

（おおつき・けんすけ）

---

1) 平成30年法律第71号による改正前のもの。改正後は、同趣旨の規定が有期パート法8条に設けられている（なお、「当該待遇の性質及び当該待遇を行う目的に照らして適切と認められるものを考慮して」という文言が追加されている。）。

## 知財

音楽事務所と専属的マネジメント契約を締結していたグループのグループ名及びグループの各メンバーの肖像等が、専属的マネジメント契約終了後に当該音楽事務所が管理・運営するウェブサイトに掲載されていたことについて、各メンバーの肖像権及びパブリシティ権侵害を理由とする不法行為に基づく損害賠償請求の一部を認めた事例

知財高判令5・9・13
令5(ネ)10025、損害賠償請求控訴事件
裁判所ウェブサイト
原審：東京地判令5・1・20、令元(ワ)30204号

岩瀬ひとみ　弁護士

知財判例研究会

●──事実の概要

　本件は、音楽事務所Y（被控訴人）と専属的マネジメント契約を締結し（本件専属契約）、実演家グループ「FEST VAINQUEUR」（本件グループ）のメンバーとして活動していたX（控訴人）らが、Yに対し、Yが令和元年7月13日の本件専属契約終了後もYが管理・運営する各ウェブサイト（「本件被告サイト」、「本件グッズ販売サイト」及び「本件ファンクラブサイト」）において、本件被告サイト及び本件ファンクラブサイトにつき令和元年11月30日まで、本件グッズ販売サイトにつき令和3年12月31日まで、それぞれ本件グループ名及びXらの肖像、芸名等を掲載していた（本件利用行為）として、①肖像権等及びパブリシティ権侵害を理由とする不法行為に基づく損害賠償請求等、②XらとYとの間の黙示の肖像等利用契約に基づく報酬支払請求等をそれぞれ求めた事案である。

　なお、本件専属契約には、Yは、契約期間中、広告・宣伝及び販売促進のため、Xらの芸名、本名、写真、肖像、筆跡、経歴、音声等、その他の人格的権利を、Yの判断により自由に無償で利用開発することができる旨の規定があったが（5条）、契約終了後のXらの芸名、本名、写真、肖像、筆跡、経歴、音声、その他の人格的権利に関する取扱いに関する規定は存在しなかった。

　原判決は、①本件利用行為のうち、令和元年12月1日から令和3年12月31日までの間、本件グッズ販売サイトにおいて、Xらの肖像写真及びXらの肖像等を転写したグッズを撮影した写真を掲載し販売した行為について、Yが、Xらのパブリシティ権を侵害したとして、Xらに対してそれぞれ損害額1万4000円及び遅延損害金の各支払と、②本件利用行為のうち、本件専属契約終了後から令和元年11月30日までのYによるXらの肖像等の利用行為について、報酬支払請求権に基づく報酬2万2277円及び遅延損害金の各支払を求める限度でXらの請求を認容し、その余の請求をいずれも棄却した。

●──判旨

1　肖像権等侵害の成否

　人の氏名、肖像等（以下、併せて「肖像等」という。）は、個人の人格の象徴であるから、当該個人は、人格権に由来するものとして、これをみだりに利用されない権利を有すると解される。そして、ある者の肖像等を利用することが、不法行為法上違法となるかどうかは、肖像等の被利用者の社会的地位、被利用者の活動内容、利用の目的、利用の態様、利用の必要性等を総合考慮して、肖像等の被利用者の上記権利の侵害が社会生活上受忍の限度を超えるものといえるかどうかを判断して決すべきである。

　XらとYの間においては、本件専属契約期間中、YがXらの芸名、写真、肖像、その他の人格的権利を自由に無償で利用開発することができるとされていたが（本件専属契約書5条）、本件専属契約書には、これらの権利についての本件専属契約終了後の取扱いに関する規定は何ら置かれていなかったことが認められ、これらによると、本件専属契約終了後、Yは、Xらの芸名、肖像等の人格的権利について、Yが使用する権原を有しないこととなったといえる。

　アーティスト活動を行っていること、Yにおいてグッズ販売による利益を得ることを目的としていたこと、Yは、本件グッズ販売サイトにおいて、本件グループの公式ショップとして、Xらの肖像写真を表示した上で、Xらの肖像写真及びXらの肖像をイラスト化した画像を転写したグッズを撮影した写真

|  | 本件被告サイト（令和元年 11 月 30 日〔＝ファンクラブ閉鎖時期〕までの利用行為） | 本件ファンクラブサイト（令和元年 11 月 30 日までの利用行為） | 本件グッズ販売サイト（令和 3 年 12 月 31 日までの利用行為） |
|---|---|---|---|
| 肖像権侵害 | 侵害なし | 侵害なし | 原審：侵害なし<br>控訴審：侵害あり |
| パブリシティ権侵害 | 侵害なし<br>（黙示の許諾あり） | 侵害なし<br>（黙示の許諾あり） | 原審：ファンクラブ閉鎖後の利用について侵害あり<br>控訴審：本件専属契約終了後の利用について侵害あり |

を掲載して、当該グッズを販売していたこと、Yは、Xらからの肖像等の使用停止を求める要求があることを知りながら、本件専属契約終了後から令和 3 年 12 月 31 日までの相当長期間、Xらの許諾なく利用し続けたものであることなどを総合考慮すると、これらはXらの肖像権等の侵害となるものであって、YによるXらの肖像権等の侵害が社会生活上受忍の限度を超えるものではないとすることはできない。

2　パブリシティ権の侵害の有無
原審どおり。
　肖像等は、商品の販売等を促進する顧客吸引力を有する場合があり、このような顧客吸引力を排他的に利用する権利（パブリシティ権）は、肖像等それ自体の商業的価値に基づくものであるから、肖像権及び氏名権と同様に、肖像等に係る人格権に由来する権利の一内容を構成するものということができる。他方、肖像等に顧客吸引力を有する者は、社会の耳目を集めるなどして、その肖像等を時事報道、論説、創作物等に使用されることもあるのであって、その使用を正当な表現行為等として受忍すべき場合もあるというべきである。そうすると、肖像等を無断で使用する行為は、①肖像等それ自体を独立して鑑賞の対象となる商品等として使用し、②商品等の差別化を図る目的で肖像等を商品等に付し、③肖像等を商品等の広告として使用するなど、専ら肖像等の有する顧客吸引力の利用を目的とするといえる場合に、パブリシティ権を侵害するものとして、不法行為法上違法となると解するのが相当である。
　これを本件についてみると、本件被告サイトは、本件グループのメンバーや活動内容等を紹介することにとどまらず、その閲覧者を本件グッズ販売サイトや本件ファンクラブサイトに誘導して、グッズの購入及びファンクラブへの入会を促す役割も果たすものであるから、本件被告サイトにおけるXらの肖像等の利用は、商品販売等の広告として使用するものというべきである。

　また、Yが、本件グッズ販売サイトにおいて、Xらの肖像等が転写されたグッズを販売する行為は、Xらの肖像等を商品等の差別化を図る目的で利用しているといえる。
　さらに、本件ファンクラブサイトにXらの肖像等に係る写真及び画像等を掲載することは、会費を支払ったファンクラブ会員に対する本件グループのメンバー及び活動内容等を紹介することを目的としてされるものであるから、Xらの肖像等それ自体を独立して鑑賞の対象となる商品等として使用するものというべきである。
　したがって、Xらの肖像等を、Xらの承諾なく、本件利用行為により利用することは、専ら肖像等の有する顧客吸引力の利用を目的とするものといえるから、Xらのパブリシティ権を侵害するものとして、不法行為法上違法となる。

3　損害額
(1)　肖像権等侵害
　2 年 5 か月 18 日間という相当の長期間、継続して、Yが本件グッズ販売サイトにおいて本件グループの公式ショップとしてXらの肖像等を掲載した行為により、Xらの意思に反して、Xらの肖像等が利用されていたものであり、Xらは精神的な苦痛を受けたものと推認されるところ、その慰謝料は、Xらの本件専属契約終了までの活動内容、Xらの肖像等の使用が本件グッズ販売サイト及び販売グッズにおける利用という営利目的によるものであったこと、上記の侵害態様や侵害期間などを考慮すると、Xらそれぞれについて 15 万円を下らないと認めるのが相当である。

(2)　パブリシティ権侵害
ほぼ原審どおり。
　著作権法 114 条 3 項の類推適用により、XらがYに対し、Xらの肖像等の使用を許諾したとすれば、得られたであろう使用料相当額というべきである。

そして、当該使用料相当額は、XらとYとの間の従前の契約内容、同種の他の使用許諾契約の内容、Xらの名声の程度、Xらの肖像等の利用態様及び期間、Yが得た経済的利益の額とそれに対する利用された肖像等の貢献の程度などを総合考慮して算定するのが相当である。

パブリシティ権は、人格権に由来する権利の一内容であっても、肖像等それ自体の商業的価値に基づくものであるから、特段の事情のない限り、精神的損害を認めることは困難であり、本件においては、特段の事情は認められず、また、……肖像権等の侵害による精神的損害として慰謝料が認められるから、パブリシティ権侵害を理由とする精神的損害は認められない。

パブリシティ権は、肖像等の有する顧客吸引力を排他的に利用する権利であるから、パブリシティ権者は、肖像等が付された商品等を市場において独占的に販売することができる。このパブリシティ権者の市場における上記商品等に対する地位は，著作権者の市場における著作物に対する地位と共通するといえる。そうすると、YによるXらのパブリシティ権を侵害する行為がなかったならば、Xらが利益を得られたであろうという事情が存在する場合には、Xらの損害額を算定するに当たり、著作権法114条2項を類推適用することができると解される。

### ●——研究

#### 1　本判決の意義

本件においては、本件利用行為のそれぞれについて肖像権侵害とパブリシティ権侵害とが主張され、本件被告サイト及び本件ファンクラブサイトにおける利用行為については、肖像権侵害及びパブリシティ権侵害のいずれも否定された。本件グッズ販売サイトにおける利用行為については、原審において侵害なしとされていた肖像権侵害が、控訴審判決において侵害ありと判断され、その結果、パブリシティ権侵害と肖像権侵害の両方が認められた（パブリシティ権侵害については、本件グッズ販売サイトにおけるいつからの利用行為について侵害が成立するかの点が変更されているが、許諾の有無の認定によるものである）。本件グッズ販売サイトにおける肖像等の利用行為について、パブリシティ権侵害と肖像権侵害のいずれも認めている点は、実務上参考になるほか、パブリシティ権と肖像権の本質や法的性質が改めて問われるものであるように思われる。また、パブリシティ権侵害による損害額について、著作権法114

条の類推適用を認めた点等も注目される。

#### 2　パブリシティ権と肖像権の関係

パブリシティ権も肖像権も、明文規定はなく判例法理上認められてきたものである。すなわち、肖像権は、その承諾なしに、みだりに自己の容ぼう・姿態を撮影されたり公表されたりしない自由ないし人格的利益として認められてきたが[1]、ピンク・レディー最高裁判決[2]において「人の氏名、肖像等は、個人の人格の象徴であるから、当該個人は、人格権に由来するものとして、これをみだりに利用されない権利を有すると解される」として正面から認められるに至ったものである。パブリシティ権は、氏名、肖像等が有する顧客吸引力を排他的に利用する利益又は権利として認められてきたものである。パブリシティ権の法的性質については、人格権説（人格権に由来する権利であるとする）と財産権説（顧客吸引力という商業的価値そのものに着目し、物権類似の財産権として構成する）とに分かれていたところであるが、前記ピンク・レディー最高裁判決において「肖像等それ自体の商業的価値に基づくものであるから、上記の人格権に由来する権利の一内容を構成するもの」とされ、人格権説が採用されたといわれている。

パブリシティ権も肖像権も明文規定はないため、侵害に対する損害賠償責任の法的な根拠は不法行為（民法709条）であるが、パブリシティ権が成立するための要件としては、実務上いわゆる「専ら」基準説（専ら肖像等の有する顧客吸引力の利用を目的とするといえるか否かによる）が定着しており、ピンク・レディー事件最高裁判決でも、①肖像等それ自体を独立して鑑賞の対象となる商品等として使用し、②商品等の差別化を図る目的で肖像等を商品等に付し、③肖像等を商品等の広告として使用するなど、専ら肖像等の有する顧客吸引力の利用を目的とするといえる場合に、パブリシティ権を侵害するものとして、不法行為法上違法となると解すると示された。これに対して、肖像権侵害を理由とする不法行為の成否に関する判断基準は、裁判例では、基本的には、諸般の事情を利益衡量して総合的に判断し、肖像等の被利用者の権利の侵害が社会生活上受忍の限度を超えるものといえるかどうかを判断して決すべきとする総合考慮説が採用されている。本件においてもこれら基準に従って判断がされている。

これら基準の違いがあるため、肖像等の利用行為について、パブリシティ権侵害と肖像権侵害の成否に相違が出てくること自体は当然のことである。

もっとも、従前、パブリシティ権侵害が成立する場合には、肖像権侵害が認められず、逆に、肖像権侵害が認められる場合には、パブリシティ権侵害が認められてこなかったことが多かったように思われるところ、本件においては、本件グッズ販売サイトにおける肖像等の利用行為について、パブリシティ権侵害と肖像権侵害のいずれもが認められている。この点について、それぞれの権利の本質に照らしてどう整理すべきか。この点、人の肖像等には「経済財」と「人格財」の両面があり、前者がパブリシティ権、後者が肖像権によりそれぞれ保護されると整理すれば、肖像等の商業的価値から生ずる財産的利益と肖像等の精神的価値から生ずる人格的利益が別々に観念され、両方の侵害が認めら得ることになる。この点、「現実的には『心』を痛めて肖像権侵害を主張する者は、肖像等を公開して『金』とすることは望まないと思われる一方、『金』を求めてパブリシティ権侵害を主張する者は、顧客吸引力を有する肖像等を公開しても『心』を痛めるとは思われない。実際には、肖像等の利用が人格から生ずる財産的利益と人格的利益の両方を侵害したとして、パブリシティ権侵害と肖像権侵害をいずれも主張し得る場合は限られると思われる」[3]との指摘もある。もっとも、従前の裁判例においては、単に著名人の肖像等についてはパブリシティ権が問題とされ、著名人でない個人の肖像等について肖像権のみが問題とされてきたにすぎず、著名人の肖像等が利用された場合に、「心」を痛めた点を含めてパブリシティ権侵害として議論がされてきた可能性もある。本件において一つの利用行為についてパブリシティ権侵害に加えて肖像権侵害が認められたのは、パブリシティ権侵害だけではカバーできない人格財の側面の侵害があった特殊な事案であったからということも考えられなくはないが、パブリシティ権の法的性質が人格権に由来する権利であるとすると、上記のとおり経済財と人格財とに明確に分けることができるのか、また、人の肖像等における経済財の側面の本質が何で、経済財の側面について人格権に由来する点をどこまで強調するべきであるのか（パブリシティ権の譲渡・相続の可能性の議論にも繋がり得る）、今後のさらなる議論の発展や裁判例の蓄積を見守る必要がある。

## 2　損害額算定

本件では、肖像権侵害について、精神的な苦痛を受けたとして慰謝料を認めたのに対し、パブリシティ権については慰謝料は認めず、著作権法114条3項の類推適用により損害額を算定し（原審は一人当たり1万2000円としていたところ、控訴審では2万6000円とされた[4]）、さらに、著作権法114条2項を類推適用する余地があることも示された。

パブリシティ権を肖像等の経済財、肖像権を肖像等の人格財と整理すれば、後者について慰謝料を認め、前者について原則として慰謝料を認めないというのは素直な帰結であるようにも思われるが、上述のパブリシティ権と肖像権とを肖像等の経済財と人格財とに明確に分けることができるのかという問題はここにも影響しうる。

また、パブリシティ権の侵害について、著作権法114条3項の類推適用を認め、114条2項の類推適用の余地をも認めた裁判例は従前なかったように思われる。人の肖像等に「経済財」と「人格財」とが認められる点が、著作物について「経済財」と「人格財」の側面があり、前者が著作権、後者が著作者人格権によって保護されるという著作権法の構造と類似しているからかは明らかでないが、著作権法114条3項の類推適用の可能性が指摘はあった。もっとも、パブリシティ権は明文規定があるものではなく、その本質・法的性質、外延等について確立していない部分もあることからすれば、著作権法114条を類推適用することについても慎重に考えるべきとも考えられ、この点についても今後の議論の発展と裁判例の蓄積を待つ必要があると思われる。

（いわせ・ひとみ）

---

1)　最大判昭44・12・24民集23巻12号1625頁［京都府学連］、最一判昭17・11・10民集59巻9号2428頁［和歌山カレー］。なお、氏名について最三判昭63・2・16民集42巻2号27頁。
2)　最一判平24・2・2民集66巻2号89頁［ピンク・レディー］
3)　中島基至「判解」最高裁判所判例解説民事篇平成24年度（上）（2015年）56頁。
4)　原審が認めた損害額が控訴審において増額されている理由は判決からは明らかでない。なお、著作権法114条については、海賊版被害等の実効的救済を図るため、2023年改正（2024年1月1日施行）により損害賠償額の算定方法が見直され、著作権者自身で販売することができる範囲を超えているものの著作権者がライセンス料収入を得ることが可能であったであろう分についても損害額とすることができることとされている。

# 今期の裁判例索引

**家庭裁判所**

**公調委裁定**

みんじ はんれい
**民事判例 28──2023年後期**

2024年6月20日　第1版第1刷発行

編　者──現代民事判例研究会（代表・田髙寛貴）
げんだいみんじはんれいけんきゅうかい
発行所──株式会社日本評論社
　　　　〒170-8474　東京都豊島区南大塚 3-12-4
　　　　電話 03-3987-8621　FAX 03-3987-8590　振替 00100-3-16
印　刷──精文堂印刷
製　本──難波製本

Printed in Japan © 現代民事判例研究会（代表・田髙寛貴）2024　本文組版／中田　聡　装幀／林　健造
ISBN 978-4-535-00256-2

JCOPY ＜(社)出版者著作権管理機構委託出版物＞

本書の無断複写は著作権法上での例外を除き禁じられています。複写される場合は、そのつど事前に、(社)出版者著作権管理機構
（電話 03-5244-5088、FAX 03-5244-5089、e-mail: info@jcopy.or.jp）の許諾を得てください。また、本書を代行業者等の第三者に依頼
してスキャニング等の行為によりデジタル化することは、個人の家庭内の利用であっても、一切認められておりません。

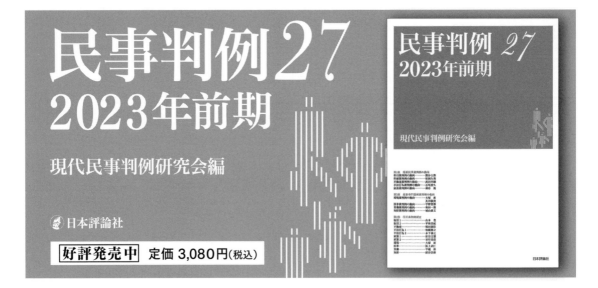

民事判例27 2023年前期

現代民事判例研究会編

日本評論社

好評発売中　定価 3,080円（税込）